Johannes Klaus (Hg.)

THE TRAVEL EPISODES

Band V

Johannes Klaus (Hg.)

THE TRAVEL EPISODES

Von Abenteuern in der Ferne
und vor der Haustür

Mit einem Vorwort
von Gwendolin Weisser

Mit 28 farbigen Abbildungen,
24 Schwarz-Weiß-Abbildungen
und zwei Karten

MALIK NATIONAL GEOGRAPHIC

Mehr über unsere Autoren und Bücher:
www.malik.de

Originalausgabe
ISBN 978-3-492-40640-6
Januar 2021

Redaktion: Margret Trebbe-Plath, München
Umschlaggestaltung: Johannes Klaus, Berlin
Umschlagabbildungen: Julia und Lisa Hermes (vorne);
Johannes Klaus (hinten)
Herausgeberfoto: Marianna Hillmer
Karten: Johannes Klaus, Berlin
Satz: Fotosatz Amann, Memmingen
Litho: Lorenz & Zeller, Inning am Ammersee
Druck und Bindung: CPI books GmbH, Leck
Printed in the EU

Monde und Jahre vergehen
und sind immer vergangen,
aber ein schöner Moment
leuchtet das Leben hindurch.

Franz Grillparzer

Nördliche Hemisphäre

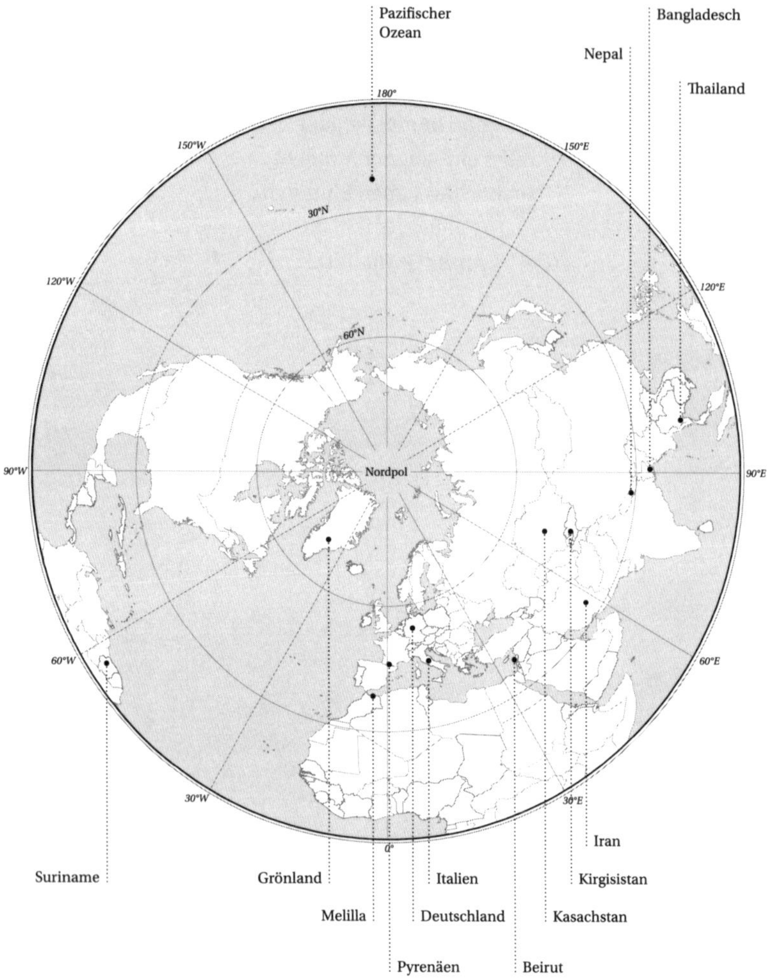

Südliche Hemisphäre

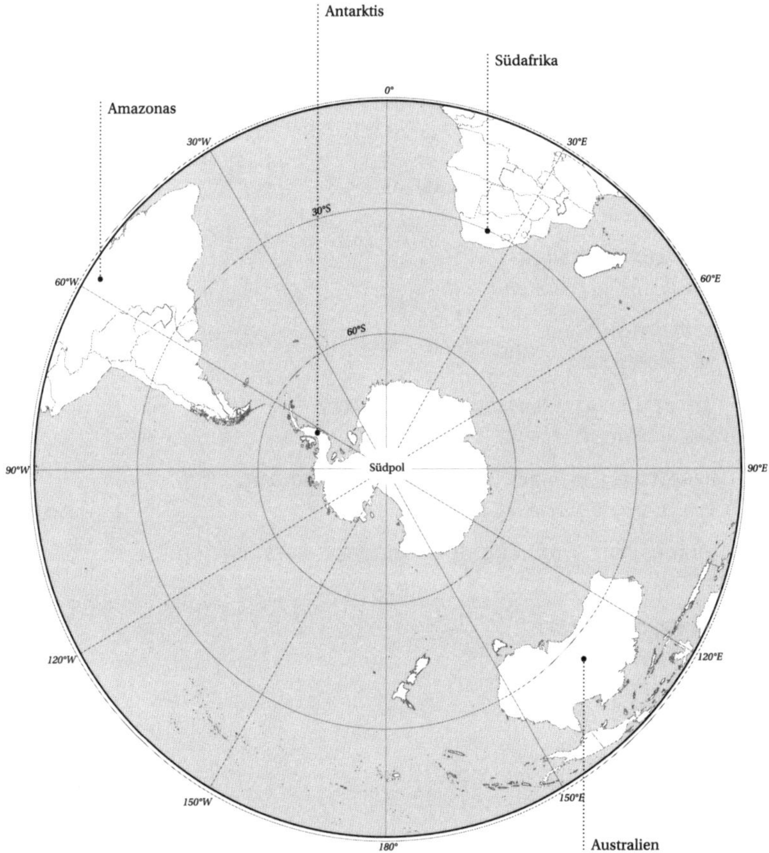

VON ABENTEUERN IN DER FERNE UND VOR DER HAUSTÜR

Amazonas – Südafrika – Kirgisistan – Pazifischer Ozean – Deutschland – Grönland – Kasachstan – Pyrenäen – Suriname – Antarktis – Bangladesch – Nepal – Australien – Welt – Iran – Italien – Thailand – Beirut – Melilla

Vorwort

Von Gwendolin Weisser

Manchmal steigt mir ein Duft in die Nase oder ich höre ein Geräusch, das mich augenblicklich in eine Erinnerung zurückführt: an laue Tage in unserem Bus in Mexiko, auf einen Markt in Pakistan, in eine mongolische Jurte. Erinnerungen, die für Sekunden lebendig werden, mein Herz vor Freude springen lassen, mir die Schönheit und Fülle dieser Welt zuflüstern. Sie schenken mir immer wieder die Gewissheit, dass ich frei bin, dass dieser Planet uns allen gehört und wir Menschen das Glück haben, ihn zusammen bewohnen zu dürfen. Erinnerungen an meine Reisen geben mir die Gewissheit, dass uns unzählige Türen offenstehen und es an mir liegt, ob ich verharre oder dem Leben neue Chancen zugestehe. Sie erweitern, im wahrsten Sinne, die Horizonte und lassen mich mit der Gelassenheit zurück, dass es für jeden von uns irgendwo ein Plätzchen gibt, an dem das eigene Glück gefunden werden kann.

Aber Moment mal. Hier schreibt eine Europäerin. Eine junge weiße und gebildete noch dazu. Eine, die das Privileg ihrer Generation und Herkunft voll ausschöpfen kann und zudem über die notwendigen finanziellen Mittel verfügt. Eine, der von Anfang an alle Möglichkeiten offenstanden.

Ich bin Reisende aus vollem Herzen. Kann gar nicht anders, als meiner Neugierde auf die Welt zu folgen. Und trotzdem stelle ich mir immer häufiger die Frage: »Wie kann ich dieses Privileg verantwortungsvoll nutzen?«

Wir vermitteln Hoffnung, Wohlstand und Freiheit, wenn wir mit unseren dunkelroten Reisepässen und vollen Rucksäcken aus Flugzeugen steigen, über Grenzen laufen oder durch verlassene Täler wandern. Wir strahlen Schwerelosigkeit aus und leider auch oft Unerreichbarkeit. Ein Ungleichgewicht? Mit Sicherheit!

Reisen gehört zu unserer globalen Welt. Für manche Menschen ist es auch eine überlebenswichtige Verdienstquelle geworden. Ich will es auf keinen Fall schlecht- oder jemandem gar ausreden. Ich denke jedoch, dass wir es im Ganzen betrachten müssen. Die Spuren, die wir hinterlassen, müssen uns bewusst sein, und wir müssen lernen, für das einzustehen, was wir tun, wie wir handeln, was wir denken.

Manchmal habe ich das Gefühl, als würden Touristen und Reisende unterwegs in der Frage der Verantwortung auf »Pause« drücken. »Das gönn ich mir jetzt mal« oder »Einmal im Jahr darf man doch wohl abschalten«, heißt es dann und dient als Rechtfertigung für das Around-the-World-Ticket oder das Inanspruchnehmen von unterbezahlten Arbeitskräften im Ausland. Dass dieses Verhalten unser Gegenüber oft hart trifft, meist weit weg von zu Hause und deshalb später kaum noch am eigenen Leib zu spüren, macht die Sache umso problematischer. Nur indem wir uns nahbar machen, menschlich zeigen, achtsam, respektvoll und zuvorkommend verhalten, begeben wir uns auf Augenhöhe mit den Menschen, denen wir begegnen.

Hinzu kommt ein nicht zu unterschätzender Einfluss auf die Umwelt, den wir mit vielen Reiseformen haben. Um der globalen Ungerechtigkeit entgegenzuwirken, müssen wir uns auch hier die Frage stellen: Welchen Einfluss hat meine Reise auf das Klima? Ein Flug von Frankfurt nach Delhi und zurück verbraucht fast doppelt so viel CO_2 wie eine indische Person im Durchschnitt pro Jahr.[1] Pro Jahr! In den allermeisten Fällen sind es Menschen des globalen Nordens, die solche Flüge buchen. Die Folgen der Klimaerwärmung, die durch Flugreisen weiter angefeuert wird, trifft aber vor allem Menschen des globalen Südens.

Ich habe selbst lange gebraucht, um zu verstehen, dass meine Reisen tatsächlich Spuren auf diesem Planeten hinterlassen. Besonders wenn man das, was erlebt wurde, auch noch teilt und somit vorlebt, wie wir das vielfach getan haben.

Welchen Schluss ich daraus ziehe? In Russland haben wir den Brauch kennengelernt, vor einem Abschied oder Neuanfang eine Minute in Stille zu verweilen. Genau das will ich lernen: innezuhalten und die genannten Aspekte in meine Entscheidungen miteinzubeziehen, bevor ich meiner Neugierde folge.

Lasst uns häufiger die Frage stellen: »Was suche ich genau?« Und dann erst: »Wo und wie kann ich die Erfüllung dazu finden?« Vielleicht ist es manchmal gar nicht der zehn Flugstunden entfernte Strand oder die fremde Kultur. Vielleicht ist es manchmal etwas Stilleres, Näheres, etwas, das wir am besten in uns selbst finden können. Oder ein paar Zugstunden entfernt. Und wenn uns die Sehnsucht und

1 www.atmosfair.de

Neugierde doch in ferne Länder treibt, dann lohnt es sich für alle, wenn wir erst hinterfragen, abwägen und die Situation der Mitmenschen und unsere oft im Kontrast dazu stehenden Privilegien bedenken.

Manche Menschen tragen das Reisefieber in sich. So auch ich. Ich betrachte es als wunderschönes Geschenk, diese Möglichkeit zu haben. Doch müssen wir lernen, wie wir diesem Herzensruf nachkommen. Denn wir tragen Verantwortung für diesen Planeten, für alle Lebewesen und vor allem für unsere Mitmenschen.

Vorwort

Von Johannes Klaus

Gerade ist ein guter Moment, um vieles neu zu denken. Wir erleben eine Zeit, in der Dinge passieren, die es noch nie gab: Im Frühjahr 2020 legt ein Virus die Welt lahm. Grenzen werden geschlossen, ganze Bevölkerungen dürfen die Wohnung nicht mehr verlassen, am Himmel sind keine Kondensstreifen – denn es fliegen keine Flugzeuge. Wer gerade reist, wird zurückgeholt oder steckt fest. Geschäfte und Schulen sind zu, Krankenhäuser überlastet, Menschen sterben. Es klingt nach einem billigen Katastrophenfilm, aber es ist leider alles real.

Monatelang war der grenzüberschreitende Tourismus ausgesetzt. Seitdem Strukturen aufgebaut werden, um wieder Reisen und Urlaub zu ermöglichen, wird klar: Die Pandemie hat Spuren hinterlassen, die unser Verhalten auf Jahre verändern werden. Sicherheitsmaßnahmen, Gesundheitskontrollen, Ausgangsbeschränkungen. Wir werden uns daran gewöhnen. Doch zu reisen verliert ein weiteres Stück Unschuld: Als Fernreisender ist man durch den CO_2-Ausstoß der Flugzeuge nun nicht mehr nur umweltbelastend, sondern auch ein potenzieller Virenträger. Eine Verantwortung, die ebenfalls real ist.

Ja, darf man denn in diesen Zeiten überhaupt noch die Welt entdecken? Noch vor gar nicht langer Zeit war es schick, als abgeklärter Vielreisender seinen aktuellen Flug auf Social Media nur mit den Abkürzungen der Flughäfen kundzutun, FRA - BKK - MNL, alle wussten Bescheid. Mittlerweile braucht man eine sehr gute Begründung, um vor seinen Freunden einen Langstreckenflug zu rechtfertigen. Und die Stimmen mehren sich, die Reisen in fremde Länder generell zu einer unnötigen, ja sogar gefährdenden Beschäftigung erklären. Sollten wir es lieber lassen?

Eine Reise kann niemals auf ein oder zwei Aspekte reduziert werden. Denjenigen, die neugierig auf die Welt sind, stellen sich im besten Fall viele Fragen (und vielleicht werden davon auch einige beantwortet): Wie fühlt sich die Fremde an? Wie ist es, Ausländer:in zu sein, in neue Rollen zu schlüpfen, mit anderen Werten konfrontiert zu werden? Welche Erlebnisse, welche Erfahrungen kann ich mitnehmen und in den Alltag übersetzen? Reisen erfüllt, wenn man mit offenen Sinnen unterwegs ist, neben der persönlichen Weiterentwicklung auch eine wichtige gesellschaftliche und politische Dimension.

Wie wird aus einer schönen Reise auch eine gute? Einige Geschichten in diesem Buch zeigen, was es für vielfältige Möglichkeiten gibt, eine positive Wirkung auf die Welt zu haben. Sie geben Anregungen, wie man sowohl umweltbewusst als auch kulturell nachhaltig die

Ferne und die Heimat entdecken kann – und ermuntern, sich abseits der bekannten Sehenswürdigkeiten umzusehen.

Gedankenvolles Unterwegssein ist durch nichts zu ersetzen. Und vielleicht ist es eine unerwartet passende Entwicklung, dass man sich in Zukunft schon bei der Planung nicht mehr nur um sich selbst und seine Sehnsüchte dreht – sondern auch darüber nachdenkt, wie man dabei eine gute Rolle für die Welt einnimmt. Möglichst wenig der Natur schadet. Seinen Gastgebern mehr bringt als Geld.

Sonnenbräune und Herzchen auf Instagram sind schön. Doch wenn wir bei unseren Reisen Verantwortung für unser Handeln übernehmen, bekommen wir viel mehr zurück als das. Dann ist eine schöne Reise auch eine gute.

Amazonas

ZWISCHEN MYTHOS UND REALITÄT

Langsam trägt uns die Strömung flussabwärts, vorbei an majestätischen tropischen Bäumen und einer grünen, undurchdringlichen Wand aus dichtem Regenwald. Wir können nur vermuten, welche Geheimnisse sich dahinter verbergen.

Von Lisa und Julia Hermes

Obwohl ich bis auf die Unterhose nass bin und mir der Regen in Kaskaden über den Körper rinnt, habe ich das Gefühl zu schwitzen. »Wo ist Julia nur, wenn ich sie brauche?!«, fluche ich, während ich wankend mit zwei Händen und einem Fuß versuche, die zwischen Holzpfählen aufgespannte Plastikplane zu stabilisieren. Mit der Konstruktion wollen wir eigentlich den kostbaren Regen als Trinkwasservorrat aufsammeln, aber sie fällt unter dem Gewicht der Wassermassen, die aus dem Himmel stürzen, immer wieder in sich zusammen. Das monotone Rauschen des Tropenregens wird plötzlich von einem schrillen Ruf durchbrochen: »Lisa! Komm schnell!«

Ich lasse von meinen mittlerweile sowieso sinnlos gewordenen Bemühungen ab, drehe mich um und sehe Julia von der anderen Seite der Sandbank in meine Richtung rennen. Sie wirft mir eine der zwei Macheten, die sie in der Hand hält, rüber und schreit durch das Dröhnen des Regens: »Das Zelt geht mit all unserem Zeug in den Wassermassen unter!« Wir sprinten zum Zelt und buddeln einen tiefen Graben drum herum, damit das Wasser ablaufen kann.

Kaum ist die Arbeit getan, hört auch der Regen so plötzlich auf, wie er eben begonnen hatte. Erschöpft lassen wir uns in den Matsch plumpsen und schauen uns erst ungläubig, dann amüsiert an. Bald können wir uns kaum mehr halten vor Lachen. Über und über mit Schlamm bedeckt, mit den Macheten in der Hand und einer Spur Wahnsinn in den Augen sehen wir aus wie zwei der Mythenwelt des Amazonas entsprungene Irre.

Drei Wochen ist es jetzt ungefähr her, dass wir in der schäbigen Ölstadt Puerto Francisco de Orellana in Ecuador aufgebrochen sind, um die sagenumwobene Welt des Amazonas auf eigene Faust zu erkunden.

Die Stadt ist flussabwärts vorerst der letzte Ort, der an ein reguläres Straßennetz angebunden ist. Bis zum 3000 Kilometer entfernten Manaus in Brasilien gelangt man nur mit Booten und Schiffen, durch die unzähligen Haupt- und Seitenarme des Amazonas.

Wie ein riesiges Kapillarsystem erstreckt sich das Flussnetz des Amazonas über eine Fläche so groß wie Australien. Wie sollten wir dieses Gebiet auf unserer Reise ohne Flugzeug um die Welt durchqueren? Unsere Entscheidung stand ziemlich schnell fest.

Wir wollten so reisen, wie die Menschen es dort seit Jahrhunderten tun: mit dem Kanu.

Also kauften wir uns kurzerhand in der am Fluss gelegenen Kichwa-Gemeinschaft Arunyaya ein Fischerboot. Dort verbrachten wir ein paar Tage, und die Einheimischen machten uns mit dem Leben am und auf dem Fluss vertraut.

Ausgerüstet mit Karten, Kompass, Gummistiefeln gegen die Schlangen, Macheten, Angelmaterial und etlichen wasserdichten Kisten, die unsere Kleidung, Schlafsäcke und Nahrung vor den tropischen Regenfällen schützen sollten, paddelten wir schließlich am Morgen eines nebligen Apriltages los.

Mittlerweile sind wir in Peru, ein paar Tagesreisen von dem Dreiländereck Peru-Kolumbien-Brasilien entfernt. Die Grenze zu Brasilien markiert die Hälfte unserer Strecke, von dort sind es noch mal 1500 Kilometer bis zur Dschungelmetropole Manaus.

Nach unserer letzten, nicht sehr erholsamen Nacht auf der Sandbank gehen wir den Tag heute eher ruhig an. Unsere Paddel haben wir an den Rand geklemmt, und die Strömung trägt unser Kanu langsam flussabwärts. Wir haben es uns auf dem kleinen Boot gemütlich gemacht – sofern man in einer Umgebung, in der man von Moskitos leer gesaugt und von der Sonne verbrannt wird, von Gemütlichkeit sprechen kann. Aus Bananen, Haferflocken, Erdnüssen und Zimt haben wir eine Teigmasse geknetet, die wir in kleinen Häufchen auf der schwarzen Plastikfolie in der ofenheißen Sonne trocknen lassen. Eine genussvolle Abwechslung zu der sonst ziemlich eintönigen Diät aus Reis, Maniokwurzeln und Kochbananen. Auf dem Campingkocher hat Jule uns einen Schwarztee zubereitet. So treiben wir dahin, Tee und Kekse in der Hand, die Beine hochgelegt, und lauschen den Brüllaffen in der Ferne. Kaffeeklatsch mitten im Amazonas ...

Ein merkwürdiges Geräusch, so als hätte jemand Wasser aus seinem Mund gepustet, lässt uns hochschrecken. Nur wenige Meter von uns entfernt taucht ein rosafarbener Rücken aus dem braun-grünen Wasser. Ein Flussdelfin! Anders als ihre Verwandten in den Meeren ist der pinke Süßwasserdelfin eigentlich eher scheu und lässt sich nur selten blicken. Deshalb bin ich über diesen unerwarteten Besuch richtig aufgeregt vor Freude. Vielleicht hat er unsere Kekse gerochen.

Um diese riesigen Säugetiere, die ein bisschen aussehen wie Unterwasserschweine, ranken sich hier im Amazonas einige Legenden. Zum Beispiel, dass sie nachts in Gestalt von attraktiven Männern aus dem Wasser steigen, die Frauen aus den Flussgemeinschaften schwängern und sie dann für immer mit in ihre Unterwasserwelt Encante nehmen. Deshalb ist es für viele Frauen aus der Gegend ein ungeschriebenes Gesetz, nach Einbruch der Dunkelheit die Hütte nicht mehr zu verlassen – zumindest nicht allein.

Unser Delfin macht zum Glück keine Anstalten, sich zu verwandeln, sondern verschwindet so plötzlich, wie er aufgetaucht ist, wieder in sein Unterwasserreich.

Manchmal – so wie jetzt – offenbart der Dschungel ein paar seiner Geheimnisse. Meist aber umgibt er uns als grüne, undurchdringliche Wand.

Die Vielfalt der Pflanzen vermischt sich zu einem einzigen diffusen Grün, hinter dem auch die meisten Tiere unsichtbar bleiben. Wir paddeln mitten hindurch, und trotzdem zeigt sich uns nur ein Bruchteil dieser mystischen Welt ...

Die Sonne steht schon tief und erinnert uns daran, dass es an der Zeit ist, unser abendliches Ritual zu beginnen: einen geeigneten Platz zum Schlafen ansteuern, Kanu festbinden, ausladen, Zelt aufbauen, Angel auswerfen, Feuer machen, Abendessen kochen.

Wir paddeln näher ans Ufer heran, um einen potenziellen Lagerplatz ausfindig zu machen. Das Ufer steuern wir eigentlich nur zur Schlafplatzsuche an, denn dort lauern mehr Gefahren als in der Mitte des Flusses. Vor allem die gefährlichen Strudel und plötzlich einstürzenden Bäume könnten uns im schlimmsten Fall das Leben kosten.

Außerdem durchqueren wir gerade einen Abschnitt, den die Flussbewohner Silencio nennen, also Stille. So werden Gebiete genannt, die kaum besiedelt sind, in denen statt des Menschen noch die Natur regiert. Oft machen sich Flusspiraten diese Abgelegenheit zunutze und überfallen vorbeifahrende Kanus und Schiffe. Nomen est omen: Hier scheint es gerade tatsächlich sehr still zu sein. Obwohl es wirklich eindrucksvoll ist, durch die unberührte Natur zu fahren, bereitet uns die dichte Uferböschung Probleme. Wir könnten mit unseren Macheten eine Lichtung freischlagen, aber das würde womöglich einige Stunden dauern.

Wir paddeln also weiter und hoffen, dass sich doch noch eine lichtere Uferstelle auftut. Doch die Zeit drängt. Die Sonne ist dem Horizont schon ziemlich nahe, und es bleibt höchstens noch eine halbe Stunde, bis die Nacht ihren schwarzen Mantel über uns ausbreitet. In der Dunkelheit wären wir dem wilden Dschungel schutzlos ausgeliefert.

Welche Möglichkeit hätten wir im Notfall? Das Kanu an einem Baum festbinden und auf dem Wasser schlafen? Als wir gerade anfangen, diese Option ernsthaft in Betracht zu ziehen, werden wir von einem ohrenbetäubenden Krachen aus unseren Überlegungen gerissen. Nur wenige Meter hinter uns sehen wir einen Urwaldriesen, der wohl den Halt im schlammigen Ufergrund verloren hat, mit einem dröhnenden Grollen ins Wasser stürzen. An dem Stamm drücken sich die Wassermassen zur Seite und schlagen hohe Wellen, die unser kleines Boot hin und her tanzen lassen. Mit einem schnellen Paddelschlag drehen wir das Kanu so, dass die Wellen uns von vorne treffen und wir nicht seitlich von den Wogen zum Kentern gebracht werden können. Glück gehabt! Da sind wir noch mal mit dem Schrecken davongekommen ...

Der Schock steckt uns noch in den Knochen, doch unser Schlafplatzproblem wird immer drängender.

Hinter der nächsten Flussbiegung dann ein Hoffnungsschimmer! In der Ferne zeichnen sich im blauen Dämmerlicht zwei Kanus ab, die an der Uferböschung festgebunden sind. Zuversichtlich steuern wir sie an und erkennen bald zwei dunkle Silhouetten. Es sind zwei Frauen, die sich gerade im Fluss waschen. Als sie uns bemerken, sind sie kurz wie versteinert und starren uns mit entsetzten, aufgerissenen Augen an. Nur wenige Sekunden später sind sie schon im Gestrüpp des schützenden Dschungels verschwunden.

Wir sind etwas verunsichert von der Reaktion, paddeln in der Hoffnung auf einen Schlafplatz aber trotzdem zum Ufer. Vielleicht finden wir ja jemanden, mit dem wir über unsere heikle Lage reden können. Vom Ufer aus führt ein kleiner Trampelpfad zu einer Lichtung. Dort stehen im Halbkreis mehrere, auf lange Holzpfähle gestützte Hütten mit Palmdächern, die nur vom Schein des Mondes beleuchtet werden. Ein paar Schweine grunzen glücklich im Schlamm, und eine Handvoll Hühner sucht sich gackernd einen geschützten Schlafplatz auf den Ästen der umliegenden Bäume.

Bevor wir eines der Häuser erreichen, kommt uns schon ein alter Mann entgegen und ruft uns freundlich etwas auf Kichwa zu, der Sprache, die die Einheimischen hier sprechen. Zu unserer Erleichterung spricht er auch ganz gut Spanisch und lädt uns zu seiner Familie in die Hütte ein. Seine Frau bereitet gerade das Abendessen vor und begrüßt uns mit einem erfrischenden Chicha (ein traditionelles fermentiertes Getränk aus der Maniokwurzel). Nachdem wir den beiden unsere Situation geschildert haben, laden sie uns ein, die Nacht in ihrer Hütte zu verbringen. Während José uns Geschichten aus seinem Leben erzählt, helfen wir seiner Frau Ahuanari, die eben gefangenen Fische auszunehmen.

Es ist stockfinster hier drinnen. Einzig unsere Gesichter und die glitschigen Fischhäute leuchten im Schein des kleinen Feuers, auf dem das Abendessen zubereitet wird. Aus dem Dschungel dringen das Quaken, Brüllen, Zirpen und Kreischen der nachtaktiven Tiere zu uns in die Hütte.

»Kennt ihr Chullachaqui, den Waldhüter, der hier im Dschungel lebt?«, fragt José. »Er verwandelt sich und nimmt das Aussehen von Freunden oder Bekannten an. Dann führt er seine Opfer so tief in den Wald, dass sie nie wieder herausfinden. Man erkennt ihn daran, dass einer seiner Füße in die falsche Richtung zeigt. Eigentlich ist er ganz nett - nur wer den Wald misshandelt, wird von Chullachaqui entführt.«

Wir haben inzwischen schon einige Mythen gehört. Die Geschichte von Chullachaqui kennen wir allerdings noch nicht. »Da hat der Waldgeist aber viel zu tun, bei der ganzen Ölförderung und dem illegalen Raubbau, die hier stattfinden!«, bemerkt Julia.

»Ja, da hast du recht. Leider hat sich die Situation hier am Fluss in den letzten Jahrzehnten immer weiter verschlechtert. Aber Chullachaqui ist gegen die Ölkonzerne machtlos. Vor ein paar Jahren wurde auch hier in der Nähe eine Ölplattform errichtet, seitdem ist das Flusswasser nicht mehr trinkbar, und die Fische, von denen wir uns hauptsächlich ernähren, sind viel weniger geworden.«

> Geschichten von übersinnlichen Wesen zählen hier genauso zum Alltag wie die weithin sichtbare Ausbeutung der Ressourcen des Urwalds.

Ölförderung, unkontrollierte Rodungen, illegaler Goldabbau, Minen und Staudammprojekte hinterlassen überall ihre hässliche Spur der

Zerstörung und Verschmutzung. Beim Paddeln über den Fluss begegnen wir immer wieder riesigen Tankern, die, mit Lkws und Baumaterial beladen, die nächste Plattform ansteuern. Hier und da tauchen am Ufer hinter den Urwaldriesen plötzlich Fördertürme auf, deren lautes Poltern weit über die Wipfel des Dschungels schallt.

Bevor wir uns am nächsten Morgen wieder auf den Weg machen, bringt uns José zu der Heilerin Jolanda. »Sie kann euch bestimmt noch einen Segenszauber mit auf den Weg geben.« Die 95-Jährige wohnt etwas abseits der Siedlung. Sie ist blind und lebt trotzdem noch selbstständig in ihrer Hütte.

Mich faszinieren die Agilität und Energie der hier lebenden alten Leute immer wieder. Um in ihre Hütte hinaufzukommen, klettern wir einen rutschigen, mit Kerben versehenen Baumstamm hoch. Ich frage mich, wie eine blinde, fast hundertjährige Frau dort täglich hoch- und runterkommt!

Als Gastgeschenk bringen wir ihr reinen Tabak mit, den sie für ihre Heilrituale benutzt. Julia setzt sich im Schneidersitz vor die alte Frau. Die ohnehin schon mystische Präsenz der Heilerin wird von einer speziellen körperlichen Eigenart noch deutlich unterstrichen: Zwischen den Augen, mitten auf der Stirn, wächst der Alten eine Art Geschwür aus der Stirn heraus. Vielleicht ihr ausgeprägtes drittes Auge?

Mit einem kräftigen Lungenzug saugt Jolanda den Tabakrauch ein und bläst ihn dann – zusammen mit ein paar Worten, die ich nicht verstehe – langsam auf Julias Stirn.

Die wenigen Sonnenstrahlen, die es durch die dichten Baumwipfel bis hier runter schaffen, zeichnen tanzende Lichtpunkte auf den Wald- und Hüttenboden. Es erfüllt mich mit Freude und Hoffnung, dass die Magie des Amazonas noch nicht ganz verschwunden ist.

Nachdem Jolanda uns beiden den Segen für unsere Weiterreise gegeben hat und wir uns dankend bei ihr und José verabschiedet haben, stechen wir wieder in »See«. Lange bevor die schweren grauen Regenwolken zu sehen sind, kündigen sich die tropischen Regenfälle mit einem tiefen Grollen an. Für uns ist das ein wichtiger Vorteil, denn so haben wir genug Zeit, um uns auf den heraufziehenden Sturm vorzubereiten. Aber selbst wenn wir alles gewissenhaft verpacken, gelingt es doch nicht, die Feuchtigkeit draußen zu halten, die in jede Ecke und jeden Winkel kriecht. In den letzten Tagen hat es so häufig geregnet, dass wir unsere Sachen nicht mehr trocken halten können. Fast alles ist schimmelig und fault, und mein Rucksack ist mit einem pelzigen grünlich blauen Belag bedeckt; der Reis riecht muffig, und mein Schlafsack ist innen so angefault, dass ich nachts wegen des widerlichen Geruchs kaum schlafen kann. Selbst unsere Füße sind von der ständigen Feuchtigkeit betroffen, schmerzhafte Ekzeme haben sich zwischen den Zehen ausgebreitet.

Es ist eine Reise der Extreme. Wenn es nicht regnet, brennt die Sonne auf uns herab. Den Mücken ist es egal, ob es regnet oder die Sonne scheint. Sie sind allgegenwärtig, unsere ständigen Begleiter.

Wir schmieren Sonnencreme auf unsere verbrannte, verschwitzte Haut und Mückenschutz auf die Sonnencreme, aber die Moskitos stechen trotzdem, und die Sonne verbrennt uns weiter ... Ja, das ist der Dschungel, schön und gnadenlos zugleich. Leben, Tod, Geburt und Verfall existieren hier im Einklang miteinander. Uns bleibt wohl nichts anderes übrig, als das zu akzeptieren.

Aber sind es nicht vor allem diese Momente, Momente des Unbehagens und der Entbehrung, Momente jenseits unserer Komfortzone, die uns so viel lehren? Ich mag nicht jeden Moment, ich fühle mich nicht immer gut, und doch wird die Entbehrung plötzlich eine Freundin, die Sehnsucht eine Beraterin und die Melancholie eine Verbündete. Ich erinnere mich plötzlich, warum ich das alles mache. Es ist diese Grenzerfahrung, die mir etwas Ungesehenes zeigt und mir Einblicke gibt. Sie öffnet mir die Welt als solche, befreit mich von Vorurteilen und Angst, weist mir neue Wege. Plötzlich scheint alles möglich …

Wir haben unser Zelt heute etwas abseits der bewohnten Gebiete im Gebüsch aufgestellt, um nach den letzten intensiven Tagen bei den Flussgemeinschaften noch mal ein wenig für uns zu sein. Das Konzept von Privatsphäre ist zwar in unsere Individualgesellschaft fest integriert, aber in vielen gemeinschaftlichen Gesellschaften kaum oder gar nicht existent. Daran mussten wir uns erst gewöhnen.

Natürlich ist Teilen für uns eine Selbstverständlichkeit, und sich auf andere Kulturen einzulassen ist nach unserer Reisephilosophie nicht nur wichtig, sondern notwendig. Auch Kompromisse gehen wir dafür gerne ein. Aber manchmal stoßen wir eben doch an unsere Grenzen. Als mir einmal zum Beispiel die gesamte Dorfbagage in den Dschungel zum Pinkeln folgte, wünschte ich mir nichts sehnlicher als den Luxus einer verschließbaren Tür.

Jetzt teilen wir unsere Gesellschaft nur mit den zahlreichen Moskitos, zumindest haben wir das angenommen …

Gegen 23 Uhr wache ich plötzlich auf. Ich höre Männerstimmen flüstern, es müssen mindestens fünf sein, wenn nicht noch mehr. Zu der Zeit ist im Dschungel eigentlich längst niemand mehr auf den Beinen. Und außerdem gibt es keinen Grund, warum sich ausgerechnet hier eine Gruppe Männer aufhalten sollte – es sei denn, wir sind der Grund. Dieser Gedanke macht mir ehrlich gesagt Angst. Julia ist mittlerweile auch hellwach und lauscht angespannt den näher kommenden Stimmen. Mein Puls rast. Im Zeltinneren zeichnen sich die Lichtpunkte der Taschenlampen ab. Jetzt wissen wir, dass unsere Befürchtung mit ziemlich hoher Wahrscheinlichkeit keine Paranoia ist; die Gruppe scheint tatsächlich unseretwegen hergekommen zu sein.

Ich taste nach meinem Messer, das ich glücklicherweise auch ohne Licht schnell finde.

Mein Kopf spielt alle Möglichkeiten des kommenden Szenarios durch und evaluiert unsere Fluchtchancen. Aber die gibt es nicht mehr.

Die Gruppe hat unser Zelt mittlerweile umzingelt. »¿Hola?«, dröhnt eine der Stimmen. Julia öffnet den Reißverschluss des Zelteingangs einen Spaltbreit. Eine Taschenlampe strahlt uns mitten ins Gesicht. »Buenas Noches!«, rufen wir mit gespielter Selbstsicherheit im Duett. Gegen den vom Mond erhellten Nachthimmel zeichnen sich schwarze Gestalten ab, es sind tatsächlich fünf. Ihre Macheten blitzen im Schein der Taschenlampen.

»Wer seid ihr, und was macht ihr hier?«, fragt uns die Stimme, hinter der wir immer noch kein Gesicht ausmachen können. Die Frage verwirrt mich. Nicht wegen der Frage an sich, sondern wie sie gestellt wurde. Von der nachdrücklichen Selbstsicherheit, die noch in dem »Hola« zu hören war, ist jetzt nichts mehr übrig. Im Gegenteil, es scheint, als hätten die Männer ebensolche Angst vor UNS wie wir vor ihnen …

Sie und wir behalten glücklicherweise die Nerven und versuchen, die Situation in einem ruhigen Gespräch aufzuklären. Ein paar Leute aus der nahe gelegenen Flussgemeinschaft hatten uns in der Abenddämmerung an Land gehen sehen und die Nachricht über die »mysteriösen Fremdlinge« in der ganzen Gegend verbreitet.

Während wir vor ein paar Stunden nichts ahnend zu Abend aßen, verselbstständigte sich die Mär von den gefährlichen Eindringlingen wie ein Lauffeuer und mit ihr Angst und Schrecken. Die Frauen und Kinder hatten sich sicherheitshalber in ihren Hütten versteckt, und am Abend wurde eine Delegation der mutigsten und stärksten Männer zusammengestellt, die nach dem Rechten sehen sollte.

Sie dachten, dass wir die berüchtigten Pela Caras seien und ihre Gemeinschaft in der Nacht überfallen würden. Auch nachdem wir ihnen unsere Geschichte erzählt und unsere Unschuld beteuert haben, bleiben sie vorerst skeptisch.

Letztendlich können wir sie dann aber doch überzeugen und die Anspannung verfliegt. Sie verabschieden sich sichtlich erleichtert, wünschen uns eine gute Nacht, steigen in ihre Kanus und verschwinden bald in der schwarzen Nacht des Dschungels.

Es ist nicht das erste Mal, dass wir für Pela Caras gehalten werden. Zwar wurden wir von den meisten Flussbewohnern überwiegend freundlich empfangen, aber manchmal auch mit großem Misstrauen. Erst wenige Tage zuvor hatte uns der Dorfälteste einer Gemeinschaft erklärt, was es mit den mysteriösen Pela Caras auf sich hat: Das seien Leute von außerhalb, die hier in der Gesetzlosigkeit des Dschungels ihre grausamen Geschäfte treiben. Sie handeln mit Menschen, Organen, Drogen, Holz, Tieren und Gold. Um sich unauffälliger bewegen zu können, schneiden sie den Einheimischen ihre Gesichtshaut ab und stülpen sie sich über das eigene Gesicht.

Manchmal ist es schwierig, Mythos von Wahrheit zu trennen. Aber ganz gleich, ob die Geschichte im Detail wahr ist oder nicht, Fakt ist, dass im Amazonas alles ausgebeutet wird. Paradoxerweise sieht man gerade hier, in einem der größten zusammenhängenden Urwaldgebiete der Erde, dass der Kapitalismus heute pervers auf die Spitze getrieben wird. Die Angst vor uns Ausländern existiert wirklich nicht ohne Grund.

Neben den kleineren Schmugglerbanden gibt es zahlreiche internationale Großkonzerne, die für die Profitmaximierung buchstäblich über Leichen gehen. Da sind zum Beispiel die Pistoleros, Auftragsmörder, die durch die Wälder ziehen, um die Gebiete zu »reinigen«. Sie löschen ganze Stammesfamilien aus, um das Land für den illegalen Holzeinschlag oder Goldabbau zu räumen.

Am nächsten Tag machen wir uns auf weiter Richtung Grenze. 1500 Kilometer und sechs ereignisreiche Wochen liegen hinter uns, als wir endlich das Dreiländereck Peru-Kolumbien-Brasilien erreichen.

An der Grenze Peru-Brasilien scheint zunächst alles wie üblich: Wir müssen unseren Reisepass stempeln lassen und den Grenzübertritt mit dem Kanu bei der Marine melden. Doch dann kommt der Schock: Trotz offizieller Bootspapiere und obwohl wir uns in Ecuador und Peru ordnungsgemäß bei der Marine gemeldet haben, lässt uns der Offizier nicht weiterfahren. »Wegen illegalen Durchquerens peruanischer Gewässer. Eure Papiere sind nur in Ecuador gültig!«

Die Beamten hatten uns ein paar Wochen zuvor an der Grenze Ecuador-Peru durchgewunken, ohne eine schriftliche Erlaubnis auszustellen. Ihre Begründung: »Mit eurem Holzboot ohne Motor braucht ihr keine Dokumente, hier fährt ja jeder mit Kanus rum.« Also haben wir rechtlich jetzt nichts in der Hand.

Unser Widerspruch, unser Bitten und Betteln bleibt ungehört.

Noch bevor wir richtig protestieren können, wird unser Kanu *Langer Weg* konfisziert und trockengelegt.

Uns bleibt nichts anderes übrig, als noch am selben Tag unser Bootszubehör zu verkaufen und am nächsten Morgen den großen Flussdampfer zu besteigen, der uns weiter Richtung Manaus bringen wird.

Wehmütig winken wir unserem Kanu ein letztes Mal zu und denken an all die unvergesslichen Momente, die Vielzahl überraschender Einblicke und den unglaublichen Schatz neuer Erfahrungen der letzten gemeinsamen Wochen.

Südafrika

HÖR AUF DIE STILLE

Vielleicht war es noch nie zuvor so wichtig, dass ich still bin. Und ich meine – wirklich still. So still, dass ich noch nicht einmal meinen eigenen Atem hören kann.

Von Franziska Consolati

Der Elefant, der vor ein paar Sekunden benommen aus dem Gebüsch gestolpert ist, sieht so aus, als hätten wir ihn bei seinem Mittagsschlaf überrascht. Mit weit aufgerissenen Augen starrt er uns an. Den Kopf hat er hoch in die Luft geworfen. Seine Ohren breit aufgestellt. Er macht keinen Mucks. Ist sicher drei Meter groß. Und – wie war das gleich? Fünf Tonnen schwer?

Bei dem Gedanken beschleunigt sich mein Herzschlag. Meine Hände werden schwitzig, meine Beine wackelig.

Stopp. Stille. Ich erinnere mich. Mein Rucksack zerrt an meinen Schultern. So fest ich kann, umklammere ich mit beiden Händen meine Wanderstöcke – weil sie das Einzige sind, das mir gerade Halt gibt.

Der Elefant starrt mich an, und ich starre zurück.

So leise ich kann, atme ich tief ein, tief aus. Tief ein, tief aus. Der Elefant verliert den Ast, den er sich gerade mit seinem Rüssel wie in Zeitlupe in den Mund gestopft hat. Mit einem leisen Plopp landet der Ast auf der trockenen Blätterdecke.

Ich beobachte, wie der Elefant seinen Kopf ganz kurz nach unten senkt. Dem Ast nachschaut. Sich dann aber entscheidet, dass wir – diese kleine, komische Gruppe – immer noch wichtiger sind.

Das ist er also, denke ich mir: der Moment, für den ich hier bin. Er fühlt sich ewig an, dabei vergehen sicher nur Sekunden.

Diesen Moment – ich, zu Fuß, im afrikanischen Busch, umgeben von wilden Tieren – hab ich mir vorher in Gedanken so oft ausgemalt. Immer wieder, in allen Farben. Habe versucht, mir auszumalen, wie er sich anfühlen wird. Wie er aussehen wird, wie er riechen wird. Ich habe versucht, mir auszumalen, wie sich die Stille anhören wird, und hatte sogar eine klare Vorstellung davon, mit welcher Hose ich den Busch durchstreife. Das Bild in meinem Kopf musste eben passen.

Aber es ist doch so: Egal, wie sehr wir vorher versuchen, uns etwas auszumalen. Wie farbig die Bilder in unseren Gedanken sind – die Wirklichkeit ist bunter. Dafür, dass wir unsere Vorstellungen wie ein Bilderbuch mit den echten Erlebnissen füllen können, ziehen wir immer wieder los. Weil es nicht reicht, nur die Umrisse zu kennen.

Und jetzt stehe ich hier, vor diesem Elefantenbullen, der so viel größer ist, als ich es mir je hätte ausmalen können. Weil ich mich so viel kleiner fühle, als ich es mir je hätte ausmalen können.

Die Sonne brennt mir in den Nacken, der Staub kitzelt in der Nase. Meine Lippen sind staubtrocken. Welche Hose ich gerade anhabe? Keine Ahnung. Völlig unwichtig.

Vorher wusste ich nicht, was es bedeutet, jede Verantwortung abzugeben. Jede Möglichkeit, eine Situation zu beeinflussen. Denn alles, was gerade zählt, ist der Elefant. Seine Entscheidung. Will er uns zeigen, wie stark er ist und dass wir ihm deutlich zu nah gekommen sind, dann kann er das tun. Und es wird ihm ein Leichtes sein. Will er stattdessen in Frieden weitermarschieren, dann kann er auch das.

Es liegt an ihm.

Und – und das klingt vielleicht verrückt – sobald mir bewusst wird, dass gerade nichts in meinen Händen liegt, entspanne ich mich.

Ich bin still, mein Atem stumm. Und ich wünsche mir, dass dieser Moment nie enden wird.

Der Elefant schüttelt kurz den Kopf, sein Rüssel wirbelt den Staub unter seinen Füßen auf. Seine Augen werden wieder kleiner, die Ohren fallen entspannt nach hinten. Er sammelt den Ast ein, der ihm gerade aus dem Mund gefallen ist, hält ihn mit seinem Rüssel fest, dreht sich stumm zur Seite und stapft an uns vorbei. Würden die Blätter unter seinen Füßen nicht rascheln, wäre nichts zu hören. Er hinterlässt keine Spur. Er geht, die Stille bleibt. Uns lässt er hier stehen, als wäre er nie da gewesen.

Sieben Tage ist es jetzt her, dass wir losgelaufen sind. Wir, das ist eine kleine, bunt zusammengewürfelte Gruppe aus Fremden und zwei Rangern. Ein paar von ihnen kenne ich nach diesen sieben Tagen tiefer als manche der Menschen, die mir im Alltag zu Hause ständig begegnen. Wir kommen aus Deutschland, aus der Schweiz, aus Dänemark, Namibia, Südafrika. Aber das spielt keine Rolle. Viel wichtiger ist nämlich, wohin wir wollen.

Zu uns selbst.

Das kann niemand leugnen, der sich dazu entschließt, mit einem Rucksack auf dem Rücken und Stille auf der Zunge durch den Busch im Dreiländereck von Südafrika, Simbabwe und Mosambik zu marschieren. Der lieber draußen unter dem Sternenhimmel schläft und jede Nacht im Wechsel Wache hält, anstatt sich in einer Lodge auszuruhen. Der im Fluss nach Wasser buddelt und sich freut, wenn es nicht wieder nach der Büffelherde riecht, die die letzte Quelle von oben bis unten aufgewühlt hat.

Es geht darum, sich selbst wieder näherzukommen. Denn manchmal brauchen wir genau das: nichts. Nur das Einfachste und die Stille im Kopf. Damit wir uns nicht von dem ablenken lassen, worauf wir uns eigentlich konzentrieren sollten.

> Es geht darum, den afrikanischen Busch zu erleben, ohne Spuren zu hinterlassen. Ein wilder Ort, der wild bleiben soll.

Nichts soll darauf hindeuten, dass sich eine Gruppe Menschen hier entlanggeschleppt hat. Gekocht, gegessen und geschlafen hat. Statt Spuren zu hinterlassen, die dort nicht hingehören, folgen wir Spuren, die eins sind mit dieser wilden Natur. Von Elefanten, Leoparden, Büffeln oder Gazellen.

Hier im Busch drehen sich die Tage um alles, was für unser tägliches Überleben wichtig ist. Um nichts sonst, aber das reicht ja auch. Das

Credo hat uns unser Ranger Rob beigebracht, bevor wir am ersten Tag auch nur einen Schritt gegangen sind. Wir standen vor dem dunkelgrünen Pick-up, der uns mitten in der Wildnis abgesetzt hat, und hievten uns die Rucksäcke auf die Schultern. Was Rob dann sagte, ist für mich nach wie vor eine der schönsten und passendsten Ansprachen, an die wir uns alle viel öfter erinnern sollten:

»Hört auf zu glauben, irgendetwas sagen zu müssen. Hört auf, euch Gedanken zurechtzulegen«, hier machte Rob eine Pause und schaut uns allen tief in die Augen.

Er hat eine leise, sanfte Stimme, die trotzdem so eindringlich ist, dass man ihn nicht überhören kann.

»Seid still. Denkt an nichts, außer an das, was ihr gerade seht, hört oder riecht. Wir müssen nicht ständig in ein Gespräch verwickelt sein. Weder mit anderen noch mit uns selbst. Lasst die Natur um uns herum unser Gespräch sein.«

Ich nickte stumm, und als ich einen Blick in die anderen Gesichter warf, hatte ich das Gefühl, dass der ein oder andere fast ehrfürchtig zu Rob rüberschaute. Rob selbst wirkt wie die Ruhe in Person. Zur richtigen Zeit am richtigen Ort. Wenn er nicht hierherpasst, dann tut es wahrscheinlich niemand.

Von diesem Moment an gehörten Gespräche oder laute Gedanken nur noch ans Lagerfeuer am Abend oder in leise Fragerunden, die Rob einleitet, wenn er das Gefühl hat, sie wären nötig. Zum Beispiel, wenn wir einen ausgewachsenen Elefantenbullen aus Versehen beim Mittagsschlaf gestört haben.

Der erste Tag zu Fuß im Busch hatte mich fast zerrissen. Mit jedem Schritt entdeckte ich hinter einem Baum, auf einem Ast oder über meinem Kopf irgendwas, das mich vor Neugierde beinahe platzen ließ.

Rob, welcher Vogel ist das?

Rob, welches Tier brüllt da gerade in der Ferne?

Rob, sind das etwa Löwenspuren?

Rob, wo schlagen wir heute unser Camp auf?

Und überhaupt: Rob, wann machen wir heute was?

So viele Fragen, die ich nicht laut aussprechen konnte. Stattdessen war ich still und lief weiter. Mit jedem Schritt formten sich neue, stumme Sätze in meinem Kopf.

Die Mittagspause verbrachten wir an diesem ersten Tag unter den Kronen von knallgrünen Fieberbäumen. Während über mir drei blau schimmernde Vögel aufgeregt zwitscherten und sich von Baumkrone zu Baumkrone jagten, dachte ich an die großen Reisen, die ich schon gemacht habe. Mit »groß« meine ich nicht unbedingt besonders lang oder weit weg. Sondern eher die Reisen, die mich am meisten verändert haben.

Ich dachte an die Mongolei, deren Westen ich mit Felix zu Fuß durchquert habe. Felix, das ist seit Jahren mein liebster Reise- und Weggefährte, mein Partner zu allen Zeiten und mittlerweile sogar mein Mann. In der Mongolei waren keine Ranger dabei, überhaupt wussten wir nicht, wann wir das nächste Mal auf Zivilisation treffen würden. Es waren nur wir beide, und es gab keine Spuren, denen wir folgen konnten.

Ich dachte an Australien. Das erste Land, in dem ich auf der Weltreise spontan gelandet war – ohne irgendeine Erwartung und mit noch weniger Plänen. Australien war vor allem das erste Land, in dem ich bleiben konnte, solange ich wollte. Dort wurde mir klar, dass ich ganz allein in der Hand habe, was als Nächstes passiert. Und wann das sein wird. In Australien und ganz generell in meinem Leben.

Ich erinnerte mich an eine Frage, die mir öfter gestellt wird: Was gibt dir das Reisen, was du zu Hause nicht bekommen kannst? Und mir wurde klar, dass ich die Frage für eine Antwort umdrehen muss: Was habe ich auf Reisen, was ich zu Hause nicht habe?

Kein Netz. Keine Verpflichtung.
Keinen Kalender. Keine Termine.

Und vor allem kein schlechtes Gewissen, wenn ich nicht erreichbar bin, wenn ich mir Zeit für mich nehme. Ich bin nicht abgelenkt – und kann mich auf das konzentrieren, was mich wirklich umtreibt. Es ist verrückt, dass mir das zu Hause nicht gelingt.

Ein kleines Fieberbaumblatt, das nach einem langsamen Segelflug auf meinem Oberschenkel landete, holte mich zurück in die Mittagspause im Busch. Ich zerrieb den feinen grünen Staub zwischen den Fingern, der sich von der Rinde der Fieberbäume ablöst, wenn man sie vorsichtig berührt. Meine Füße steckten im warmen Sand. Die Daisy-Sträucher versprühten einen Geruch, für den man in teuren Seifenläden viel Geld bezahlt, und auf der anderen Seite des ausgetrockneten Limpopo zupfte eine kleine Herde Gazellen die letzten Blätter von einem dürren Strauch. Neben mir lehnte mein Rucksack, in den ich mal wieder alles fürs tägliche (Über-)Leben gepackt hatte. Daneben saß Felix.

Das beruhigte mich. Denn zwischen all dem Wandel, all den Dingen, die sich andauernd verändern, ist er für mich wie der Fels in der Brandung. Die Stabilität, die auch im Sturm noch neben mir steht und meine Hand hält. Wenn ich mich verlaufen habe, legt er mir neue, leise Spuren, denen ich folgen darf.

Ich war glücklich.

Nach dieser Mittagspause dauerte es nur ein, zwei Tage, dann war es mir endlich egal, wann wir nach der Siesta weitergingen. Es spielte keine Rolle mehr, wo wir abends unser Camp aufschlugen.

Ich machte das, worum Rob uns gebeten hatte: Ich schob alle Gedanken beiseite, die nicht das betrafen, was ich gerade hören, sehen oder riechen konnte. Und plötzlich, als ich selbst leiser war, hörte ich all die anderen leisen Töne um mich herum lauter. Tagsüber, wenn die Vögel sangen, die Affen kreischten, das Gebüsch raschelte und Rob oder sein Ranger-Kollege Steve für unsere Aufmerksamkeit mit den Fingern schnippte.

> Am meisten leise Töne hörte ich aber nachts, wenn das Gehör zum wichtigsten Sinn wird.

Rob hatte uns vorgewarnt: »Wenn wir ehrlich sind, müssen wir zugeben, dass uns die Nachtwachen am Anfang ziemlich unangenehm sind.«

Bevor ich darüber nachdenken konnte, was genau so unangenehm sein könnte, lieferte Rob die Erklärung. »Stellt euch vor: Alle aus der Gruppe schlafen, nur ihr seid wach. Ihr schaut, dass das Feuer nicht ausgeht, und ihr hört. Das ist das Wichtigste. Ihr hört ganz genau hin, was um euch herum passiert. Es kann sein, dass sich Elefanten unserem Camp nähern, oder auch ein Leopard. Das müsst ihr merken. So früh wie möglich. Und wenn es ernst wird, müsst ihr Steve oder mich wecken. Aber, was sag ich. Ihr werdet schon sehen, was ich meine. In ein paar Stunden ist die Sonne ja weg, und dann beginnt die erste Schicht.«

Und so saß ich jede Nacht im Sand, wenn die Sonne am brennenden Horizont verschwunden war. Es ist die allererste Nachtwache, die mir heute noch besonders tief im Gedächtnis steckt.

Die Nacht war so schwarz, dass ich die Übrigen aus der Gruppe, die ein paar Meter weiter auf der anderen Seite des Feuers verstreut auf ihren Campingmatratzen lagen, schon gar nicht mehr erkennen konnte. Es stand kein Mond am Himmel, dafür funkelten eine Million Sterne über dem ausgetrockneten Limpopo, der die Grenze zwischen Südafrika und Simbabwe bildet. Ich zwirbelte das Stöckchen, mit dem ich ab und zu im Feuer rumstocherte, zwischen Zeigefinger und Daumen hin und her. Jedes Mal, wenn sich wer aus der Gruppe bewegte und ein Schlafsack raschelte, schaute ich hektisch in die Richtung.

»›Unangenehm‹ trifft's ganz gut«, dachte ich. Noch konnte ich mich kaum auf das Wunder einlassen, das ich gerade erleben durfte. Nur ich ganz allein bin wach, irgendwo im afrikanischen Busch, zwischen Baobab-Bäumen, Palmen und weiß Gott welchen wilden Tieren.

Ich erkannte den Mars am Himmel, weil er der einzige Planet war, der orangefarben schimmerte. Ich habe gelernt, Sterne und Planeten zu unterscheiden, weil Sterne funkeln und Planeten nicht. Fast jede Minute schwebte ein leuchtender Satellit durchs Bild. Ein Traum. Aber ein Traum, der mich in diesem Moment noch ziemlich beunruhigt hat.

Was, wenn das Feuer ausgeht?

Was, wenn ich nicht aufmerksam genug höre und erst zu spät merke, dass sich eine Herde Elefanten oder ein Leopard dem Camp genähert hat?

Was, wenn ich Rob oder Steve dann nicht wach bekomme?

Ich leuchtete immer wieder mit meiner Stirnlampe in die schwarze Nacht, um nach aufblitzenden Augen Ausschau zu halten. Und gleichzeitig wünschte ich mir nichts mehr, als auf keinen Fall welche zu sehen. Jedes Rascheln ließ meinen Puls nach oben schnellen.

Wie war ich hier nur gelandet?

Ach ja, ich hatte mir gewünscht, einem Elefanten direkt gegenüberzustehen …

Am nächsten Morgen grinste Rob, als ich vorsichtig andeutete, dass ich die Nachtwache noch nicht so recht hatte genießen können.

»Das wird jede Nacht schöner werden, du wirst schon sehen«, sagte er mit einem Zwinkern. »Wenn dein Kopf still ist, wirst du im Dunkeln sitzen, und du merkst plötzlich, dass du dir nichts Schöneres vorstellen kannst. Weil du wieder Vertrauen gewinnst. In dich selbst und in alles um dich herum.«

Und – was soll ich sagen? Rob hat recht. Nicht nur damit, dass ich die Zeit nachts unter der afrikanischen Sternendecke von Mal zu Mal mehr genießen kann. Rob hat ganz generell mit sehr vielem recht, das er uns an den Tagen im Busch beibringt. Er weiß schon tausend Schritte vorher, dass an einem Wasserloch eine Büffelherde warten wird. Er weiß, in welcher Nacht uns Elefanten besuchen werden. Und er entdeckt in einer Woche fast 300 verschiedene Vogelarten.

Und Rob hat auch damit recht: Dass wir alle etwas lernen können, wenn uns ab und zu echte Stille umgibt. Und damit meine ich nicht nur die, die sich ergibt, wenn wir leise sind. Sondern auch die Stille, die entsteht, wenn der eigene Kopf einem keine Gedanken mehr zuflüstert.

Die nächsten Tage führen uns Rob und Steve fast achtzig Kilometer durch den Busch. Wir buddeln im ausgetrockneten Flussbett des Limpopo nach Wasser und graben in Löchern tiefer nach unten, die Elefanten schon vorbereitet haben. Wir lernen, den Vogel zu erkennen, der immer ein Indiz für Büffel ist, und beobachten Flusspferde, wie sie die letzten Sonnenstrahlen genießen. Wir verfolgen große, runde Elefantenspuren und sehen diese grauen Riesen sogar noch ein paarmal. Wir laufen Umwege, um Büffeln aus dem Weg zu gehen, und hören bei unseren Nachtwachen die Hyänen schreien.

Ich bin fasziniert, ich staune und versinke in dieser neuen Welt. Und vor allem mache ich mir keine Sorgen mehr. Tagsüber nicht, wenn ein Elefant vor uns aus dem Busch stolpert und wir ihm entgegen. Und auch nachts nicht, wenn ich allein neben dem Feuer sitze und die Hyänen kichern höre.

Ich mache mir keine Sorgen mehr, weil ich angekommen bin. Hier im afrikanischen Busch und auch wieder ein klein wenig mehr bei mir selbst. Mein Kopf ist still.

Und als mir bei der allerletzten Nachtwache die Tränen in die Augen treten, weil ich weiß, dass sich gerade die letzten Momente allein unter dem funkelnden Sternenzelt Afrikas abspielen, gestehe ich mir etwas ein: Ja, es gibt ein paar Seiten in dem Bilderbuch in meinem Kopf, die kann ich nur mit den Erinnerungen aus der Ferne ausmalen. Und zum ersten Mal denke ich, dass das okay ist.

Manchmal müssen wir weit reisen,
um wieder ganz nah bei uns selbst zu sein.

So wie wir nach Afrika reisen müssen, um den Spuren von Elefanten, Löwen und Leoparden folgen zu können, gibt es auch die Spuren zu all den Antworten und Erkenntnissen nicht überall auf der Welt. Wir müssen sie finden, sie verfolgen und von ihnen lernen. Und das Beste, das wir dann tun können, ist, anderen Menschen von diesen Spuren zu erzählen. Unsere Erkenntnisse und Antworten mit ihnen zu teilen.

Wir sind nicht nur Abenteurer. Und Weltentdecker. Wir alle können auch Geschichtenerzähler sein. Und Botschafter. Botschafter sollten wir sogar sein – um zu verbreiten, wie wunderbar bunt die Welt innerhalb und außerhalb der Umrisse ist.

Für mich hat es diesen Moment gebraucht: der Elefant, die blauen Vögel, die ausgetrockneten Sträucher und der Sand unter meinen Füßen.

Und vor allem: die Stille.

Im Busch und in meinem Kopf.

Für mich hat es genau diesen Moment gebraucht, damit ich begreifen konnte, wie ich der Welt die Spur hinterlassen kann, die ich hinterlassen möchte. Keine, die ihr schadet, und keine, die man hinter sich verwischen sollte. Sondern eine Spur, die davon erzählt, wie wichtig es ist, wilde Orte zu bewahren, Stille zu hören und sich selbst ganz nahzukommen. Eine Spur, die von all dem erzählt, was es zu beschützen gilt, und von all den Farben.

Denn ich bin sicher: Nur wer weiß, wie bunt die Welt wirklich ist, wird alles daransetzen, um sie zu schützen.

Kirgisistan

EXPEDITION 7000

Ein Sturm wird Sylvain in seinem Zelt davonwehen. Ann wird in eine Gletscherspalte fallen. Jakub und Roberto werden sich Erfrierungen zuziehen. Meine Fingerkuppen werden tagelang taub sein. Wir werden ständig frieren, manche kotzen und alle stets nach Luft hecheln wie Hunde. Aber all das ahnen wir noch nicht, als wir im Basislager eintreffen, wo Wildblumen die Wiesen zieren und die Augustsonne sich warm auf die Haut legt.

Von Philipp Laage

Unser Ziel ist der Pik Lenin, ein 7134 Meter hoher, vergletscherter Riese im zentralasiatischen Pamir-Gebirge, auf der Grenze zwischen Kirgisistan und Tadschikistan. Wir sind vierzehn Expeditionsteilnehmer: drei Italiener, drei Russen, ein Ukrainer, ein Pole, ein Bulgare, ein Brite, ein Kanadier, ein Brasilianer, ein Deutscher und eine Frau von den Philippinen, sie kommt aus Manila. Angeleitet werden wir von insgesamt fünf Bergführern, zwei Russen und drei Sherpas aus Nepal, die jeden Juli und August am Pik Lenin anheuern.

Wahrscheinlich sind wir alle aus verschiedenen Gründen an diesem Berg, aber mit Sicherheit besitzen wir unterschiedlich viel Erfahrung. Sylvain, der junge und kernige Kanadier, stand noch nie auf Steigeisen. Enrico, mit Anfang zwanzig das jüngste Teammitglied, arbeitet als Klettertrainer in Norditalien. Er kennt alle Knoten, Kniffe und Sicherungstechniken, aber nur die Höhenlagen der Alpen. Luis, Mitte fünfzig, in Brasilien geboren und in Brüssel zu Hause, war schon auf dem Kilimandscharo, hat aber nur eine leichte Daunenjacke dabei. Ich selbst bewege mich sicher auf Steigeisen, bin bis auf 6300 Meter Höhe gekommen und habe mal einen Hochtourenkurs beim Deutschen Alpenverein gemacht.

Tristan, der Brite in meinem Alter, hat es vergangenen Sommer schon einmal am Pik Lenin versucht, musste jedoch wegen Knieproblemen umkehren. Jetzt ist er wieder da, aber überhaupt nicht verbissen. Ich mag ihn gleich sehr. Der ebenso stämmige wie schweigsame Ukrainer Juri hat den Schädel rasiert und trägt ein Abzeichen auf der Jacke: Aconcagua, höchster Berg außerhalb Asiens. Ich lerne ihn am Flughafen in Bischkek kennen. Er wird es schaffen, denke ich.

Ich habe nicht erwartet, am Pik Lenin nur auf wettergegerbte Bergprofis zu stoßen, die mit allen Himalaja-Wassern gewaschen sind. Aber dass die alpine Erfahrung der Gipfelaspiranten derart unterschiedlich ausfällt, damit habe ich nicht gerechnet. Es könnte daran liegen, dass Reiseveranstalter den Pik Lenin als »einfachen Siebentausender« bewerben. Der Normalweg habe keine klettertechnischen Schwierigkeiten, die dünne Luft sei eine Herausforderung, und man müsse natürlich sehr fit und konditionsstark sein. Aber der Gipfel könne auch »von ambitionierten Bergsteigern ohne viel Hochgebirgserfahrung bestiegen werden«, schreibt zum Beispiel mein deutscher Veranstalter.

Tatsächlich? Weckt diese Aussage nicht falsche Erwartungen? Kann es so etwas wie einen einfachen Siebentausender überhaupt geben?

Für mich bedeutet der Pik Lenin die Erfüllung eines Traums: einmal auf einem Siebentausender stehen! Als Kind war ich mit der Familie jeden Sommer im Zillertal. Wir wanderten zu Berghütten, aßen Kaiserschmarrn, tranken Almdudler. Mit elf Jahren nahm mich mein Vater mit auf den Schwarzenstein, mein erster Dreitausender. Als junger Erwachsener fuhr ich dann mit Freunden und meinem Bruder in die Alpen. Wir bestiegen stattliche Gipfel, Großglockner und Wildspitze. Aber mich reizten irgendwann die richtig hohen Berge: Elbrus, Kilimandscharo, Chimborazo. Gipfel von 5000 Metern, 6000 Metern, wo die Luft dünn wird und das reine Gehen zu einer existenziellen Herausforderung. Nur sind 7000 Meter noch mal eine völlig andere Hausnummer.

In den Anden gibt es Berge jenseits der 6000 Meter, auf die man praktisch hochspazieren kann. Man braucht natürlich warme Sachen und kann höhenkrank werden. Aber trotzdem sind das mehr anstrengende Wanderungen, Trekking bestenfalls. Einen mehr als 7000 Meter hohen Berg zu besteigen hat damit nichts mehr zu tun. Berge dieser Höhe sind immer stark vergletschert, was ganz andere Gefahren mit sich bringt: Spaltenstürze, Lawinen, Eisschlag. Außerdem hält man sich viel länger in einer Höhe auf, die bei unzureichender Vorbereitung lebensgefährlich ist. Kann ich die 7000er-Marke knacken? An wohl keinem anderen Berg der Welt sind die Chancen so hoch wie am Pik Lenin.

Die Anreise zum Basislager gestaltet sich für einen Expeditionsberg äußerst entspannt. Von Osch, der zweitgrößten Stadt Kirgisistans, fährt uns ein kleiner Bus in etwa sechs Stunden bis zum Ausgangspunkt unserer Tour auf 3600 Meter. Die letzten zwei Stunden rumpelt das Fahrzeug über eine Schotterpiste, aber uns wird nichts abverlangt, außer dazusitzen und aus dem Fenster zu schauen. Bei der Ankunft im Camp dann die zweite Überraschung: Nicht nur die Straße führt bis zum Basislager, sondern auch eine Stromleitung.

Das Base Camp ist ein idyllischer Ort. Ein Fluss rauscht hier durch ein weit ausgeschnittenes Tal, das allmählich in die karge Hochebene übergeht. Pferde grasen auf Hügeln zwischen kleinen Seen. Auf einer großen, flachen Wiese stehen mehrere Dutzend gelbe Zelte für jeweils zwei Personen, und in jedem von ihnen gibt es sogar eine Nachttischlampe zwischen zwei Schaumstoffmatratzen.

Das große weiße Gemeinschaftszelt mit Küche, Tischen und Stühlen gleicht einem mobilen Restaurant. Hier kommen alle dreimal am Tag zusammen, es ist der soziale Mittelpunkt des Camps. Und dann steht da noch ein Container mit Duschen – es gibt heißes Wasser.

An unserem ersten Nachmittag ist es so windstill und sonnig, dass wir T-Shirts tragen können. In einigen Kilometern Entfernung strahlt die Eiswand vor einem stahlblauen Himmel, scheinbar unerreichbar. Der Lagerchef, ein resoluter Russe, registriert die Gruppe und weist uns Unterkünfte zu.

Mein Zeltpartner ist Luis. Der Brasilianer spricht mehrere Sprachen, auch ein bisschen Deutsch. Ein ruhiger, freundlicher Typ, der jeden Abend fast an der Frage verzweifelt, was er am nächsten Tag anziehen und was in den Rucksack packen soll.

Wir richten uns ein und sitzen später zusammen im großen Zelt, plaudern und tauschen uns aus. Die Stimmung ist heiter. Noch hat sich niemand den Magen verdorben, noch ist der Frost uns nicht in die Glieder gekrochen. Kaum zu glauben, dass das Lager im Winter meterhoch unter Schnee liegt.

Unabhängig davon, bei welchem Veranstalter wir zu Hause gebucht haben, sind wir alle in einer Gruppentour von Ak-Sai Travel gelandet, der führenden lokalen Bergtourismus-Agentur. Sie machen ihren Job gut.

Die einheimische Küchenmannschaft tischt dreimal täglich üppig auf: Suppen, Pasta, Reis, Bulgur, Fleisch, Fisch, Salat und Gemüse, dazu reichlich Kuchen, Quark und sogar frische Melonen. Tee, Kaffee und Kekse stehen den ganzen Tag über bereit. Die Gefahr, auf dieser Expedition vom Fleisch zu fallen, besteht nicht. An Mangelernährung wird die Tour nicht scheitern.

Ich ahne, dass meine circa vier Kilo Nüsse, Riegel und Schokolade überflüssig sind. Im Shop des Lagers bekommt man gegen Aufpreis auch Cola, Wein und Wodka. Und es gibt WLAN-Codes, eine Stunde für zwei Dollar. Das wird noch wichtig sein, um sich die Stunden zu vertreiben.

Ich finde es beruhigend, wie komfortabel das Basislager ist, denn wir werden vor dem Gipfelversuch noch einmal hierher zurückkehren. Die Taktik ist anders als zum Beispiel am Kilimandscharo, wo man sich von Lager zu Lager nach oben arbeitet und dann direkt den Gipfel in Angriff nimmt. Am Pik Lenin steigen wir zunächst einmal bis ins höchste Lager – und dann wieder komplett ab.

Was sich für Laien wie Schikane anhört, heißt Expeditionsstil. Klingt eher akademisch, entscheidet im Zweifel aber über Leben und Tod.

Akklimatisierung ist das oberste Ziel. Wer am Ende tatsächlich auf 7134 Metern stehen und zudem lebendig wieder herunterkommen will (daran denken manche nicht), muss seinen Körper langsam an die Höhe gewöhnen. Anders als oft behauptet, enthält die Luft in großer Höhe nicht weniger Sauerstoff als am Meer. Aber der sogenannte Sauerstoffpartialdruck ist geringer, die Lunge nimmt nicht mehr so viel Sauerstoff auf. Diese Unterversorgung führt irgendwann zu Appetitlosigkeit, Kurzatmigkeit, Abgeschlagenheit und Schwindel. Man wird höhenkrank. Im schlimmsten Fall entwickeln sich Ödeme, Wassereinlagerungen in der Lunge oder im Gehirn. Dann muss man sofort absteigen oder ist binnen weniger Stunden tot.

In besonders großen Höhen kann sich der Mensch auch bei vollständiger Ruhe und optimaler Verpflegung nicht mehr an den geringen Sauerstoffgehalt der Atemluft gewöhnen. Ab einer Höhe von etwa 7000 Metern baut der Körper unweigerlich ab. Bergsteiger sprechen von der Todeszone. Letztes Jahr, erzählt man uns, hätten zwei Nordkoreaner den Pik Lenin versucht. Sie wollten in einem Rutsch hinauf, ohne Ruhepause. Beide sind gestorben.

Akklimatisierung verhindert, dass man höhenkrank wird. Deshalb ist das Programm der kommerziellen Expeditionen so aufgebaut: Man marschiert vom Basislager ins Camp 1 auf 4450 Metern und verbringt dort drei Nächte. Dann steigt man hinauf ins Lager 2 auf 5300 Metern, um am nächsten Tag zu Camp 3 aufzubrechen. Auf 6100 Metern schläft man eine weitere Nacht und steigt dann ins Basislager ab. Dort geht alles von vorne los, aber zügiger als beim ersten Aufstieg. Je nach Wetter lässt sich der Ablauf ändern. Von Lager 3 aus geht es schlussendlich nachts in Richtung Gipfel – sofern es nicht stürmt. Die Erfolgsquote liegt angeblich bei zwanzig Prozent, doch es kann auch eine Woche Schlechtwetter herrschen. Dann schafft es niemand.

»Climb high, sleep low« ist eine Akklimatisierungsregel, die wir schon im Basislager anwenden. Drei Nächte verbringen wir hier.

Am Morgen des ersten Tages versammelt uns Ivan, 58, zu einer kleinen Wanderung. Der sanftmütige Russe ist seit zwanzig Jahren Bergführer. Davor war er Ingenieur, in der Altai-Region. Sein Englisch ist dürftig, wir können nicht unbedingt über Gott und die Welt reden. Mit Ivan und den anderen Guides steigen wir auf einen Bergkamm nahe des Lagers, auf über 4000 Meter. Die nepalesischen Guides mustern uns:

Wer ist wie schnell? Wer kommt aus der Puste? Man bekommt einen ersten Eindruck von der Stärke der anderen Teammitglieder. Vor allem aber tut es gut, sich endlich einmal selbst zu bewegen.

Die Aussicht reicht kilometerweit über die Ebene, über die karge Weite des Alai-Tals hier im Pamir, jener mythisch anmutenden, fast menschenleeren Region in Zentralasien, die bis heute nur wenige Reisende besuchen.

Am Horizont im Norden erhebt sich eine andere Gebirgskette, in südlicher Richtung ist der Pik Lenin von einer Bergflanke verdeckt. Wir stehen in einer Landschaftscollage aus Wiesengrün, Ockergelb, Felsgrau, Rostrot und Schneeweiß. Das Basislager unten im Tal erscheint winzig, genau wie die Seen, zu denen wir morgen spazieren werden. Alles ganz entspannt.

Abends im Gemeinschaftszelt kommen alle zusammen: unschuldige Neuankömmlinge wie wir, Bergsteiger nach ihrem ersten Aufstieg ins Hochlager und die erfolgreichen oder glücklosen Gipfelstürmer. Wer zu welcher Gruppe gehört, erkennt man am Zustand der Gesichtshaut und der Lippen. Spröde und aufgeplatzt heißt: Sie oder er war schon oben.

Nach jedem Abendessen verliest der Lagerchef die Namen der Bergsteiger, die auf dem Gipfel standen, und verteilt Urkunden und Halsketten mit Pik-Lenin-Anhänger. Klatschen, Applaus. Ich merke in diesem Moment, wie sehr ich dieses Abzeichen begehre. Ich will auch endlich weiter, höher, selbst den Versuch wagen. Doch was, wenn ich hier in zwei Wochen sitze und leer ausgehe?

Bereits im Basislager lerne ich eine sehr simple Lektion: Eine Expedition heißt warten.

Auf die nächste Mahlzeit, den Abend, die Nacht, den nächsten Morgen, auf besseres Wetter. Natürlich, der Gipfeltag ist hart. Aber ansonsten kann man gar nicht von morgens bis abends laufen, das wäre ungesund. Immer schön langsam, das ist das Motto. Anders geht es nicht. Sonst riskiert man sein Leben. Eine Expedition ist vor allem eine Herausforderung für die Psyche.

Der Pik Lenin ist eine gewaltige Landmasse. Das Auge schätzt die Entfernungen zuverlässig falsch ein. Grob vereinfacht stellt sich die Sache so dar: Im Basislager ist man höchstens in der Nähe des Berges. In Lager 1 steht man vor dem Berg. Aber erst in Camp 2 ist man wirklich am Berg. Es ist ein weiter Weg bis dorthin.

Ein nahezu wolkenloser Morgen ist aufgezogen für die Wanderung zu Lager 1. Sein Übernachtungsgepäck kann man für drei Dollar pro Kilo einem Pferd mitgeben, aber ich trage meine Sachen selbst, um mich an die Belastung zu gewöhnen. Der Rucksack wiegt fast fünfzehn Kilo, das macht schon in dieser Höhe recht kurzatmig. Die ersten Serpentinen hinauf zu einer Scharte treiben den Schweiß aus der Haut. Sobald man rastet und nur ein wenig Wind aufzieht, wird es trotz der Sonne kühl – ein Vorgeschmack auf die nächsten Tage: Es ist entweder heiß (mittags im Zelt, beim Aufstieg über den Gletscher) oder kalt (zu praktisch jeder anderen Tageszeit und Gelegenheit).

Der schneefreie Weg zu Camp 1 führt über riesige Schutthalden und Moränen. Auf uns warten fünf, sechs Stunden angenehmes Wandergelände mit moderater Steigung. Die größte Hürde bildet ein Wildbach, der am frühen Nachmittag gefährlich viel Wasser führt. Schuhe aus und durch? Oder doch lieber für fünf Dollar auf den kirgisischen Jungen und sein Pferd zurückgreifen, die an dieser Stelle auf Wanderer warten? Zwar wollen wir uns nicht den Knöchel verknacksen, aber letztlich entscheiden wir uns gegen das Pferd. Schuhe aus, Stöcke in die Hand und los. Wackelige Angelegenheit. Das Wasser ist eiskalt und schmerzt an den Füßen. Aber niemand rutscht aus.

Camp 1 ist überraschenderweise ähnlich komfortabel wie das Basislager. Es gibt allerdings keine Duschen, keine Stromleitung, und das WLAN ist teurer (fünf Dollar pro Stunde). Aus Holzpaletten hat die

Lagercrew zu Beginn der Saison eine kleine, etwas schiefe Terrasse gezimmert, auf der sich die Bergsteiger in der Sonne aufwärmen können. Die Luft hier oben hat selten etwas Liebliches, nachts herrscht Frost. Wir sind dem Gletscher nun sehr nah und schauen direkt auf die knapp 3000 Meter hohe Nordwand des Pik Lenin. Wir werden nicht lotrecht hindurchklettern, sondern sozusagen einen Haken schlagen und vom letzten Hochlager aus über den Westgrat auf den Gipfel steigen.

Abends im Essenszelt höre ich zwei Deutschen aus einer anderen Gruppe am Nebentisch zu. Kurze Verlegenheitspause. Um den Ball der Konversation wieder ins Rollen zu bringen, fragt der eine original dies: »Wie sieht deine Arbeit als Steuerprüfer genau aus?« Der Satz trifft mich wie ein Nackenschlag. Anstatt nun einen Witz zu machen, beginnt der andere tatsächlich mit einer umständlichen Erklärung. Mir wird klar, dass zwei Wochen am Berg sehr trostlos sein können, wenn die Gruppe nicht passt. Da habe ich Glück gehabt.

Bei uns gibt es die, die kaum reden und ihr Ding machen, wie Juri und Andrei. Sie sind immer höflich, aber wahrscheinlich mit anderen Männlichkeitsidealen als ich aufgewachsen. Wenn sie sich nicht gut fühlen und man das in ihrem Gesicht sieht, gehen sie ins Zelt. Für sie ist dieser Berg kein Ort der Ironie, des Palavers, der Albernheiten.

Roberto, Luca und Enrico legen ausnahmslos eine warmherzige Gelassenheit an den Tag – wahre Lebenskunst, um die man die Italiener nur beneiden kann. Niemand von ihnen käme zum Beispiel auf die Idee, ausschweifend und ohne den einen oder anderen Scherz auf eigene Kosten über seine körperliche Verfassung zu monologisieren. Wir lernen von ihnen das beiläufige und gleichmütige Fluchen: *Che cazzo, ma vaffanculo …*

Ann, scheint mir, hadert manchmal mit ihrer Rolle als einzige Frau im Team, lässt sich das aber zu keiner Zeit anmerken. Beim Handy-Scrabble stellt sich außerdem heraus, dass sie englische Wörter kennt, von denen wir anderen Nichtmuttersprachler noch nie etwas gehört haben. Antler zum Beispiel heißt Geweih. Eine Vokabel, die ich nicht mehr vergessen werde.

Tristan hat eine gute Portion trockenen britischen Humor. In seiner Gesellschaft fühle ich mich immer wohl.

Um uns zu akklimatisieren, besteigen wir am nächsten Tag den 5130 Meter hohen Yuhin Peak. Die massive Eiswand des Pik Lenin lässt den Berg wie einen unbedeutenden Steinhaufen aussehen. Wieder scheint die Sonne, aber jede Windböe in dieser Höhe ist schneidend.

Ein nach allgemeiner Auffassung des Lagers etwas verrückter Brite macht die Tagestour tatsächlich in einer Art Badeshorts, die manchmal weniger verbirgt, als angebracht wäre. Mir ist es ein Rätsel, dass er nicht friert.

Auf dem Yuhin Peak haben wir gute Sicht über die weitere Route, man sieht sogar die Spur über den Gletscher. Der Gipfel des Pik Lenin wirkt allerdings vollkommen entrückt. Mir kommt es so vor, als könne der Berg uns jederzeit von seinen Flanken pusten, was ja auch zweifellos stimmt.

Warum will ich da überhaupt hoch? Diese Frage rückt vollständig in den Hintergrund, sobald man sich einmal am Berg befindet, wobei in der Antwort ja der Grund liegt, weshalb man überhaupt hier ist. Bei jedem Artikel über das Höhenbergsteigen treffen im Internet sofort zwei Fraktionen unversöhnlich aufeinander: Die einen halten Expeditionen für das letzte Abenteuer des modernen Menschen, die anderen für fahrlässigen Egoismus.

Niemand kann abstreiten, dass die Besteigung eines Siebentausenders mehr Gefahr für Leib und Leben birgt als fast jede andere Sportart. Aber das nimmt man in Kauf. Der amerikanische Ausnahmekletterer Steve House hat einmal gesagt, dass das Bergsteigen die Kraft besitze, das gesamte Spektrum des Lebens auf eine Spanne von wenigen Tagen oder gar Stunden zu verdichten. Beim Joggen ist mir das auf jeden Fall noch nie passiert.

Am nächsten Tag steht Techniktraining auf dem Programm. Wir marschieren zum Gletscher und üben das Abseilen und Aufsteigen am Fixseil mit einer Steigklemme. Auf der Gipfeletappe wartet ein seilversichertes Steilstück namens The Knife (»das Messer«). Dort bringt man sein Aufstiegsgerät an und zieht sich hoch. Das üben wir nun. Die Sherpas helfen bei den Knoten und beim Seilhandling, es gibt Erklärungsbedarf – was an einem Berg wie dem Pik Lenin nicht vorkommen darf. Eigentlich sollte man auch die Spaltenbergung sicher beherrschen. Mein Kurs liegt Jahre zurück.

Letztlich verlassen wir uns auf das Können und die Erfahrung unserer Guides. Man kann lange diskutieren, ob diejenigen, die einen solchen Berg nicht ohne fremde Hilfe besteigen können, zu Hause bleiben sollten. Wir alle haben uns jedenfalls dagegen entschieden.

Wir vertrauen darauf,
dass dieses Unterfangen gut ausgeht.

Der Weg von Camp 1 zu Camp 2 ist die objektiv gefährlichste Etappe der ganzen Tour. Der Gletscher ist von tiefen Spalten durchzogen, nicht alle von ihnen liegen offen. Die Sherpas haben zu Beginn der Saison eine Route gelegt und bei Bedarf mit Fixseilen und Aluminiumleitern abgesichert. Jetzt im August ist die Spur gut ausgetreten, und es ist wenig Neuschnee gefallen.

Trotzdem brechen wir um vier Uhr früh auf. Zum einen sind die Schneebrücken über den Spalten dann noch hart gefroren, zum anderen steigt mit zunehmender Wärme die Lawinengefahr. Das betrifft einen kurzen Korridor gegen Ende der Etappe, wo die Route quer zum Hang in Richtung Camp abbiegt. Auf YouTube findet man ein Video von 2017, das den Abgang einer Lawine an dieser Stelle zeigt, gefilmt von einem Skandinavier in Lager 2. Die Schneemassen rauschen in ein Dutzend Bergsteiger hinein. Alle haben überlebt. Auf ein solches Wunder wollen wir es nicht ankommen lassen, also Wecker stellen.

Es ist noch finster, als wir unten am Gletscher die Steigeisen anlegen und Seilschaften bilden. Ich gehe mit Roberto und Sylvain. Wir sind ungefähr gleich stark. Über uns funkelt ein Meer aus Sternen. Eiswände schillern silbern in der Nacht. Als wir im Gletscherbruch aufsteigen, bricht der Tag an. Ein fast spiritueller Moment, dem ich nicht die gebührende Aufmerksamkeit widmen kann. Meine Füße bewegen sich langsam, mein Atem rast – die Höhenluft. Der bis oben gefüllte Rucksack zieht mich nach hinten. Schlafsack, Isomatte, Thermosflasche, Kleidung, Gaskocher, Tütenessen …

Beim Überqueren einer Spalte kippe ich wegen des Gewichts zur Seite. Sherpa Mingma reagiert geistesgegenwärtig und zieht mich am Seil über die Kante. Fuck! Adrenalin rauscht durch den Körper. Ich habe mir mit den Steigeisen ein Loch in die Überhose getreten, auf Kniehöhe. Ärgerlich, aber nichts Wildes. Dann überqueren wir eine Leiter, die über eine größere Spalte gelegt wurde. Blick nach unten. Bloß nicht stolpern. Die Sonne knallt in den Hang. Der Morgen schimmert milchig golden.

Unsere Seilschaft erreicht das Camp zur späten Mittagszeit. Schnell merken wir: Dies ist das bislang unangenehmste Lager. Alle Zelte stehen in einem Schotterhang, man findet kaum eine ebene Fläche. Steine bohren sich von unten in die Zeltplane. Für die unbequeme Lage gibt es einen guten Grund: 1990 wurde das alte Camp weiter unten auf dem Gletschereis von einer gewaltigen Lawine weggefegt, 43 Menschen starben damals. Deshalb musste man es hochverlegen.

Wir beziehen jeder ein Zelt allein, unerwartete Privatsphäre. Dann kochen wir Nudelsuppe. Noch müssen wir keinen Schnee schmelzen, ein nahes Rinnsal am Gletscher liefert Wasser. Es sind nur ein paar Meter dorthin, aber sie kosten jedes Mal Kraft, die man sich eigentlich aufsparen will. Wir sind hier schon gut 500 Meter höher als der Montblanc, der höchste Berg der Alpen.

Am Nachmittag gibt es für uns nichts zu tun. Wir liegen in den Zelten und ruhen uns aus. Ich genieße die Hitze. Kein schneidender Wind, keine eiskalten Finger – ein rundum angenehmes Gefühl. Die Gedanken driften ab.

Dann passiert etwas, womit ich nicht gerechnet habe: Meine Kehle zieht sich zusammen, ich fange an zu schluchzen, erst ein wenig, dann immer heftiger, bis ich richtig weine. Tränen laufen meine Wangen hinab. Ich kann mir nicht erklären, warum das gerade passiert. Ich bin nicht traurig oder niedergeschlagen, im Gegenteil. Eher ist da so etwas wie tiefe Dankbarkeit.

Das Gefühl überwältigt mich, mein Brustkorb hebt und senkt sich. Ich denke an Familie und Freunde, und da ist nur Wohlwollen, Solidarität, Liebe. Jeder kleinliche Gedanke verschwindet aus meinem Kopf, eine große Klarheit stellt sich ein. Wie ich hier gelandet bin, eines zum anderen führte, was noch zu tun ist. Es ist ein Weinen, das nicht der Kummer speist, sondern die Einsicht in die Vergänglichkeit und Fragilität aller wundervollen Momente und Begebenheiten. Ich glaube, es ist viele Jahre her, dass ich so geweint habe. Nach einigen Minuten entgleitet das Gefühl, die Tränen hören auf. Ich liege wieder im Zelt, irgendeine praktische Überlegung befällt das Denken. Morgen gehen wir weiter, ins höchste Lager. Wetter soll gut sein.

Atmen und gehen: Zwei eigentlich simple Tätigkeiten werden jenseits der 5500 Meter zu einer gewaltigen, ja praktisch alles bestimmenden Aufgabe.

Kann ich laufen? Kriege ich gut Luft? Ja? Wunderbar. Dann wären die wichtigsten Fragen des Tages geklärt.

Auf dem Weg zu Lager 3 müssen wir uns nicht anseilen. Keine Gletscherspalten, auch keine Lawinengefahr. Zuerst schleppen wir uns in engen Serpentinen einen Steilhang hinauf. Oben angekommen, biegt die Route nach links ab, in nördliche Richtung. Wir laufen nun bei mäßiger Steigung direkt auf die Landesgrenze zu. Hinter der Bergschulter geradeaus liegt Tadschikistan. Und ganz oben auf dem Kamm steht das Camp, unser Tagesziel.

Der letzte Hang ist eine erbarmungslos monotone Rampe aus Eis. Noch einen Schluck trinken, ein Stück Schokolade. Nach wenigen Metern rast der Puls noch mehr als sonst. Habe ich heute früh Steine in den Rucksack gepackt? Nein, Moment, es sind nur all die Utensilien, die mich vor dem Erfrieren bewahren.

Alle dreißig Sekunden bleibe ich stehen und schnappe nach Luft, die in der Lunge beißt. Jeder läuft nun ganz für sich allein, dabei trennen uns meist nur wenige Meter voneinander. Schritt, Schritt. Immer weiter bergauf.

Der Ausblick ist spektakulär schön, das gibt Kraft. Die Bedingungen könnten schlimmer sein, was einerseits erfreut und andererseits Zweifel sät: Eigentlich hatten wir an diesem Berg schon zu lange zu gutes Wetter.

Ich schleppe mich die letzten, räudigen Meter hinauf: Camp 3 – endlich. Hinsetzen und durchatmen. Das war's für heute. Roberto und Sylvain hocken schon in einer windgeschützten Mulde. Enrico und Tristan kommen dazu, auch Juri. Alle sehen noch ganz fit aus, niemand wirkt komplett erledigt. Wir sitzen im Schnee, umhüllt von Daunenjacken, die mir nun jeden Euro wert erscheinen, und genießen die Sonne. Um uns herum angeregtes Treiben.

Auch viele andere Bergsteiger sind heute aufgestiegen. Fast drei Dutzend Zelte stehen akkurat aufgereiht zusammen, alles wirkt beruhigend professionell. Aber anders als geplant werden wir heute doch nicht in Camp 3 übernachten – ein Höhensturm ist angekündigt. Und hier auf dem Bergrücken hält ihn nichts auf.

Vor dem Abstieg sichern wir uns noch den Trostpreis. Wir marschieren auf eine nahe Schneekuppe namens Razdelny Peak. Kein echter Gipfel, eher eine Erhebung im Grat. Im Basislager gibt es für diese »Besteigung« aber ebenfalls eine Urkunde, so kehrt man nicht mit leeren

Händen heim. Anständige Lösung, finde ich. Als wir auf den Schneehügel stapfen, fegen uns Eiskristalle ins Gesicht. Der Wind dreht schon auf. Wir sollten wirklich nicht hierbleiben.

Unten im Lager 2 scheint nach wie vor die Sonne, aber es herrscht ungewohnte Betriebsamkeit: Bergsteiger fixieren ihre Zelte mit Steinen, Schnüre werden festgezogen und doppelt gesichert. Bald fällt die Dunkelheit über den Bergkamm, und wir schlüpfen in unsere Zelte. Ich schlafe sofort ein. Wenige Stunden später weckt mich ein lautes Flattern.

Orkanartiger Wind reißt an der Zeltplane. Ich bin sofort bei Sinnen und schiebe meinen Rucksack auf die rechte Seite des Zeltes, um die Flanke zu stabilisieren. Wie stabil ist dieses Ding? Ich stemme beide Arme gegen die Zeltplane.

Der Sturm peitscht mit ohrenbetäubender Lautstärke den Hang hinab. Pfeifen und Fauchen. Böse Geister in der Nacht. Zwei Stunden liege ich wach in permanenter Angst, dass es mich davonweht. Am Morgen zeigt sich, dass diese Furcht nicht unbegründet war.

Als wir aus unseren Zelten treten, ist das Inferno längst vorbei. Aber es hat Spuren hinterlassen. Der Wind, so erzählt uns Sylvain, habe sein Zelt nachts aus der Verankerung gerissen – mit ihm selbst darin. Er sei mitsamt seiner Ausrüstung den Hang hinabgerollt, bis er sich an einem Felsbrocken festhalten konnte. In dieser Position habe er notgedrungen bis zum Morgen ausgeharrt. Ach, du Scheiße. »It was totally crazy«, sagt Sylvain, jedoch mit einer Ruhe, die das Gegenteil nahelegt. Ich finde, er ist erstaunlich gut beieinander.

Der Pik Lenin zeigt sich jetzt, nach einer Woche am Berg, von seiner unwirtlichen Seite. Wir steigen ins Basislager ab, wo wir am zweiten Morgen in einem eingeschneiten Hochtal erwachen. Wo ist die Augustsonne hin? Die Wolken hängen tief. Zwei Franzosen berichten, dass der Sturm ihr Zelt mitsamt der Ausrüstung in eine Gletscherspalte geweht hat. Ende der Tour.

Auch drei Sunnyboys aus Österreich mit reichlich Equipment, die den ganzen Berg mit Skiern abfahren und das Spektakel filmen wollten, mussten sich geschlagen geben. Bestimmt hatten sie einen abgefahrenen YouTube-Film vor Augen, auf den die Welt nun verzichten muss.

Abends im Gemeinschaftszelt verteilt der Lagerchef keine Pik-Lenin-Halsketten mehr. Wer eine Urkunde für den Razdelny Peak bekommt, versteckt seine Enttäuschung dürftig hinter einem kurzen Lächeln. Das Klatschen klingt schal.

Die Tage am Berg haben auch bei uns Spuren hinterlassen. Der Durchfall geht reihum, kaum einer bleibt verschont. Hinzu kommt die andauernde Kälte. Und der Zweifel. Besteht überhaupt noch eine Chance auf den Gipfel?

Die Zuversicht sagt: Die Besteigung ist noch möglich, wenn das Wetter wieder besser wird. Die Vernunft hält dagegen: Seien wir realistisch, unter diesen Umständen können wir es vergessen.

Der Fixpunkt, um den alle Hoffnungen und Befürchtungen kreisen, ist der Satelliten-Wetterbericht von www.mountain-forecast.com. Zweimal am Tag wird er im Gemeinschaftszelt ausgehängt.

Die Vorhersage ist nach Höhe gegliedert: 3500 Meter, 4500 Meter, 5500 Meter, 6500 Meter, 7134 Meter. Für die nächsten Tage sind in den höheren Lagen Windgeschwindigkeiten um die 55 Stundenkilometer angekündigt, teils sogar noch mehr. Das macht einen Aufstieg zum Gipfel vollkommen unmöglich. Der Wind würde uns sofort auskühlen oder vom Grat wehen. Doch es gibt einen Lichtblick.

Unser Gipfelversuch ist für die Nacht vom 20. auf den 21. August angesetzt. Tatsächlich verheißt der Wetterbericht für diesen Zeitraum vorübergehend Besserung. Die Nacht soll klar sein und der Wind auf fünfzehn Stundenkilometer abflauen. Die nächtliche Temperatur soll bei minus 19 Grad liegen, gefühlt minus 27 Grad (wegen des Windchill-Faktors). Das klingt nicht nach Wellnessurlaub, aber auch nicht nach Apokalypse.

Die Meinungen im Team gehen auseinander. »I am afraid it will be too cold«, sagt Roberto. Ein Satz, der mich nicht loslässt, weil er schlicht und ergreifend wahr sein könnte. Er habe große Zweifel, ob man es mehrere Stunden bei dieser Kälte im Freien aushalte. Tristan hält dagegen: Das seien nun mal die Bedingungen an einem Berg wie dem Pik Lenin.

Aus meiner Sicht ist entscheidend, dass sich das Wetterfenster nicht verschiebt. Jede Stunde schaue ich also auf den gleichen Wetterbericht, in der Erwartung, dass er mir mitteilt, wie viel Hoffnung angebracht ist. Aber das tut er nicht.

Was, wenn es nicht klappt?

Man weiß ja sehr gut, welche Haltung weise wäre:
Der Weg ist das Ziel. Es kommt nicht darauf an,
am Ende ganz oben zu stehen,
sondern auf die Erlebnisse unterwegs.

Aber ich kann mir das tausendmal einreden, am Ende wäre ich enttäuscht, wenn es nicht klappt – nach all den Entbehrungen. Dabei liegt es nicht in meiner Hand. Der Berg entscheidet. Klar wäre es eine »interessante Erfahrung«, am Pik Lenin zu scheitern. Ich würde etwas lernen. Trotzdem möchte ich lieber auf dem Gipfel stehen.

In den vergangenen Tagen hat sich gezeigt, wer zügig unterwegs ist und wer mehr Zeit braucht. Ich mache mir langsam Sorgen um Luis, aber nicht wegen seines Gehtempos. Er hat einfach zu dünne Sachen dabei: nur diese eine leichte Daunenjacke, auch keinen richtig warmen Daunenschlafsack.

Abends im Zelt erkläre ich ihm: »Luis, I think higher up this will be too cold for you.« Er sieht es nicht ein. Im Outdoorladen habe man ihm zu *layering* geraten, zu mehreren dünnen Lagen, die man übereinanderziehen kann. Zwiebelprinzip. Ich versuche, Luis klarzumachen: Layering ist vielleicht während des Aufstiegs gut, aber wenn du erschöpft auf 6000 Metern ankommst und dort Stunden bei extremen Minusgraden verbringen musst, dann brauchst du richtig, richtig warme Sachen. Luis aber glaubt an seine Ausrüstung. Jeder an diesem Berg hat seine Illusionen, aber manche sind gefährlich.

Der Pik Lenin entzieht sich unseren Blicken. Auf dem neuerlichen Weg zu Lager 1 starren wir in dichtes Wolkengrau. Die Luft im Camp verrät, dass der Sommer in den letzten Zügen steckt. Ich sehne mich nach einer Sauna oder auch nur einem Heizkörper. Alle Bergsteiger gehen ihre Aufstiegspläne durch, prüfen skeptisch den Wetterbericht. Luis leiht sich für fünfzig Dollar einen Daunenanzug.

Am Nachmittag sehe ich, dass fünf Männer ihre Rucksäcke schultern. Einer trägt eine stabile, halbrunde Schale aus Kunststoff, deren Funktion sich mir erst nicht erschließt. Dann begreife ich, dass es eine Trage ist. Die Männer sind ein Bergungstrupp. Ein Russe habe sich in der Nordwand einmal kurz in den Schnee gesetzt, erzählt der Lagerleiter, und sei nicht mehr aufgestanden. Herzinfarkt oder Schlaganfall. Nun soll die Leiche vom Berg geholt werden. Man will denken: Das hätte überall passieren können.

Als wir zum zweiten Mal in nächtlicher Hochgebirgsstille in Richtung Camp 2 aufbrechen, ist es bitterkalt. Unter meiner Hardshelljacke trage ich eine Daunenjacke. Ich lege meine Steigeisen an und lasse danach die Arme kreisen, damit das Gefühl in meine Finger zurückkehrt.

Beim Aufstieg durch den Gletscherbruch verzehre ich mich nach der Sonne, aber als sie auftaucht, spendet sie kaum Wärme. Immerhin haben sich die Wolken verzogen. Ich gehe mit Roberto und Sylvain am Seil, aber ihr Tempo ist etwas zu schnell für mich. Eine einzige Schinderei. Ich will nur, dass der Tag vorüber ist. Aber da ahne ich noch nicht, wie die Nacht wird.

Als wir am Nachmittag das Lager erreichen, bin ich völlig aus der Puste. Ich suche mir ein Zelt und lege mich hin. Erstaunlich, wie rasch der Körper regeneriert: Nach dem Nickerchen habe ich wieder Kraft.

Tristan und ich kochen Nudelsuppe. Wie gut es tut, ein paar schlechte Witze zu machen und ein bisschen zu lachen. Jakub dagegen ist nicht nach Scherzen.

Der konditionsstarke Pole erreicht das Lager mit Blasen an den Fingern. Aus unerklärlichen Gründen hat er durchgehend dünne Wollhandschuhe getragen, obwohl er laut eigener Aussage schon kurz nach dem Aufbruch das Gefühl in den Fingern verlor. Der Lagerarzt bestätigt: Erfrierungen ersten Grades. Für Jakub ist die Tour damit vorbei. Auch am frühen Abend noch hat sich diese Erkenntnis nicht gesetzt. »I think I will go down tomorrow« – Jakub wiederholt den Satz immer wieder. Als ob er eine Wahl hätte.

Zu allem Überfluss ist Ann kurz vor dem Lager in eine Gletscherspalte gefallen, zum Glück am Seil. Jakub und Tristan haben den Sturz gehalten, konnten Ann aber nicht heraufziehen und mussten um Hilfe rufen. Zwei Bergführer eilten herbei und packten mit an.

Bei unserem zweiten Aufenthalt in Lager 2 stellt sich außerdem heraus, dass die kleinen Zelte für zwei Personen gedacht sind. Ich werde mit Jakub in einem Zelt schlafen, wobei liegen es besser trifft. Der Pole misst 1,90 Meter, er passt nur diagonal hinein. Mir bleibt ein schmaler Streifen direkt an der kalten Plane, auf abschüssigem Untergrund.

Es drückt auf der Hüfte, an der Schulter, irgendwo drückt es nach einer halben Stunde immer. Um 4:30 Uhr muss ich endgültig pinkeln. Zwar habe ich eine Urinflasche dabei, damit ich nachts nicht in die Kälte muss, aber im Zelt ist es so eng, dass ich mich nicht auf die Knie stellen kann. So funktioniert das nicht. Ich bleibe noch zehn Minuten unschlüssig liegen, dann entweicht mir ein wehleidiges »Fuuuuck …« Es hilft nichts. Raus aus dem Schlafsack, rein in die Bergschuhe, Jacke an – und in die klirrende Nacht.

Morgens schäle ich mich aus dem Zelt und versuche, die Kälte aus den Gliedern zu vertreiben. Das Lager ist eingeschneit, der Untergrund rutschig, aber die Nacht zum Glück vorüber. Auf einmal habe ich das Gefühl, die letzte entscheidende Widrigkeit gemeistert zu haben. Der Morgen ist sonnig. Ich stecke ein Snickers für unterwegs in die Jacke, mein Frühstück. Wir packen und brechen auf. Mittags erreichen wir Lager 3. Dieses Mal sind wir gekommen, um zu bleiben. Rasten, trinken, schlafen. Luft holen für den großen Sprung.

Wenn das Wetter passt, dann passt's:
Das war immer meine Überzeugung.
Vor der großen Nacht bin ich mir nicht mehr sicher.

Ich habe mich noch nie auf 7000 Meter Höhe bewegt. Außerdem bringen Gipfelversuche dieses Kalibers immer ihre eigene Dynamik mit sich. Man fällt eine Entscheidung, die man mit etwas Abstand vielleicht anders getroffen hätte. Die Bedingungen können sich kurzfristig ändern. Am Huayna Potosí in Bolivien musste ich wegen eines Sturms fünfzig Meter vor dem Gipfel umkehren. Zwei Stunden später war der Spuk vorbei. Schlechtes Timing, nichts zu machen.

In Lager 3 bleibt uns ein ganzer sonnenverwöhnter Nachmittag, um Schnee zu schmelzen, Essen zu kochen und Kräfte zu sammeln. Ich teile mir ein Zelt mit Sylvain. Luis ist schon am Vortag auf dem Weg zu Lager 2 umgekehrt, erfahre ich später von Tristan im Basislager. Er habe Probleme mit dem Atmen gehabt und immer wieder Pausen gemacht, wollte aber nicht aufgeben. Er, Tristan, habe ihm dann sehr bestimmt klargemacht: »Luis, wenn du nicht schneller laufen kannst, bist du zu langsam und musst absteigen.« Das tat er irgendwann.

Doch auch Tristan ist umgekehrt, einen Tag später auf dem Weg zu Lager 3. Er habe sich nicht bei Kräften gefühlt, höre ich. Sehr schade. Ich hätte jedem den Gipfel gegönnt, aber ihm ganz besonders.

Wir kochen Tee für die Thermosflaschen, nehmen letzte Kalorien auf, packen unsere Rucksäcke. Und das Wetter? »It will be good«, sagt Ivan. Faszinierend, wie viel Euphorie dieser Satz auslöst. Die Bergführer sind optimistisch!

Ich gehe durch, was ich heute Nacht anziehen werde: Wollsocken, meine Expeditionsstiefel, Gamaschen, lange Unterhose, Thermohose, Überhose, Unterziehhandschuhe, Daunenfäustlinge, zwei Shirts aus Merinowolle, Laufshirt, Fleecepulli, Expeditionsdaunenjacke, Wollmütze, Sturmmaske, Kopflampe. Ich hoffe, das reicht für gefühlt minus 27 Grad. Nicht verrückt machen lassen, zur Ruhe kommen.

Das Hochlager auf 6100 Metern ist fast gemütlich im Vergleich zum Schutthaufen in Lager 2. Kaum Wind an diesem Nachmittag. Als ich kurz nach Sonnenuntergang die Augen schließe, holt sich mein Körper sofort seinen Schlaf, bis um zwei Uhr der Handywecker läutet.

Vom nächtlichen Gipfelversuch werden mir nur fetzenhafte Szenen in Erinnerung bleiben, wie bei einem Bildrauschen, das ab und zu für einige Sekunden durch kurze Sequenzen Bewegtbild unterbrochen wird. Ich werde rekonstruieren können, was zwischen diesen Momentaufnahmen passiert sein muss, aber keine Bilder dazu haben.

Ca. 2:05 Uhr: Als ich mich aufrichte, fällt mir Eis in den Nacken. Die Atemluft der Nacht hat die Innenseite des Zeltes mit einer Frostschicht überzogen. Ich stelle fest, dass meine Kontaktlinsen in der Schale mit Flüssigkeit eingefroren sind. Feuerzeug suchen. Verdammt, ich muss die Handschuhe ausziehen. Ratsch, ratsch, Flamme. Die Linsen tauen in wenigen Sekunden auf. Hände wärmen. Dann raus aus dem Schlafsack: das Allerschlimmste. Shirts anziehen, Pulli, Jacke. Rucksack checken. Vor dem Zelt Steigeisen anlegen. Immer wieder komme ich aus der Puste und muss kurz durchatmen. Aber die Nacht ist klar.

Ca. 3:10 Uhr: Wir haben offenbar eine Stunde gebraucht, bis wir losgekommen sind. Bevor ich wirklich begreife, dass dies nun tatsächlich der finale Gipfelversuch ist, stapfen wir im Pulk mit unseren Bergführern in der Schwärze der Nacht den seichten Hang abwärts. Das Gemeine: Bevor es bergan geht, müssen wir gut hundert Höhenmeter absteigen, zum tiefsten Punkt des Grats.

Ca. 4:30 Uhr: Serpentinen in der Dunkelheit. Zickzack. Aufwärts, steil aufwärts, mehrere Hundert Höhenmeter. Gänsemarsch. Wir kennen diesen Teil der Route, diesen Hang. Wir haben ihn vom Lager aus die ganze Zeit im Blick gehabt. Im Moment sehe ich nur Schnee und Fels im Lichtkegel der Kopflampe. Und Roberto, wie er die Arme und Füße schüttelt. Der Wind hat zugelegt. Ich bewege meine Finger in den Fäustlingen, für die Durchblutung. In Bewegung bleiben.

Ca. 5:30 Uhr: Einer der Sherpas zieht Sylvain die Stiefel aus und reibt seine nackten Füße. Die Zehen seien zu kalt, einfach zu kalt, ruft Sylvain, er spüre sie nicht. Wir rasten im eisigen Wind. Der Steilhang liegt hinter uns, der Grat steigt breit und sanft an, aber das hilft uns nicht: Die Flanke war ein Windfang, jetzt stehen wir ungeschützt in den Böen. Der Wind sticht wie ein Messer in die Gesichtshaut. Der Morgen lässt auf sich warten, noch immer ist es finster.

Ca. 6:00 Uhr: Sylvain muss absteigen und damit auch ein weiterer Sherpa, denn niemand wird allein nach unten geschickt. Ivan geht mit der schnellsten Gruppe voran, bleibt aber immer wieder stehen. Keine Ahnung, wieso. Roberto sagt, ihm sei zu kalt, er kehre um. Ivan schaut uns andere entschuldigend an. Auch er geht zurück. Was tun? Enrico, Luca, Timur und ich haben keinen Bergführer mehr. Aber da ist mittlerweile eine deutlich sichtbare Spur – es dämmert.

Ca. 7:00 Uhr: Ich bin allein, bin schneller aufgestiegen als die anderen. Hinter mir liegt »das Messer«, das Steilstück mit dem Fixseil. Ich bin in einem engen Zickzackkurs hinauf, ohne das Seil zu nutzen. Vor mir nur die Spur im Schnee, die um Fels herumführt. Ansonsten das Gefühl vollkommener Gottverlassenheit. Ich habe Schmerzen im Bauch. Fühlt sich seltsam an, hatte ich noch nie. Was Ernstes? Höhensymptome? Ich bleibe stehen und überlege, ob ich umkehren soll. Was, wenn mir richtig schwindelig wird, wenn ich zusammenklappe hier oben? Moment, jetzt mal keine Panik, so schlimm fühlt es sich auch wieder nicht an. Ich ziehe Luft. Wahrscheinlich ist meine Bauchmuskulatur durch das stundenlange abgehackte Atmen in der klirrenden Kälte verkrampft. Das geht bestimmt weg, wenn ich gleichmäßiger atme. Ich setze mich wieder in Bewegung. Mittlerweile ist es hell.

Ca. 8:30 Uhr: Ich sitze im Schnee in der Sonne, um mich herum weiße Hänge, über mir ein wolkenloser Himmel. Der Wind hat sich gelegt. Das Terrain ist nun relativ flach. Ich trinke etwas Tee, esse ein Stück Schokolade. Da kommt Enrico des Weges, er hat mich eingeholt. Was bin ich froh, ihn zu sehen! Er setzt sich neben mich, dankbar für die Pause, und lächelt müde.

»This is so hard.« Wir sind platt. Enrico scheint zu hadern: »What are we doing now?« Ich überlege kurz, aber dann sage ich ohne Zweifel in der Stimme: »I will go up.« Enrico nickt. Auch für ihn ist es damit beschlossen.

Es ist nicht leicht, in dieser Höhe, auf fast 7000 Metern, seinen Körper richtig einzuschätzen. Der Blick auf die Uhr hilft. Wir wissen beide, dass hier niemand später als dreizehn, vierzehn Uhr den Rückweg antreten sollte – völlig egal, wo am Berg man sich befindet. Sieht also nicht schlecht aus. »Eight thirty is a good time«, sage ich zu Enrico. »We are fast, we can take it easy.« Und so machen wir es.

Ca. 11:00 Uhr: Ich bin wieder allein. Enrico war schneller. Wir sind eine Weile zusammen gelaufen, dann habe ich ihn ziehen lassen. Jetzt frage ich mich, wann endlich dieser elendige Gipfel auftaucht. Der Pik Lenin hat keine zackige Spitze, der Berg fällt in Richtung Westen in weiten, mäßig steilen Hängen ab. Die Sicht reicht immer nur bis zum nächsten Felsriemen, zur nächsten Schneekuppe. Wie viel Strecke dahinter noch kommt, ist nicht zu erkennen.

Ich mache nur noch ganz kleine Schritte. Drei, vier, Atempause. Ich stütze mich auf meine Stöcke, aber das bringt keine Erleichterung, weil jede Bewegung Kraft kostet, auch solche, die dem Körper scheinbar irgendeine Art von Entlastung bringen. Sie tun es nicht. Schritt, Schritt, Schritt. Nach jedem Aufschwung der flehende Blick nach oben: Wo ist der Gipfel? Immer wieder die Enttäuschung, wenn nur Schnee und Fels in Sicht kommen.

Aber dann, hinter einer weiteren Kehre, sehe ich plötzlich einen Klecks Farbe in einiger Entfernung, ein paar bunte Flaggen – das muss der höchste Punkt sein. Erst jetzt, nach acht Stunden Aufstieg bei eisigem Wind und erbarmungsloser Kälte, bin ich zum ersten Mal sehr sicher, dass ich den Gipfel erreichen werde.

Ganz oben wartet kein Kreuz, sondern Lenin höchstselbst – in Form einer Metallbüste. Ich lege den Rucksack ab und strecke den Rücken durch. Enrico und ich fallen uns in die Arme. Auch Timur, der kluge, hochgewachsene, stets ausgeglichene Mittfünfziger, hat den Gipfel erreicht. Plötzlich taucht sogar unser zweiter russischer Bergführer auf, allein. Warum auch immer.

Wir machen Fotos. Ich nehme ein kleines Video mit dem Handy auf. Mein Gesicht ist so kalt, es hört sich an, als würde ich gegen einen Widerstand ansprechen. Ich spüre, dass meine Lippen aufgeplatzt sind. Im Süden, in Tadschikistan, erheben sich bis zum Horizont die vereisten Bergriesen des Pamir, ein wahrhaft exklusiver Ausblick. Wir bleiben eine Dreiviertelstunde auf dem Gipfel, es kommt mir vor wie fünf Minuten.

Noch ist der Körper zu schwach, der Kopf zu sehr mit den kommenden Stunden beschäftigt, als dass ich die Gewissheit auskosten könnte, auf dem Pik Lenin gestanden zu haben. Außerdem werden wir erst in Lager 1 alle gefährlichen Stellen hinter uns haben. Noch einmal – ein letztes Mal – müssen wir durch die Lawinenzone und über die Gletscherspalten.

Der Rückzug vom Berg braucht Zeit, auch mental.

Er gliedert sich in Phasen, die jeweils ein bestimmtes Objekt der Begierde zum Ziel haben: eine Limonade, einen Schlafsack, warmes Sonnenlicht, eine heiße Dusche, eine richtige Matratze. Die Besteigung eines Berges endet nicht auf dem Gipfel, wo vermeintlich alle aufgestauten Emotionen in einem einzigen Rausch explodieren. Eine solche Tour endet ganz unten, mit dem Zufallen einer Tür in einem Hotelzimmer, bei einem Spaziergang unter schattigen Bäumen.

Enrico, Timur und ich denken vorerst nur bis Lager 3. Es wird noch ein paar Stunden dauern, bis wir dort sind. Nach einer halben Stunde stoßen wir auf Luca, der ziemlich fertig aussieht. Wir machen uns ein bisschen Sorgen. Aber er will weiter. »Alright«, sagen wir. Der Bergführer ist ja noch oben.

Der weitere Abstieg ist ohne technische Schwierigkeiten und auch »das Messer« kein Problem. Enrico und ich machen Tempo, das ist ein psychologisches Ding: Je schneller wir gehen, umso eher müssen wir nicht mehr gehen. Der offensichtlich ziemlich fitte Timur lässt sich mehr Zeit.

Spätestens im langen Hang, den wir beim Aufstieg in vollständiger Dunkelheit bewältigt haben, bekomme ich das Gefühl, dass mir bald die Beine wegbrechen. Das Gelände ist steil, die Muskeln müssen jeden Schritt abfedern. Und das Schlimmste kommt noch: der Gegenanstieg zum Lager.

Als Enrico und ich den tiefsten Punkt im Grat erreichen, legen wir uns in den Schnee. Wie die hundert Höhenmeter zum Camp hinaufkommen? Ich bin erledigt. Wir wenden eine Strategie an, die der Ultramarathonläufer Dean Karnazes als »baby steps« bezeichnet: Du machst einen Schritt, dann noch einen, wieder einen, und irgendwann fällt dir auf, dass du läufst. Überraschung: So wird die verbleibende Wegstrecke tatsächlich immer kürzer.

Nach dreizehneinhalb Stunden erreichen wir das Lager. Sherpa Mingma kommt uns mit einer Kanne heißer Schokolade entgegen. Die Wärme ist wohltuend. Aber ich habe seit dem Aufbruch in der Nacht nur einen Liter Tee getrunken und brauche unbedingt mehr Flüssigkeit. In Camp 3 steht ein Versorgungszelt der Lagercrew mit Vorräten. Den Liter Fanta verkaufen sie hier für zwanzig US-Dollar. Pervers. Aber was soll man machen? Nie hat Fanta so gut geschmeckt.

Enrico und ich kriechen in ein Zelt und haben bald wieder die Kraft, den Gaskocher anzuwerfen. Tütenkartoffelbrei: ein kulinarischer

Hochgenuss. Sylvain und Roberto sind schon abgestiegen, um keine weitere Nacht in dieser Höhe verbringen zu müssen. Das Gleiche gilt für Ann, die sich letztlich gegen den Gipfelversuch entschieden hat. Auch Juri hat es gar nicht erst versucht. Vergangene Nacht habe er sich fünfmal übergeben, erzählt ein Sherpa.

Irgendwann, es ist bereits Abend, taumelt Luca ins Lager, der Priester. Er scheint am Ende seiner Kräfte zu sein. Der Herr muss über ihn gewacht haben. Auch Andrei und Mohamed, die zwei anderen Russen im Team, waren auf dem Gipfel. Sechs von vierzehn Teilnehmern haben es ganz rauf geschafft. Keine schlechte Quote für den Pik Lenin, diesen angeblich einfachen Siebentausender.

Nach einer weiteren Nacht auf 6100 Metern packe ich zum letzten Mal mein schweres Übernachtungsgepäck zusammen, um es zu schultern. Wir steigen heute direkt bis zu Lager 1 ab. In den nächsten Stunden sehne ich mich nur noch danach, nicht mehr zu frieren und die Kälte hinter mir zu lassen. Ich kann an fast nichts anderes mehr denken. Doch, da gibt es noch etwas: Ich will endlich keine fünfzehn Kilo mehr auf den Schultern haben. Ich kann es kaum erwarten, dass die Pferde am nächsten Morgen unsere großen Rucksäcke ins Basislager bringen. Aber ich darf jetzt nicht ins Träumen kommen.

Noch einmal müssen wir über die Spalten. Weil ich das Seil nicht straff genug halte, stolpert Andrei darüber. Er schimpft, ich entschuldige mich. Er schaut mich nachsichtig an, schon okay. Hinter der Spaltenzone flacht die Gletscherzunge ab. Jetzt nur noch einen Fuß vor den anderen setzen, mit Kurs aufs Camp. Vorfreude und kalter Schweiß am Rücken. Die allerletzten Meter sind höchst beglückend, ich könnte fast sprinten. Schließlich den Rucksack ablegen in dem Wissen, dass eigentlich nichts mehr passieren kann.

Letzte Stunden in Camp 1. Wir haben nichts mehr zu tun. Ich will einfach nur noch runter, das Warten ist zehrend. Ich spüre: Da sind Gefühle, die einen anderen Ort brauchen, um herausgelassen zu werden. Und ich will endlich weg von der Kälte.

Die letzte Etappe dieser Expedition laufen wir mit leichtem Gepäck und beschwingt vom Gipfelerfolg. Mild ist die Luft, klar der Himmel, Wildblumen blühen. Bei der Ankunft im Basislager sehen wir Roberto auf einem Stuhl sitzen. Sein großer Zeh ist verbunden, eine leichte Erfrierung aus der Gipfelnacht. Auch Sylvain und Ann sind da. Wir sind alle froh, uns unversehrt wiederzusehen.

Während des Abstiegs habe ich mich mit einem anderen Deutschen angefreundet, Christian. Er ist jetzt auch hier, und ich merke, wie schön es ist, meine Muttersprache zu benutzen. Wir kennen uns noch nicht lange, aber reden bald über vieles. Tristan ist leider schon abgereist, er hat mir eine Notiz hinterlassen. Auch Juri und Luis sehe ich nicht wieder.

Hier unten im Basislager hat der August seine alte Kraft zurück. Ich laufe barfuß im T-Shirt über die Wiese. Meine Zehen sind leicht taub, ebenso die Fingerkuppen. Zum ersten Mal seit einer Woche dusche ich (extra lange), und die Haut schrumpelt sofort. Sie ist das Wasser nicht mehr gewöhnt. Die offenen Lippen brennen, aber das ist nicht so schlimm.

Nachdem ich mir den Staub vom Körper gewaschen habe, setze ich mich mit geschlossenen Augen in den sonnigen Mittag. Es ist getan. Wärme auf den Lidern und Armen. Erschöpfung, Erleichterung und Freude verbinden sich zu einem allumfassenden Wohlgefühl, und mir wird klar, dass ich so nicht empfinden würde, wenn ich nicht auf dem Gipfel gestanden hätte.

Vielleicht ging es bei dieser Unternehmung darum, am Ende so dasitzen zu können: angefüllt mit Dankbarkeit, zutiefst beglückt vom Alltäglichsten, so als würde man alles Schöne in der Welt noch einmal zum ersten Mal erleben.

Abends im Gemeinschaftszelt kauft Timur eine Flasche Wein. Wir stoßen an auf diesen Berg, auf diesen Lenin, der uns allen so viel abverlangt hat. Der Lagerchef überreicht uns die Urkunden und die Halsketten mit Anhänger. Innerlich platze ich fast vor Stolz, aber es ist kein

Stolz, den ich vor anderen hertragen müsste. Es ist ein Stolz, der allein in mir selbst seinen würdigen Platz findet. Der Berg hat sich gnädig gezeigt. Manchmal hat man das Glück auf seiner Seite.

Am nächsten Tag reisen wir ab. Der Bus bringt uns nach Osch, zurück in die Zivilisation, zu einem richtigen Bett, zum Einzelzimmer im Hotel, zu Eisdielen, Supermärkten und Restaurants. Ich kann das Lageressen nicht mehr riechen, der Gedanke an ein Stück Kebab treibt mir den Speichel unter die Zunge.

In Osch vertreiben wir uns die Stunden bis zum Rückflug nach Bischkek. Wir spazieren über den großen Basar und durch einen Park mit Fahrgeschäften, der aussieht, als wäre die Zeit hier vor dreißig Jahren stehen geblieben. Wir sitzen zusammen und erzählen von den vergangenen Tagen, reden aber auch über alles andere. Der Kopf nimmt langsam Abschied vom Berg.

Wir verlassen das Pamir-Gebirge. Der Inlandsflug nach Bischkek ist nur eine Stunde in der Luft. Hitze liegt über der Hauptstadt, eine Art Sommerferienhitze, flirrend und satt, deutlich über dreißig Grad. Ich spaziere in einen Park, setze mich auf eine Bank und schaue eine Stunde in die Bäume.

Pazifischer Ozean

MIT DEM CONTAINERSCHIFF ÜBERS MEER

Zwanzig Monate reisen wir mit öffentlichen Verkehrsmitteln durch Asien, bis wir an Chinas Ostküste auf den Pazifik blicken. Zug und Bus werden uns nun nicht mehr weiterhelfen auf unserem Weg nach Mexiko. Unser neues Fortbewegungsmittel: ein Containerschiff! Meine größten Sorgen: Langeweile an Bord und ein großer Sturm.

Von Leonore Sibeth

»Für dich ist das alles hier ein großer Spaß, aber für mich nicht!«, fahre ich Sebastian an. Erstaunen und Verwirrung zeichnen sich in seinem Gesicht ab. »Du spielst Gitarre und lässt es dir gut gehen, aber ich ...« Ich stoppe. Meine Augen beginnen zu brennen, ich spüre die Tränen in mir aufsteigen. Ich wende mich ab. »Hey, was ist denn los?« Sebastian ist sichtlich überrumpelt. »Was ist denn?« Aber ich kann nicht in Worte fassen, was los ist. Weiß es ja selbst nicht genau. Was ich aber weiß, ist, dass mir der heutige Tag dieser Containerschifffahrt überhaupt keinen Spaß macht. Dass mir den zweiten Tag in Folge flau im Magen ist, dass ich kaum geschlafen habe und dass das Rolling des Schiffes an meinen Nerven zerrt.

5000 Meter Wasser befinden sich unter uns. Vor drei Tagen haben wir Japan hinter uns gelassen und fahren nun mitten auf dem Pazifik. Wenn hier etwas passiert, kann uns niemand helfen. Zu weit weg sind wir vom rettenden Land. Mir kommt das Bild von einer auf den Wellen schaukelnden Nussschale in den Sinn, die von 25 Ameisen gesteuert wird und die alle ihr Bestes geben, sicher das nächste Ufer zu erreichen. Eine Träne rinnt über meine Wange, Sebastian nimmt mich in den Arm. »Komm, lass uns schlafen. Morgen sieht die Welt wieder besser aus.« Ich schniefe und nicke. Wir hieven die Matratze aus dem Bett auf den Boden und platzieren sie im 90-Grad-Winkel zur Fahrtrichtung. Ein Tipp des Kochs. Als ich schließlich auf der Matratze liege, schieben und ziehen mich unsichtbare Kräfte hin und her, aber nun immerhin vom Kopf zu den Füßen und nicht von rechts nach links. Meine Gedanken bleiben hängen an der schwarzen Tiefe, die sich unter dem Schiff befindet. Welches Lebewesen schwimmt wohl gerade unter uns durch? Wie sieht es auf dem Boden des Ozeans aus? Über diese Gedanken schlafe ich endlich ein.

Zurück oder nach vorne

Es ist Mitte Dezember. Barfuß und in Sommerklamotten sitzen wir in einem Strandlokal, den Blick auf das arabische Meer vor uns gerichtet, die Füße im Sand. Seit neun Monaten reisen wir und sind vor Kurzem in Indien angekommen. »Wenn wir in drei Monaten wieder zu Hause sein wollen, dann müssen wir uns langsam auf den Heimweg machen.« Sebastian spricht aus, was auch mich beschäftigt. Wir reisen ohne Flugzeug. In den vergangenen neun Monaten haben wir 27 000 Kilometer über Land zurückgelegt und durften auf dem Weg nach Indien vierzehn Länder kennenlernen. Auf das Flugzeug verzichten wir aus Gründen der Nachhaltigkeit und wegen unserer Abenteuerlust. Es ist so viel spannender, auf dem Landweg zu reisen, Grenzen zu erleben, Länder zu besuchen, deren Lage wir vor Aufbruch auf einer Landkarte nicht hätten lokalisieren können, und unserer Reise die Möglichkeit zu geben, sich stetig weiterzuentwickeln.

»Und was, wenn wir einfach weiterreisen? Müssen wir denn wirklich jetzt schon nach Hause?« Geht das denn? Können wir einfach verlängern? Immer war klar, dass wir ein Jahr lang reisen wollen. Und dann wieder nach Hause kommen. Können wir unsere Pläne einfach so ändern? »Gute Frage. Ja, eigentlich müssen wir nicht unbedingt jetzt schon wieder zurück, oder?« Sebastians Stimme bahnt sich ihren Weg in meine Gedanken. Ein kribbelndes Gefühl breitet sich in meinem Bauch aus, Aufregung steigt in mir hoch. Weiterreisen! Nicht zurück, sondern weiter nach vorne!

In den kommenden Tagen drehen sich unsere Gespräche um diese neue, verrückte Idee. Für den Fall, dass wir unsere Reise einfach verlängern, was machen wir dann? In welche Richtung wollen wir weiterreisen? Bleiben wir in Asien? Oder ist nun die Gelegenheit gekommen, meinen ganz großen Wunsch einer Fahrt mit einem Containerschiff wahr werden zu lassen?

Schiff ahoi!

»Welcome on board!« Chief Engineer Dima ist ein Schrank von einem Mann, lächelnd streckt er mir seine Pranke entgegen. »Good morning!« Ich lächele zurück. Schnell blicke ich mich in dem kleinen Raum um. Drei Männer sitzen an Computern, alle tragen Blaumänner. In der Ecke steht eine Kaffeemaschine, der Geruch von frisch gebrühtem Kaffee liegt in der Luft. Draußen wummert und rumort es, Container werden von riesigen Kränen in die Luft gehoben und auf am Kai wartende Lastwagen gesetzt. Third Officer Herbert bekommt die Aufgabe, uns unsere Kabine zu zeigen. Mit dem Aufzug fahren wir sechs Stockwerke nach oben und steigen in einem neutralen Gang mit hellem Linoleumboden aus. Die Sohlen meiner Schuhe quietschen leise, als wir in Richtung unserer Kabine gehen.

Herbert öffnet eine Tür und lässt uns eintreten. Ich blicke in ein überraschend großes, rechteckiges Zimmer mit blauem Teppichboden. Links führt eine Tür in ein kleines Bad, dahinter versteckt sich in der Ecke ein großes Bett. An der rechten Raumseite stehen eine Couch und ein Schreibtisch, gleich neben mir in der Ecke ein Schrank. Alle Möbelstücke sind festgeschraubt oder mit Ketten am Boden befestigt. Zwei Fenster lassen ein bisschen Tageslicht herein, aber die Aussicht ist von einer Wand aus Containern versperrt. Hier werden wir es trotzdem gut aushalten in den nächsten achtzehn Tagen, in denen wir von China nach Mexiko fahren werden. »Have you had breakfast already?« Wir schütteln den Kopf. Herbert winkt uns, ihm zu folgen. »Follow me, I show you the officer's mess.«

Wir erfahren, dass es zwei Speisesäle an Bord gibt, in denen unterschiedliche Gerichte serviert werden: Die philippinische Crew bevorzugt Essen aus ihrer Heimat, und genauso geht es der ukrainisch-russischen Besatzung. Die nächsten achtzehn Tage wird der Fokus beim Hauptgericht auf Fleisch liegen und das gerne mittags und abends.

Das Frühstück allerdings ist international gehalten. Sebastian und ich bedienen uns bei Toast und Marmelade und lassen es uns schmecken.

Die Reise beginnt

Heute liegt unser Schiff noch fest vertäut im Hafen von Qingdao in China. Wir nutzen diesen ersten Tag für einen ausgiebigen Rundgang durchs Deckshaus, denn aufgrund der Beladetätigkeiten müssen wir drinnen bleiben. Das achtstöckige Wohnhaus beherbergt die Kabinen für Kapitän, Offiziere und Crew, diverse Aufenthaltsbereiche, zwei Fitnessräume, Lager und natürlich Küche und Speisesäle. Chief Engineer Dima hat uns heute Morgen informiert, dass wir um achtzehn Uhr ablegen werden. Obwohl wir auch nach dem Abendessen immer noch keine Erschütterungen spüren, beschließen wir, auf die Brücke zu gehen. Vielleicht hat sich etwas verändert.

Dunkelheit empfängt uns, es ist mucksmäuschenstill. Ab und an gibt eine Stimme Anweisungen. Langsam gewöhnen sich meine Augen an die Dunkelheit und ich erkenne den Kapitän und zwei weitere Personen, die mit Ferngläsern aus dem riesigen Fenster schauen. Erst da wird uns klar, dass wir die Abfahrt des Schiffes glatt verpasst haben! Der Hafen Qingdaos liegt bereits hinter uns, und wir fahren soeben an der beleuchteten Skyline vorbei. Vom Außenbalkon der Brücke erkennen wir das Olympia-Segelzentrum, an dem wir vor einigen Tagen erst spazieren gegangen sind. Das beleuchtete Festland Chinas haben wir hinter uns gelassen, wir fahren hinein in die Dunkelheit. Tschüss, China, tschüss, Asien! Nach zwanzig Monaten geht in diesem Moment ein großer Abschnitt unserer Reise zu Ende.

Leben an Bord

Der Alltag an Bord folgt festen Zeiten: Frühstück ist um sieben Uhr morgens, Mittagessen um zwölf Uhr, Abendessen um achtzehn Uhr. In der Zeit zwischen Frühstück und Mittagessen besuchen wir täglich die Brücke, lassen uns von den Offizieren die Geräte und Monitore erklären, blicken hinaus aufs Meer, lesen in Büchern von Windstärken und Wellenbeschaffenheit und beobachten die Crew bei der Arbeit. Im Anschluss schreibe ich Tagebuch oder mache eine Lektion in meiner Spanisch-App, Sebastian spielt Gitarre. Meist gibt es dann schon wieder Mittagessen.

Erschöpft vom Vormittagsprogramm machen wir einen kurzen Mittagsschlaf, spazieren danach bei gutem Wetter außen auf dem Schiff herum und beginnen dann mit der Arbeit an unserem Reiseblog. Wir schreiben Berichte, suchen Fotos raus, bearbeiten sie und bereiten alles so vor, dass wir die Inhalte nach unserer Ankunft in Mexiko rasch veröffentlichen können. Und dann ist es in der Regel schon wieder achtzehn Uhr, und wir gehen zum Abendessen. Die Abende verbringen wir mit einer Partie Tischtennis, werden einmal von der philippinischen Crew zum Karaoke eingeladen und schauen manchmal auf dem großen Fernseher in unserem Aufenthaltsraum einen Film an.

Die Tage sind voll und werden immer anstrengender. Denn jeden zweiten Tag wird die Uhr um eine Stunde vorgestellt, gefühlt gibt es das Frühstück damit jeden zweiten Tag bereits um sechs Uhr. Mein Körper kommt bei diesen vielen Zeitumstellungen nicht mit. Zum ersten Mal auf dieser Reise erleben wir einen Jetlag. Während wir morgens nicht aus dem Bett kommen, können wir abends nur schwer einschlafen, denn wir sind noch nicht müde.

Das Leben der Seemänner und Seefrauen

»How is life?«, fragt uns Officer Jonathan, als wir die Brücke betreten. Morgens haben meistens er und Kadettin Khyle Dienst. Ich mag die beiden. Immer gut gelaunt und immer bereit, uns etwas zu erklären. »Na ja, die Nacht ging so«, muss ich zugeben. Die beiden lachen. Khyle gesteht, dass auch ihr immer mal wieder schlecht wird, wenn das Schiff zu rollen beginnt. Ich selbst fühle mich wie nach einer durchfeierten Nacht, wenn der Magen am nächsten Morgen noch flau ist und man eine bleierne Müdigkeit spürt. »Und wie geht's euch?«, fragen wir zurück. »Es ist langweilig«, lautet Jonathans kurze Antwort. Jetzt, mitten auf dem Pazifik, ist nicht mehr viel los. Kein einziges Schiff wird vom Radar angezeigt, und der Autopilot übernimmt die Steuerung. Jonathan und Khyle überprüfen immer wieder mit ihren Ferngläsern die Wasseroberfläche, haben ansonsten aber Zeit, sich mit uns zu unterhalten.

»Wie kommt es, dass du auf einem Containerschiff arbeitest?« Diese Frage interessierte mich schon vom ersten Tag an. Die neunzehnjährige Khyle erzählt von ihrer Ausbildung. Zwei Jahre hat sie bereits die Kadettenschule auf den Philippinen besucht, nun muss sie ein Jahr zur See fahren und lernen. Sechs Monate ist sie schon an Bord, sechs weitere Monate liegen noch vor ihr. Im Anschluss muss sie für ein weiteres Jahr zur Kadettenschule gehen und kann sich danach an Bord in der Hierarchie hocharbeiten.

Eigentlich war es ihr Wunsch, Medizin zu studieren. Doch das dauert zehn Jahre, und statt wie auf der Kadettenschule etwas Geld zu verdienen, zahlt man drauf. »Let's be practical«, meinten ihre Eltern und schickten sie auf die Kadettenschule. Ihr Vater ist selbst Seefahrer und kennt das Geschäft. Ich bin überrascht, dass er sie in eine solche Männerdomäne geschickt hat. Khyle erzählt, dass in ihrer Kadettenschule auf 400 Männer achtzehn Frauen kommen. Doch hat sie es auf diesem Containerschiff gut getroffen, denn mit ihr ist noch Christine als zweite Kadettin an Bord. Auch wenn diese im Maschinenraum arbeitet und Khyle auf der Brücke, verbringen sie ihre freie Zeit gemeinsam. Fünf bis zehn Jahre kann sie sich vorstellen, zur See zu fahren, dann will sie aber lieber etwas anderes machen. Familienkompatibel ist der Job ja nicht gerade.

Einige Tage später können wir Officer Herbert die gleiche Frage stellen. »Es ist gutes Geld!« Herbert besitzt mittlerweile drei Häuser und zwei Autos auf den Philippinen und zeigt stolz Fotos von daheim. Seiner Familie geht es gut. Chief Engineer Dima aus der Ukraine wird vom selben Motiv angetrieben. Auf See verdient er sehr viel mehr Geld als in einem normalen Job in seinem Heimatland. Die Einsatzzeiten auf See variieren aber stark, je nach Herkunftsland und Arbeitsvertrag. Während die Besatzung aus der Ukraine und aus Russland meist »nur« drei Monate an Bord bleibt, gilt für die philippinische Crew ein anderer Einsatzplan: Bis zu neun Monate arbeitet sie am Stück an Bord, ohne Wochenende, ohne Urlaub, Tag für Tag, Monat für Monat. Nur Sonntagnachmittag haben sie alle frei.

Die Nachhaltigkeit eines Containerschiffs

Mit den Füßen im warmen indischen Sand, neun Monate nach unserem Aufbruch, beginnen wir weiterzuträumen. Was, wenn wir nicht nur Asien bereisen, sondern auch Mittelamerika? Doch wie könnten wir den Pazifik überqueren? Wir stoßen auf Segelschiffe, auf Kreuzfahrten und auf Containerschiffe. Die Kreuzfahrtschiffe fallen per se schon aus, denn wir wollen nicht auf einem schwimmenden Dorf das größte Meer der Erde überqueren. Segeln fasziniert uns, wir recherchieren und suchen, aber finden kein Schiff, das jetzt gerade den Pazifik von West nach Ost überquert. So landen wir bei den Containerschiffen. Sowieso ein Traum von mir. Allerdings mit einem Haken.

Wir kennen die Fotos von schwarzem Rauch, der aus Schiffsschornsteinen aufsteigt, und haben die Geschichten vom dreckigen Schweröl gehört, das an Land verboten ist, aber auf See als Treibstoff genutzt wird. Ist es nachhaltiger, in einem Tag den Pazifik zu überfliegen, als achtzehn Tage auf einem Containerschiff mitzufahren? Wir recherchieren im Internet. Doch finden wir andere Antworten als erwartet: Während unser CO_2-Verbrauch laut den Reiseunterlagen der Containerschiffagentur pro Person 48 Kilogramm betragen wird, wäre dieser bei einem Direktflug um ein Vielfaches höher: 3739 Kilogramm pro Person! Noch nachhaltiger als ein Containerschiff wäre ein Segelboot. Aber besser als ein Flug ist es auf jeden Fall. Denn im Gegensatz zu einem Linienflug, der nur für die Passagiere in die Luft geht, transportiert ein Frachtschiff Güter und nimmt Passagiere nur zusätzlich mit.

An Bord unseres Containerschiffs wollen wir die Gelegenheit nicht ungenutzt lassen, jemanden zu fragen, der sich mit der Thematik aus eigener Erfahrung gut auskennt. »Wie nachhaltig oder auch nicht sind Containerschiffe denn deiner Meinung nach?«, fragt Sebastian Chief Officer Dima eines Morgens auf der Brücke. Nach den letzten stürmischen Tagen ist die See heute wieder glatt und tiefblau. »Na ja, ganz wie man es betrachtet. Was denkt ihr denn?« Dima dreht den Spieß um. »Wenn man so den Schornstein beobachtet, aus dem immer wieder beeindruckend schwarze Wolken steigen, dann wirkt diese Überfahrt spontan nicht besonders nachhaltig«, gibt Sebastian zu bedenken. »Da hast du natürlich recht«, Dima nickt, »aber die Frachtschiffbranche ist im Umbruch. Neue Abgasfilter sind zur Pflicht geworden. Immer mehr Küstenregionen verbieten den Einsatz von Schweröl. Sagen wir mal, wir sind auf einem guten Weg, aber nachhaltiger als ein Containerschiff wäre ein Segelboot natürlich allemal.«

Es wird ungemütlich

»Aufgrund von schlechtem Wetter ändern wir unseren Kurs«, informiert uns Officer Jonathan, als wir am nächsten Morgen auf die Brücke kommen. Sebastian und ich schauen uns beunruhigt an. Es wird doch hoffentlich nicht meine größte Befürchtung eintreten? Jonathan erklärt uns, dass eine Reederei versucht, Risiken zu minimieren und, statt Container im Unwetter zu verlieren, lieber einen Umweg des Schiffes in Kauf nimmt. Der einzige quasi unverschiebbare Termin auf der aktuellen Route ist die Fahrt durch den Panamakanal. Diese wird schon Wochen im Voraus gebucht und kostet etwa 100 000 Euro. Falls sich das Schiff durch Unwetter auf dem Pazifik verspätet, werden eher die Stopps in Mexiko und an der Pazifikküste Panamas ausgelassen, als den Termin für den Panamakanal platzen zu lassen. »Und wo würden wir dann aussteigen, falls das passieren sollte?«, fragt Sebastian. »Tja, dann wärt ihr in Panama statt in Mexiko«, lacht Jonathan. Das wäre was, denke ich …

Tatsächlich wird das Wetter in den kommenden Stunden schlechter, hat zum Glück aber nichts mit meinen Horrorvorstellungen von Riesenwellen zu tun. Das Hauptunwetter umschiffen wir, auf der Wetterkarte ist diese Gegend dunkelrot markiert. Wir fahren aktuell durch den orangefarbenen Bereich.

Doch obwohl mich der Blick aus dem Fenster glücklicherweise nicht in Angst versetzt, ist das Schiff in Bewegung. »Rolling« nennt das die Crew, und es bezeichnet das Hin- und Herschwanken des Schiffs von rechts nach links. Manchmal auch von vorne nach hinten oder von hinten links nach vorne rechts. Oder eher im Kreis. Anscheinend haben wir noch ein »gutes« Rolling erwischt, denn unser Schiff legt sich ganz langsam nach rechts, verharrt einen Moment und bewegt sich dann gaaaanz langsam nach links. Im Gang geradeaus gehen klappt trotzdem nicht, wir beide torkeln wie die Betrunkenen durch unser Stockwerk. Auch unsere Bananen, die wir im Zimmer mit einer Schnur angebunden haben, schaukeln wie ein Pendel hin und her.

Als wir abends im Bett liegen, verändert sich die zuvor noch lustige Situation für mich. An Schlaf kann ich so nicht denken. Obwohl ich auf dem Bauch liege, wie uns der Koch geraten hat, ziehen unsichtbare Kräfte an mir. Ich werde in die Matratze gedrückt, die da noch in Fahrtrichtung liegt, werde nach rechts gezogen, nach links geschoben, immer hin und her. Meine Gedanken machen sich selbstständig, und bei jedem Wendepunkt halte ich die Luft an, ob unser Schiff auch wirklich wieder in die entgegengesetzte Richtung schwankt und nicht einfach umkippt. Bis zu achtzehn Grad rollen wir gerade hin und her.

Angekommen in Mexiko

Es ist Mitte Dezember, und wir stehen im tropisch-heißen Cargo-Terminal des Hafens von Manzanillo. Auf Asphalt! Wir haben mexikanischen Boden unter den Füßen. Hinter uns schwappen die Wellen des Pazifiks an die Hafenmauer, und unser Containerschiff liegt fest vertäut bereit zum Entladen. Irgendwo auf der anderen Seite des Meeres befindet sich China. Wir haben es geschafft! An Bord dieses 300 Meter langen und 49 Meter breiten Frachtschiffs überquerten wir in den letzten zweieinhalb Wochen den größten Ozean der Erde. Nicht jeder Tag war schön. Aber jetzt, zurück auf festem Boden, würde ich sofort wieder an Bord gehen.

Die Tage auf dem Containerschiff waren abwechslungsreich und haben uns viel gelehrt. Den täglichen Blick aufs Meer, das immer anders aussieht: mal dunkel, fast schon schwarz, dann wieder von einem leuchtenden Blau; mal stürmisch mit sich aufbauschenden Wellen, dann sanft und flach. Die Müdigkeit, wenn jeden zweiten Tag die Uhr um eine Stunde vorgestellt wurde. Das harte Leben der Seemänner und Seefrauen, die bis auf einen halben Sonntag Tag für Tag anpacken, um das Schiff mit seiner Ladung sicher ans nächste Ufer zu bringen. Die unglaubliche Freude, als wir die Fontäne eines Wals sahen und Delfine für ein Stückchen mit uns schwammen. Der Einblick in den internationalen Warentransport, der ohne Containerschiffe undenkbar wäre. Achtzehn Tage hat die Überfahrt von China nach Mexiko gedauert, 13 117 Kilometer haben wir zurückgelegt. Langweilig war uns so gut wie nie, im Gegenteil, die Zeit an Bord war für uns eine spannende Erfahrung und zudem die Erfüllung eines lang gehegten Traums.

»Unglaublich, dass wir jetzt auf einmal in Mexiko sind, oder?« Sebastian und ich stehen auf der Pier und blicken zu unserem Schiff zurück. Khyle winkt uns vom oberen Ende der Gangway aus zu, wir winken zurück. Das Schiff wird heute Abend bereits wieder ablegen und seine Fahrt fortsetzen. Sebastian und ich bleiben in Mexiko. Sechs Monate dürfen wir uns visumsfrei im Land aufhalten. »Komm, lass uns zum Busbahnhof gehen.« Einen letzten Blick werfe ich zurück auf unser Schiff, dann drehe ich mich um. Der Pazifik und Asien sind Geschichte, Mexiko und Mittelamerika liegen vor uns. Unsere Rucksäcke geschultert, laufen wir langsam auf das Auto des Angestellten zu, der uns aus dem Hafengelände hinauseskortieren wird.

Deutschland

HEIMATURLAUB – ZURÜCK IM WOHLSTANDSLAND

Nach drei Jahren Reise kehre ich zurück nach Deutschland. Einiges, das früher für mich selbstverständlich war, ist heute ungewohnt fremd, merkwürdig. Vieles hat sich verändert – vielleicht vor allem meine Perspektive. Zurück in der Heimat, die immer Heimat bleibt, ist diesmal doch alles ganz anders.

Von Rochssare Neromand-Soma

Seit drei Jahren sind wir nicht mehr in Deutschland gewesen. Eine lange Zeit, in der wir fast zwei Jahre auf dem indischen Subkontinent unterwegs waren. Jetzt kommen wir zurück, und der Weg nach Hause, der Weg nach Deutschland, ist ein mulmiger.

Seit drei Jahren esse ich nicht mehr mit Messer und Gabel, seit fast zwei Jahren esse ich hauptsächlich mit der rechten Hand, den linken Unterarm, wie in Indien üblich, auf die Tischkante gestützt. Ich bin es so gewohnt, im Schneidersitz zu sitzen, dass ich das Sitzen auf einem Stuhl als unbequem empfinde. Ich esse auch fettiges Essen mit der Hand, selbst Reis und Currys.

Aus der Not muss danach ein Fetzen Zeitungspapier reichen, um die Hände zu reinigen – manchmal auch ein Hausaufgabenzettel der Kinder des Straßenstandbesitzers oder ein bisschen Wasser ohne Seife. Die ganze Zeit über habe ich meine Wäsche mit der Hand gewaschen, Klopapier seit Ewigkeiten nicht mehr gesehen. Bei öffentlichen Toiletten bevorzuge ich inzwischen Hocktoiletten, weil es hygienischer ist.

Der Linksverkehr ist mir ins Blut übergegangen. Kurze Hosen und kurze Ärmel habe ich beinahe aus dem Gedächtnis gestrichen. Ich wackele ständig mit dem Kopf. Um meine Schultern trage ich eine indische Gamsa. Ich nutze sie als Handtuch, weil sie leicht ist und extraschnell trocknet, und wische mir damit in der tropischen Hitze den Schweiß von der Stirn. Sie ist ein universelles Tuch, das ich nicht missen möchte. Kann ich damit einfach nach Deutschland zurück? Oder guckt man mich dann komisch an? Verhalte ich mich auffällig?

Vor dem Flug checke ich dann doch tatsächlich den Knigge und überprüfe die Tischsitten – und komme mir töricht vor. Ich denke an die reichen Inder, die es sich, entgegen ihrer Tradition, mühsam angewöhnt haben, mit Messer und Gabel zu essen. Als sei die westliche Esskultur besser als ihre eigene. Als sei irgendeine Esskultur besser als eine andere.

In geregelten Bahnen

Bei unserer Ankunft in Deutschland ist es still. Unheimlich still. Ich habe die ganze Zeit ein Gefühl, das man wohl mit Totengräberstimmung beschreiben kann. Als sei gerade etwas Schreckliches passiert, als liege die Bestürzung noch greifbar in der Luft, wie schwerer Dunst, der nicht verfliegen will.

Am Flughafen ist es so leise, dass wir uns zunächst nur trauen zu flüstern. Deutschland ist ein ruhiges Land. Lärm gibt es woanders.

Die ersten Schritte, die ersten Begegnungen, die ersten Gespräche – sie sind unspektakulär. All die Gedanken, die ich mir um unsere Rückkehr gemacht habe, waren völlig umsonst. Banalitäten bestimmen die ersten Momente mit Familie und Freunden: »Ach, habt ihr ein neues Auto?« – »Ja, aber schon seit fast drei Jahren.« Den Kommentar zur neuen Frisur spare ich mir.

Ich möchte erst links auf der Fahrerseite ins Auto einsteigen und werde, als ich endlich meinen Platz gefunden habe, amüsiert, aber höflich aufgefordert, mich doch anzuschnallen. Anschnallen – das habe ich schon Jahre nicht mehr gemacht. Noch vor der Haustür ziehe ich meine Schuhe aus, lasse sie am Treppenabsatz stehen und werde ausgelacht. Das sei hier kein Tempel.

Der Luxus verzückt mich. Eine heiße Dusche. Mit richtig viel Wasserdruck. Eine Waschmaschine. Ach, und wie toll Taschentücher doch sind. So weich an der Nase.

Mit dem Fahrrad fahre ich durch die Stadt. Die Gewöhnung an den Rechtsverkehr läuft eigentlich ganz automatisch, wenn man nicht darüber nachdenkt. Bei Gegenverkehr komme ich ins Grübeln und bin verunsichert, auf welcher Seite ich mich jetzt halten muss. Irgendwann fahre ich mehrere Hundert Meter im Gegenverkehr, weil ich eh gleich abbiegen will. Ganz selbstverständlich. Menschen beschweren sich. Und ich nehme mir vor, mich wieder mehr an die Straßenverkehrsordnung zu halten.

Das Gefühl der Stille hört nicht auf. Es ist so leise, man mag kaum laut sein. Meine knallorangefarbene Hose ist Gesprächsthema. Vielleicht ist das zu fröhlich für Deutschland, denke ich und bemerke die schwarze, dunkelblaue und graue Kleidung aller anderen. Kräftige Farben haben positive Energie, hat man uns in Indien immer gesagt. Und doch wirkt es unpassend; hier im Alltagsgrau.

Heimat bleibt Heimat

Heimat bleibt immer Heimat, gerade weil sich nichts ändert. Gerade weil das Gefühl so tief verankert ist, dass man es jederzeit wieder abrufen kann, sollte es auch mal in der Versenkung verschwinden.

> Heimat bleibt Heimat. Weil man immer weiß, wie der Hase läuft, wie man sich verhält, was man zu tun hat.

Man kennt die Regeln, die Sitten, die Bräuche. Man ist in der Heimat nie fremd.

Und auch ich bin wieder schnell drin. »Schönes Wochenende!« – »Ebenso. Vielen Dank!« Wie ein freundlicher Singsang gehen mir die Floskeln über die Lippen, als hätte ich nie etwas anderes gemacht. Und insgeheim, tief in mir drin, freue ich mich wie ein kleines Kind über dieses idyllische Kleinstadtleben. Ich bin auch ein guter Kleinstädter. Ich nicke freundlich und begrüße jeden auf der Straße – einfach so. Weil man das hier so macht. Und weil ich weiß, dass man das hier so macht.

Ich weiß, dass hier einem die Leute in den Einkaufwagen gucken, weil sie wissen wollen, was man gekauft hat. Und weil ich es weiß und es erwarte, stört es mich nicht. Trotzdem muss ich dabei an Indien denken und ein bisschen schmunzeln. Weil ich immer ein bisschen schmunzeln muss und dabei kaum merklich den Kopf schüttele, wenn ich an Indien denke, und auch wegen des Vergleiches.

> Deutsche Kleinstädter sind ein bisschen wie Inder. Zumindest, was die Neugierde angeht.

In der Großstadt verhalte ich mich wieder anders. Aber immer richtig. Weil ich weiß, wie man sich wo verhält. Auch das ist Heimat. Und trotzdem passieren Dinge, die mich verwundern, sehe ich Dinge, mit denen ich nicht gerechnet habe. Die mir fremd sind. In meiner Heimat.

Viele Läden, die ich kannte, sind nicht mehr da. Stattdessen gibt es Pfand- und Leihhäuser. Ich sehe alte Menschen Pfandflaschen sammeln. Ständig fragen mich Leute nach ein paar Münzen. Und mir zieht sich das Herz zusammen. Nicht, weil ich noch nie Armut gesehen habe. Aber weil ich nicht damit rechne, sie hier zu sehen. Weil ich in Indien mit Armut rechne. Nicht aber bei deutschen Opas und Omas.

Deutschland im Nieselregen

Diese SB-Bäcker haben total überhandgenommen. Mit unglaublich vielen Tischen und Stühlen bedecken sie große Teile der Fußgängerzone. Die Mitarbeiterin tut mir leid. Eigentlich macht sie den Job von drei Menschen. Sie kassiert, füllt die Ware auf, macht die Tische sauber und wirkt total gestresst. Alles erledigt sie im Laufschritt.

Der kalte Wind weht unablässig. Einige Blätter fallen schon von den Bäumen, und ich bin froh, als ich eine Wiese sehe, die bereits mit Blättern in Braun- und Ockertönen bedeckt ist. Herbst: Den habe ich auch schon lange nicht mehr erlebt. Es nieselt immer wieder. Es nieselt und nieselt. Nicht so, dass man den Schirm aufspannen möchte, aber irgendwann ist man doch nass. Das ist doch der schlimmste Regen. So heimtückisch.

Mitten im Nieselregen steht ein rüstiger Opa. Einer von der vernünftigen Sorte. Mit Hut und Steppweste steht er da – reglos wie ein Fels, als spüre er den Nieselregen gar nicht auf seinem von Lebenserfahrung gezeichneten Gesicht. Vor ihm steht ein kleiner Tapeziertisch, mit einer Handvoll abgedeckter Sorten Kuchen und Brote gedeckt. Daran klebt ein handgeschriebener Zettel: »Aus der Rentnerbäckerei«. Wieder zieht sich mir das Herz zusammen. Seinen Lebensabend hat sich der Mann mit Sicherheit auch anders vorgestellt, als hier im Nieselregen zu stehen, im nahenden Herbst.

Kaum hört der Nieselregen auf und zwängt sich die Sonne durch die Wolken, steht man an der Eisbude schon in einer langen Schlange. Die Menschen wischen schnell die Bänke halb trocken und genießen ihre Kugel Eis, in der Sonne sitzend.

> Es ist jetzt schon das zweite Mal, dass ich mir innerhalb weniger Tage Haselnusseis kaufe, und ich fühle mich alt.

Doch nicht nur mein Eisgeschmack und die Läden in der Innenstadt haben sich gewandelt. In den Schaufenstern der Apotheken befinden sich großflächige Pappaufsteller: Wo früher für Grippemittel und Hustensaft geworben wurde, ist jetzt Platz für Medikamente gegen Schlafstörungen und nervöse Unruhezustände. Zeitschriften titeln damit, wie man Burn-out bei Schulkindern vermeiden kann.

Die Sache mit dem Glück

Turnschuhe sind der letzte Schrei. In einem Geschäft in einem Szeneviertel werden sie als »Glückstreter« angepriesen. Wie so vieles andere auch. Glückstee. Glücksmomente. Kauf dich glücklich. Eine Gesellschaft auf der ruhelosen Suche nach dem Glück. Glück, das ganz leicht eingekauft werden kann.

Riesige Uhren liegen in den Auslagen. Es darf wieder geprotzt werden. Hauptsache, besser, teurer, größer als der Nebenmann. Ohne den Vergleich macht es nur halb so viel Spaß. Nur halb so glücklich.

Schaufensterbummel. Allein das Wort. Mal eben in die Stadt. Nur mal gucken. Am Samstag natürlich. Besser noch: verkaufsoffener Sonntag oder Black Friday. Bombe. Shoppen als Freizeitgestaltung. Oder nur durch die Stadt bummeln, um zu schauen, was es so gibt und was ich nicht habe. Was andere kaufen und ich mir nicht leisten kann. So habe ich mir meine Freizeit auch immer vorgestellt. Am liebsten nach einer harten Arbeitswoche. Zwei Jobs etwa? Befristetes Arbeitsverhältnis? Oder einfach nur weniger entlohnt als andere in der Firma, die früher da waren?

Auf Fotos lächeln jetzt alle mit offenem Mund. Weil die das auf den Werbeplakaten auch so machen. Auf den gestellten Selfies für Produktwerbung oder auf Instagram, wo alle immer so glücklich sind. Die beste Zeit ihres Lebens haben. #MakingMemories mit den #Lieblingsmenschen. #GoodTimes. #HappyLife. Lächeln mit offenem Mund. Protzen mit dem eigenen #Lifestyle. Hauptsache, glücklicher als der Nebenmann.

Zurück im »richtigen« Leben

Ich treffe mich mit Freunden. Vorab mache ich mir eigentlich nur Gedanken um meine Schuhe. Wir wollen tanzen gehen. Und ich habe in meinem Rucksack die Auswahl zwischen Wanderstiefeln und Birkenstock. Ich werde begrüßt mit: »Willkommen zurück im richtigen Leben!« Ich schließe meine Lider, lächle stumm und verkneife mir eine Antwort.

Mir ist klar, dass die meisten denken, ich mache seit mehreren Jahren Urlaub, nur weil ich nicht jeden Tag in ein Büro gehe. Ich belasse es dabei. Ich bin nicht hier, um mich zu streiten. Es ist lustig, dass einige denken, nur weil ich länger nicht in Deutschland war, habe ich nichts von der Welt mitbekommen.

In einem erläuternden Zusatz wird mir erklärt, was Zalando oder die Storys bei Instagram sind, wenn der Begriff im Gespräch fällt. Als sei ich für lange Zeit auf einem entfernten Planeten verschollen gewesen. Ständig biete ich allen meine Getränke an. Und erst nach einigen merkwürdigen Blicken erinnere ich mich daran, dass man ja in Deutschland nicht alles, was auf den Tisch kommt, mit seinen Freunden teilt.

Im Supermarkt bin ich fasziniert vom Überangebot. Meine Augen weiten sich beim Blick auf die Waren in den Regalen. Ich husche gierig durch die Gänge, als hätte ich seit Jahren nichts mehr gegessen.

Das Sortiment in der Obst- und Gemüseabteilung macht mich sprachlos: Wassermelone, Papaya, Ananas, frische Aloe-Vera-Blätter, Mango, Maracuja. Früchte aus aller Herren Länder, aus jeder Ecke der Welt kann man hier erwerben. Saftig leuchten sie in bunten Farben, und ich frage mich, welche der vielen angebotenen Waren eigentlich noch in Deutschland angebaut werden. In den anderen Läden ist es nicht anders.

Und plötzlich gehe ich shoppen.
Ich konsumiere ohne Sinn und Verstand.

Was ich kaufe, will ich nicht mit auf die Reise nehmen, denn ich kann und möchte meinen Rucksack nicht unnötig beladen. Stattdessen erwerbe ich Dinge, die ich verrückterweise nur vorhabe, sechs Wochen lang in Deutschland zu benutzen.

Dinge, die ich drei Jahre lang nicht besessen habe, die ich drei Jahre lang nicht vermisst habe, die ich drei Jahre lang nicht gebraucht habe. Dinge, an die ich in drei Jahren nicht einmal gedacht habe, landen in meiner Einkaufstasche. Und ich frage mich, wieso.

Das Geschäft mit dem Trend

Ich sehe die Flut veganer Kochbücher, die indische und asiatische Gerichte vorstellen, und bin mir ob des positiven Effekts der vielen Mode-Veganer auf die Umwelt nicht sicher. Muss ich für ein veganes Gericht fast jede Zutat vom anderen Ende der Welt importieren lassen, führe ich den ökologischen Nutzen veganer Ernährungsweise doch ad absurdum. Ist ein Schweineschnitzel aus der Region nicht klimafreundlicher als ein veganes indisches Curry?

Ähnlich verhält es sich mit Superfood. Goji-Beeren und Quinoa sind gerade total angesagt. Schon die Namen klingen exotisch und versprechen Gesundheit, die vom anderen Ende der Welt importiert wird. Doch mit dem Superfood aus Übersee locken findige Marketingangestellte ernährungsbewusste, hippe Großstädter ganz einfach in die (Konsum-)Falle.

Es gibt genug heimische Produkte, die alle wichtigen Bestandteile von Superfood aufweisen und genauso gesund sind: Leinsamen statt Chia-Samen, Hagedorn statt Matcha-Pulver, Schwarze Johannisbeere statt Goji-Beeren, Heidelbeeren statt Acai-Beeren, Grünkohl statt Weizengras, Hirse oder Grünkern statt Quinoa-Samen.

Auf Reisen habe ich ein Bewusstsein für Früchte und ihre Saison entwickelt. In Myanmar folgt auf die Mandarinensaison die Mangosaison. Auf die Mangos folgen Litschis, und ich fiebere jeder Frucht schon Wochen im Voraus entgegen. Ist die Vorfreude auf eine bestimmte Sorte Obst oder Gemüse nicht auch etwas Schönes? In Deutschland feiern wir die Spargelsaison und sehnen schon im März den ersten Spargel herbei. Das ist Vorfreude pur. Auch wir kennen es.

Und doch: In unseren Supermärkten muss jede Art von Nahrungsmittel immer und überall, völlig unabhängig von Saison oder Herkunftsland verfügbar sein. Weil wir eben gerne Erdbeertorte backen wollen; im Winter. Mein ganzes Leben erschien mir das normal, weil ich es nicht anders kannte. Aber das ist es keineswegs. Es ist ein Luxus, den sich nur wenige Länder auf der Erde erlauben können.

Aus allen Ecken der Welt importieren wir nur die besten Waren. Und ganz gleich, wie lang der Transportweg war, landen am Ende etliche Tonnen Lebensmittel auf dem Müll. Die Menge an weggeschmissenen Lebensmitteln in den Industrieländern pro Jahr entspricht fast der Menge der gesamten Nahrungsmittelproduktion in Subsahara-Afrika im gleichen Zeitraum. Anders ausgedrückt: Wir werfen fast die gesamte Ernährungsgrundlage eines Kontinents in den Müll.

Bleiben oder gehen?

Im Wegwerfen und Müllverursachen sind wir in Deutschland sowieso ziemlich gut: 612 Kilogramm Haushalts- und Verpackungsabfälle fallen bei uns pro Kopf im Jahr an. 124 Kilogramm mehr als im EU-Durchschnitt.

Doch dank Exportgeschäften ist sich kaum jemand des deutschen Müllberges bewusst. Was sagen zu deutschen Reisenden, die über den vielen Müll auf Indiens Straßen die Nase rümpfen? Hilft es, ihnen zu erzählen, dass die Inder pro Kopf weit weniger Müll produzieren als wir Deutsche? Ist ihnen bewusst, dass Deutschland nur deshalb so rein wirkt, weil wir unseren Müll nach Südostasien »ausgliedern«? Was dann dort damit passiert, ist nur noch selten einsehbar. Aus den Augen, aus dem Sinn.

Es fühlt sich merkwürdig an, wieder in Deutschland zu sein. Vieles stößt mir hier auf, vieles irritiert mich, mit vielem bin ich nicht einverstanden, vieles möchte ich nicht unterstützen. Und es steht mir frei, so zu sein. Es gibt Geschäfte, die heißen »Kauf Dich Glücklich« – dort muss ich nicht einkaufen. Ich bin nicht gezwungen, eine Regierung zu unterstützen, die Rüstungsexporte fördert und Vermögenssteuer zurückhält. Ich kann meine Gedanken öffentlich äußern und muss keine Rechenschaft ablegen. Und das ist wiederum ein gutes Gefühl.

Aber: Kann ich, will ich hier leben? Ein bisschen shoppen gehen, mir den Geist vernebeln lassen und hoffen, dass alles beim Alten bleibt? Wir weiter reich und die Armen weiter arm bleiben? Und unter all den Reichen eine Handvoll immer reicher wird. Verrückt reich. Die immer mehr wollen. Höher, schneller, weiter. Mehr Geld, als man ausgeben kann, aber trotzdem nicht den Hals vollkriegen? Menschlichkeit an letzter Stelle. Wo ist mein Platz hier? Schlürfe ich bald auch bei Starbucks Frappuccino und freue mich des Lebens? #QualityTime.

Oder geht es anders? Es gibt sie ja: kleinere und größere Gruppen, die es besser machen wollen und besser machen können. Wenn sich Gleichgesinnte zusammenfinden, muss man nicht die ganze Welt verändern wollen, nicht das Unmögliche versuchen, sondern für sich selbst, im großen und im kleinen Kreis, gemeinsam das Mögliche möglich machen.

Es gibt zahlreiche Menschen, die nach Alternativen zu unserem jetzigen Lebensstil suchen. Ein Leben, das geprägt ist von zu viel Konsum, von Sachzwängen und zu wenig innerer Freiheit. Menschen, die sich in Gemeinschaften finden und anders leben wollen. Im Einklang mit der Natur, unabhängiger, umweltfreundlicher, friedlicher, gesünder und menschlicher, als es im Hier und Jetzt möglich scheint. Es gibt sie, die Ökodörfer und Kommunen, die Modellprojekte gemeinsamer Lebens- und Wirtschaftsweisen, in denen Menschen nachhaltigen, ressourcenschonenden Konsum betreiben.

Dort verzichtet man auf größenwahnsinnige Landwirtschaft, die ohne Pestizide nicht mehr auskommt. Dort verzichtet man auf industrialisierte Massentierhaltung, in der Tiere gequält und mit Antibiotika irgendwo auf der Schwelle zwischen Leben und Tod gehalten werden, bis sie schlachtreif sind.

Es sind Gemeinschaften, die sogar Sozialsysteme finanzieren können, die funktionieren, ohne andere auszubeuten, ohne Waffenindustrie, ohne Krieg, ohne Verschwendung von Ressourcen irgendwo am anderen Ende der Welt. Sie funktionieren ohne dubiose Wertvorstellungen, die wie ein Fähnchen im Wind flattern. Es sind Gemeinschaften ohne Müllberge und Müllexporte, ohne Reichtum auf Kosten von Armut.

Ob Sieben Linden, Schloss Tonndorf oder Niederkaufungen in Deutschland, ob Auroville in Indien oder die Findhorn Foundation in Schottland, La Borie Noble in Frankreich, Matavenero und Valle des Sensaciones in Spanien, das Krishna Valley in Ungarn, Tamera in Portugal, Awra Amba in Äthiopien oder Damanhur in Italien. Um nur einige zu nennen.

Es gibt sie, die Enklaven eines kritischen Bewusstseins.
Und sie bekommen immer mehr Zulauf.
Die Nachfrage an Alternativen zum Bestehenden steigt.

Der Weg dorthin ist nicht nur eine Reise zwischen zwei Punkten, sondern auch eine Reise im Kopf, von einem Gedanken zum nächsten. Was außerhalb der Schädeldecke gilt, das gilt auch innen. Sei offen und neugierig auf alles, was kommt. Es tun sich faszinierende Vorstellungen und Möglichkeiten auf. Wir wollen etwas verändern? Lasst uns beginnen!

Grönland

AUSGESETZT – IM LAND DER MENSCHEN

Die Idee, eine Wanderung sei planbar, ist eine Illusion. Auf einer ungewissen Reise marschiere ich zu Fuß durch die unberührte grönländische Wildnis. Ich reiße mich los, erfahre eine neue Dimension der Einsamkeit und begegne der Unberechenbarkeit des Lebens.

Von David Franz

»Takoqqissaagut«, wir werden uns wiedersehen, rief Minik, mein Inuk-Freund, der in Maniitsoq, einer kleinen Inselsiedlung mitten im westgrönländischen Fjordlabyrinth, geboren wurde.

Inuk, »Mensch«, oder Inuit, »Menschen«, das sind die Bewohner der größten Insel der Welt. Isoliert leben sie seit Jahrhunderten am Rande der Zivilisation, sodass es in ihrer Sprache kein Wort für andere gibt. Zu lange dachte die Bevölkerung der mächtigen Eisinsel, dass sie die Einzigen in der großen, nur von gefrorenem Wasser und Tundra geprägten weißen Welt sind. Deswegen ist Grönland, Kalaallit Nunaat, das Land der Menschen. 0,026 Einwohner pro Quadratkilometer beweisen beeindruckend, dass die Natur im Menschenland allgegenwärtig und völlig überdimensional ist – die Inuit mussten also gezwungenermaßen glauben, in der großen Abgeschiedenheit die einzigen Menschen weit und breit zu sein. Und in der Tat, schon der Anblick des mächtigen Eispanzers und der unendlichen Weiten der Fjordlandschaften lässt erahnen, wie unberührt dieses Land wirklich ist.

Ein Freund und Lehrer

»No bears …, no bears …«, sagte Minik immer wieder mit leiser und ausgeglichener Stimme zu mir. Er musterte mich minutenlang in völliger Stille, und es kam mir vor, als könne er meine Seele lesen. Er kannte die Angst vor Bären und die Angst vor der Einsamkeit ganz genau und wusste in diesem Moment vielleicht besser als ich, in welch großes und gefährliches Abenteuer ich mich gerade stürzte. Minik war ein sehr junger Mann, aber schon jetzt besaß er eine Ausstrahlung mit einer schier unbeschreiblichen Wirkung auf mich. Wie ein alter Schamane mit magischen Fähigkeiten stand er schweigend vor mir und zeigte mir die Kräuter der grönländischen Tundra. Er las die Wildnis und präsentierte mir Qajaasat und Kuannit, welche vitaminreiche, nahrhafte Kräuter sind, die mir Kraft und Durchhaltevermögen auf meinem Weg schenken sollten. Ohne den charakterstarken Minik, mit dem ich gerade am Ausgangspunkt meiner Wanderung stand, hätte ich in keiner Weise all die hilfreichen Informationen über die wilde grönländische Landschaft erhalten. Nie zuvor hatte ich das Land der Menschen besucht, und es schien auch, als ob nie zuvor ein Mensch einen Fuß auf dieses Stück Land am Ende dieses abgelegenen Fjords gesetzt hatte. »I no never here. *Takuss,* David«, ich war noch nie hier, auf Wiedersehen, David, sagte er schließlich in seinem sehr gebrochenen Englisch und winkte mir noch einmal zu.

Durch Tundra- und Fjordlandschaften

Minik hatte mich mit seinem Freund Nuka an diesem wilden Ort, welcher gut eine Bootsstunde von der Insel Maniitsoq entfernt lag, ausgesetzt. Unsere Bootsfahrt hatte uns durch die Meerenge der Davisstraße hinein in ein mystisches Meer aus Inseln und hohen Bergen bis hin zu dieser Fjordspitze geführt. Mein Plan war es, von hier aus das ungefähr 230 Kilometer entfernte Kangerlussuaq zu Fuß zu erreichen.

Auf meinem Weg, der durch Tundra- und Fjordlandschaften führen sollte, gibt es kein einziges Zeichen der Zivilisation, sondern nur Eis, Berge und die arktische Tierwelt. Noch nie hatte ich solch eine abenteuerliche Unternehmung in einem so abgelegenen Gebiet geplant.

Schon während der Bootsüberfahrt begutachtete ich ehrfürchtig und respektvoll die umliegende Natur. Überall thronten die mächtigen Berge, welche morphologisch gesehen die ältesten dieses Planeten sind, über dem unberührten Land. Die Skyline dieser satten Erhebungen stimmte mich nachdenklich und ließ mich schon während der Bootsfahrt an meinem Vorhaben zweifeln. Es war die Angst, die sich durch meinen Körper bohrte. Um ehrlich zu sein: Ich hatte die Hosen mächtig voll. Dieser unberührte Fleck Erde, hier am Ende der Welt, brachte mich, ohne dass ich einen Meter gewandert war, in Besorgnis – ich war beunruhigt und ich fürchtete mich. Meine Vorfreude auf dieses Abenteuer war der Angst gewichen.

Große Sorge bereitete mir auch mein Zeitplan, denn schon bei der Ankunft in Grönland hatte ich zwei meiner insgesamt drei Reservetage wegen einer Schlechtwetterfront, welche das kleine Dash-8-Propellerflugzeug daran hinderte, in Maniitsoq zu landen, verloren. Erst sehr verspätet stand ich also an meinem Startpunkt, und von nun an durfte nichts mehr schiefgehen. Das Satellitentelefon, das ich bei mir trug, war für die nächsten Wochen mein einziges Kommunikationsmittel, um gegebenenfalls Hilfe zu rufen. Von Weitem hörte ich noch das letzte Motorengeräusch von Miniks Schlauchboot, bis endgültig alles verstummte. Die Zivilisation drehte sich weg, und die Stille hatte gewonnen – ich war ausgesetzt und allein.

Der König der Arktis

Ich brach auf, setzte meine Beine für einen weiten Weg in Bewegung und marschierte durch die wildromantische Farbenwelt der Arktis. Die Wolken hingen tief, die Temperaturen waren nahe dem Gefrierpunkt, und die Berge sangen eine melancholische Melodie, die mich tief in meinem Inneren berührte. Die Hochebene, die ich versuchte zu erreichen, war von einer dicken Wolkendecke umhüllt.

Stück für Stück schob ich meinen riesigen Rucksack den Berg hinauf. 700 Höhenmeter auf den ersten zwei Kilometern waren kein Kindergeburtstag. Immer wieder musste ich kleinere Pausen einlegen, und ich merkte, dass meine gewohnte Kraft schon zu Beginn meiner Reise völlig verpufft war. Irgendwie wurde ich das Gefühl nicht los, dass ich diesmal mental nicht in der Lage war, die Wanderung durchzustehen.

Ich hatte große Zweifel. Eigentlich wusste ich sehr genau, was es bedeutete, in solch einer Landschaft unterwegs zu sein, aber gerade bekam ich ein komisches Bauchgefühl, welches mir sagte, dass ich genau jetzt lieber nicht hier sein sollte. Ich machte mir Gedanken über alles Mögliche, war kraftlos, schlapp und weinerlich. Und auch der König der Arktis trug seinen ganz persönlichen Teil zu meiner Angst bei. Ich bekam ihn nicht mehr aus dem Kopf. Obwohl ich mich vorher ausführlich über das wahrscheinliche Auftreten des weißen Riesen entlang meiner Wanderung informiert hatte, gab es doch keine hundertprozentige Sicherheit, ihm nicht zu begegnen. Ich wiederholte immer wieder Miniks Worte, als wären sie ein Mantra: »No bears …, no bears …«, während ich mich langsam den Berg hinaufhievte.

Dramatisches Grönland

Vor mir öffnete sich der Wolkenvorhang, kurz nachdem ich das Plateau des Bergs erreicht hatte. Es war gerade zehn Uhr abends, und ich saß geschlagene zwei Stunden wie angewurzelt in meinem Zelt und genoss das Panorama. Grönland war dramatisch. Die Felshänge und Gletscher, die mich umgaben, wurden vom Licht der tief stehenden Sonne erreicht und hoben sich markant vom Rest der Landschaft ab.

Es war ein Farbenspiel, welches nur hier im hohen Norden so lange und intensiv bewundert werden kann. Ewig hätte ich hier verweilen können – in meinem Zimmer mit Aussicht.

In den nächsten Tagen wanderte ich durch unberührte Täler, vorbei an mächtigen Wasserfällen, ungezähmten Flüssen und fulminanten Bergmassiven. So weit ich sehen konnte – ich sah die Unberührtheit. Ich hatte mich nur sehr langsam an die grönländische Tundra angepasst, aber jetzt konnte ich die große, weite arktische Welt mit ganzer Freude betrachten und war wieder drin, im Wildnismodus. Die verloren geglaubte Kraft und Energie waren auf einmal wieder da. Ich setzte meinen Rucksack ab und lief. Ich war besessen von der Landschaft und wollte jeden Zentimeter dieser wilden Welt erforschen. Ohne das hohe Gewicht auf meinem Rücken erklomm ich einen namenlosen Berg. Auf dessen Spitze breitete ich die Arme aus, saugte die saubere arktische Luft in meine Lungen, hielt den Atem in völliger Stille an und schrie danach, so laut ich konnte. Mein ganzer Körper vibrierte. Es dauerte eine halbe Minute, ehe ich den Mund wieder schloss und meine Ohren das Echo des Schalls verfolgen konnten. In der Ferne sah ich Rentiere galoppieren, und über mir kreisten riesige Weißkopfadler. Mein Körper kippelte noch immer vom Schrei, und ein kalter Wind blies mir ins Gesicht. Ich sah in die Ferne - ich spürte das Leben.

Mächtige Schneefelder

Doch bereits jetzt, Ende Juli, war zu spüren, dass der harte arktische Winter bald hierher zurückkehren würde. Jeden Abend sanken die Temperaturen bis an den Gefrierpunkt - es war ungewöhnlich kalt für diese Jahreszeit. Überall sichtete ich große Schneefelder, die mein Vorankommen immer mehr erschwerten. Nicht selten versank ich knietief im Schnee und kam nur mit großer Mühe aus der weißen Masse heraus. Am Anfang hatte ich noch versucht, im Slalom um die Schneemassen herumzumarschieren. Aber nach einigen Kilometern wurde der Schnee so dicht, dass ich jetzt an dieser Stelle, umzingelt von riesigen Gletschern und Bergmassiven, nicht mehr weiterkam. Ich war erschöpft und schlug mein Zelt auf einem der schneefreien, Millionen von Jahren alten Felstrümmern auf.

Am nächsten Morgen begutachtete ich die Situation erneut. Ganze acht Stunden verbrachte ich damit, einen geeigneten Weg durch die

Schneefelder zu finden. Dann wurde mir klar, dass ich nie und nimmer mein Ziel in dem von mir festgelegten Zeitrahmen erreichen konnte. Im Prinzip hatte ich durch die Suchaktion einen weiteren Tag verloren, womit ich keine Reservetage mehr besaß. Ich dachte sehr lange über meine Situation nach. Ich saß nach ungefähr sechzig bis siebzig Kilometern Fußmarsch auf einem Felsen und kam nicht mehr weiter. Der Wind peitschte fürchterlich, und es begann zu regnen. In der Nacht fiel das Quecksilber auf minus sieben Grad, und am nächsten Morgen konnte ich im dichten Nebel nicht weiter als einen Meter schauen. Die Idee, eine Wanderung sei planbar, ist eine Illusion. Die Natur führte hier Regie. Erst die verpasste Landung durch einen Sturm, und jetzt waren es die riesigen Schneefelder und die extrem kalten Temperaturen, die ein Weiterkommen unmöglich machten. Mein initialer Plan wurde gänzlich verschoben oder besser gesagt in Luft aufgelöst.

Plan B

Ich kam mir vor, als wäre ich Robinson Crusoe auf seiner einsamen Insel – und genau so war es, menschenleer und isoliert. Jetzt drehte ich um und stieg in ein entlegenes Tal hinab und versuchte, dort meine Wanderung auf Umwegen fortzusetzen. Der Nebel war endlich verdampft, und ich musste mich immer wieder selbst motivieren weiterzulaufen. Es ging hoch und runter, und der vor mir liegende Anstieg wurde zum anstrengendsten meiner gesamten Wanderung. Meine Wanderstöcke kamen hier nicht mehr zum Einsatz, denn das große Felsenmeer, das am Hang des Berges lag, musste ich auf allen vieren bezwingen. Es war eine hohe Belastung für meinen Körper. Die Felsen waren mit jahrtausendealten feuchten Pflanzenflechten übersät, welche den Stein gefährlich rutschig machten – ich musste hoch konzentriert sein. Wie auf rohen Eiern erklomm ich Schritt für Schritt das uralte Bergmassiv. Direkt neben mir tobte ein 200 Meter hoher Wasserfall. Die Wassermassen waren so laut, dass der tosende Lärm die Stille der Landschaft raubte. Oberhalb des Wasserfalls verbarg sich ein spektakulärer Glazialsee. Die Oberfläche war glatt wie ein Spiegel und sogar die Ränder des Sees noch leicht mit Frost überzogen – ein weiteres Indiz dafür, das der Winter in diesem Jahr sehr lang gewesen sein musste. Ich versuchte, mit meinen Wanderstöcken das Eis zu zerhacken, um einen kleinen Eingang zu schaffen, in den ich später mein Rucksackboot einlassen konnte. Das zentimeterdünne Eis war sehr scharfkantig, und ich musste sichergehen, dass mein Boot davon nicht beschädigt wurde. Nach einer Weile konnte ich es dann endlich zu Wasser lassen und paddelte langsam über den einsamen See.

Ich blickte mich ständig um und konnte es nicht fassen, dass ich jetzt hier, mitten auf einem Glazialsee, durch die grönländische Tundra paddelte. Das Tosen des Wasserfalls war lange verstummt, und mich begleitete nur noch das sanfte Plätschern des Wassers, welches durch die Bewegungen meiner Paddel erzeugte wurde.

Es war windstill, und die Landschaft um mich herum strahlte eine friedliche, ja fast schon geborgene Stimmung aus. Fest eingemummelt saß ich mit meiner eng anliegenden Schwimmweste in meinem Miniboot und kam mir vor, als wäre ich ein Entdecker vergangener Jahrhunderte. Ich fühlte mich pudelwohl, so, wie ich es von meinen bisherigen Wanderungen schon kannte. Da war wieder dieses Gefühl der Leichtigkeit, Neugier und puren Glückseligkeit – meine anfängliche Furcht war nun endgültig verflogen.

Dort in der Ferne, am anderen Ufer, sah ich weitere Schneefelder. Ich wusste, die mystisch weißen Massen würden mein Vorhaben ein für alle Mal begraben. Ich musste es akzeptieren. Nach nur sechzig weiteren Kilometern wollte ich nicht den Helden spielen und auf Teufel komm raus über brüchige Eisflächen und Schneefelder marschieren.

Bei meinen Wanderungen geht es nicht darum, etwas Einzigartiges, Gefährliches und Verrücktes zu tun, sondern es geht darum, eine gute Zeit in der Natur zu haben.

Nicht mehr und nicht weniger. Ich will mich besinnen, mich auf die wichtigen Dinge im Leben konzentrieren und nicht mein Leben aufs Spiel setzen. Deswegen gab es für mich auch nur einen einzigen logischen Entschluss, als ich auf der anderen Seite des Sees angekommen war – Abbruch.

Ein innerer Erfolg

Der ein oder andere mag meine Entscheidung als Scheitern einstufen, aber das Gegenteil ist der Fall. Das Abenteuer war für mich ein persönlicher Erfolg, denn Grönland hat mir gezeigt, dass nichts, aber auch überhaupt nichts im Leben planbar ist.

Es gibt zu viele Faktoren, die wir im Leben nicht kontrollieren können – und das müssen wir akzeptieren. Mein Abenteuer ist dafür eine perfekte Analogie. Ich hatte eine wunderbare Zeit auf der größten Insel der Welt, in völliger Einsamkeit. Und ich habe großartige neue Inuk-Freunde kennengelernt. Die Erlebnisse werde ich alle mit nach Hause nehmen.

Wildniswandern – das ist mein Leben, und ich bin verliebt in die Weiten dieser unberührten Landschaften. In der Sprache der Inuit gibt es kein Wort für Stress, Hektik oder Schnelligkeit, und ich habe erfahren, warum. Es dauerte weitere vier Tage, bis mich Minik und Nuka am Ende des Fjords abgeholt hatten. Mein Satellitentelefon war meine Lebensversicherung. Als ich schließlich das kleine Boot am Horizont durch mein Fernglas ausmachte, sprang ich in die Luft und rannte, so schnell ich konnte, ans Ufer, um meine Wanderstöcke als ein »Hier-bin-ich-Signal« durch die Luft zu schwenken. Jetzt hatten sie mich endlich entdeckt und steuerten direkt auf mich zu.

»*Qujanaq, Kalaallit Nunaat.*« Danke, Grönland – für dieses großartige Abenteuer.

Kasachstan

DIE FISCHODYSSEE – EINE KLEINE GESCHICHTE VON EINEM ORT NAMENS BALCHASCH

Wir können kein Russisch. Das ist eigentlich kein Problem in unserem Alltag. Irgendwo in der Steppe Kasachstans scheinen wir unseren Alltag jedoch verloren zu haben. Mit einer Freundin zusammen reise ich an einen Ort, den uns niemand empfohlen hat.

Von Rebecca Himmerich

Auf unseren Tickets steht Saryschagan. Von dort aus wollen wir mit dem Taxi weiter zu einem Ort namens Balchasch. Auf den Tickets steht leider nicht, was wir da wollen. Und dass da wohl auch gar nichts zu wollen ist, wird uns klar, als unsere Mitreisenden im Zug uns so ansehen, als hätten wir ihnen gerade gesagt, dass wir in der größten Einöde Zentralasiens zum Fliegenfischen verabredet sind. »Was wollt ihr denn in Balchasch?«, fragt unser Schlafwagenabteil im Chor. Die Kleinen baumeln wie Fledermäuse von den obersten Betten und krächzen: »Da ist nichts! Da ist nichts!« Ehrlich gesagt, kann das gut sein. Wir haben einfach irgendetwas gebucht.

In Kasachstan gibt es keine Orte wie Goa, San Francisco oder Seychellen, die einem sagen, man solle sie auf jeden Fall besuchen, wenn man nicht weit von ihnen entfernt ist.

Dafür gibt es eben Balchasch. Nelly legt ihren Zeigefinger auf die Karte: »Doch, da ist etwas neben Balchasch«, sagt sie, »und zwar ein See!«

Mittlerweile geht die Sonne wieder auf. Um in Saryschagan morgens aus den Federn zu kommen, brauchst du keinen Wecker. In Saryschagan laufen die Menschen um fünf Uhr in der Früh mit zwei Meter großen Fischen umher und der reizende Geruch wird dazu führen, dass du freiwillig direkt aus dem Bett zur Arbeit springst. Frühstück gespart. Außer, du bist alteingesessen und gehörst zu dieser seltsamen Sorte Mensch, die sich so ein kleines Fischchen hinter die Kiemen schiebt, um sich danach eine zwei Meter lange Gräte aus der Speiseröhre zu ziehen und dann alle anzugrinsen, die von dieser Kunst nichts verstehen.

Nelly und ich verlassen den Zug jedenfalls schneller als geplant. Wir haben die östliche Mitte von Kasachstan erreicht: den Balchaschsee. 650 Kilometer südlich von Astana, das heute Nursultan heißt, ungefähr die gleiche Strecke nördlich von Kirgisistan gelegen, angrenzend an die »Hungersteppe«: ein riesiges, menschenleeres Wüstengebiet. Wir denken an die Worte unserer Airbnb-Gastgeberin Leisat aus Astana:

»There's nothing, only steppe.
And then there's a lake. That's all.«

Als wir um fünf Uhr morgens in Saryschagan aussteigen, werden wir Zeuge des großen Nichts, das nicht nur Phantásien, sondern nun auch Kasachstan aufzufressen droht. Einfach nur nichts.

Und zwar Hunderte von Kilometern, in alle Richtungen. Trockenes Land. Kein Sand, kein Matsch. Ab und zu ein Grashalm. Und das einzige Tier, das hier lebt: der Salzkrautbilch. Wer so heißt, hat keine Freunde. Der kann froh sein, dass er auch keine Feinde mehr hat, weil niemand sonst hier wohnt. Schlagartig wird uns klar, dass wir vielleicht doch noch etwas von dem Monsterfisch im Zug hätten essen sollen, bevor wir elendig in einem seit Jahrhunderten nicht gegossenen Teil der Erde verrecken. Wir packen ein Stück trockenes Sandwich aus, gekauft in einer der Fast-Food-Burgen Astanas. Es schmeckt wie eine süße Erinnerung. Ab jetzt gibt's für uns nur noch Gräte und gebratene Kakerlake. Ab und zu sonntags gerösteten Salzkrautbilch, falls mal einer vorbeigehumpelt sein sollte.

Wir rauschen mit dem Auto Richtung Balchasch, vor uns glänzt das trübe Gold der Wüste, ab und zu glitzert der See in der Ferne. Manchmal gibt es Salzlöcher, ab und zu steht ein Kamel am Straßenrand. Plastik scheint das Einzige, was hier wirklich gedeiht, was auch ohne Regen in der Prärie wuchert und wächst.

Am Horizont schließlich die Stadt, die den gleichen Namen trägt wie der See:

Balchasch. Industrie gebaut in den Himmel.

Nebelschwaden dringen aus Eisenrohren empor und streichen den Himmel allmählich im gleichen trockenen Grau, welches die Erde hier trägt. Kleine Häuser erscheinen links und rechts, erst vereinzelt, dann dichter werdend. Schließlich eine Brücke. Das Tor zu Balchasch.

Vor der Brücke auf beiden Seiten zwei circa zehn Meter große, durch die Luft aufwärtshüpfende Fische aus Stein. Sie grinsen uns an. Nelly packt ihre Angel aus und schwingt sie aus dem Autofenster. Einer der beiden Fische beißt an. Da er zwar an der Angel kleben bleibt, aber nicht durchs Fenster passt, schleifen wir ihn hinter dem Auto her. Während er an dem Wurm lutscht, erklärt er uns schnaubend den Weg zum Hotel. Es liegt direkt neben der großen Bushaltestelle. Wir tragen unseren Fisch mit hinein.

Hotel Balchasch. Ein Sowjetbau. Im Foyer ein riesiger Altar aus angelegtem Teich, Plastikblumen und Fischfiguren. Während ich die Reisepässe aus der Tasche krame, lässt Nelly unseren Fisch in den Foyerteich plumpsen. Er schnuppert kurz an den Plastikblumen und schläft fröhlich ein. Die Dame an der Rezeption ist unglaublich freundlich, ihr Lächeln verrät es, ihre Worte verstehen wir nicht.

An den Wänden selbst geknetete Landschaftskunst und Delfine, aufgehängt in Bilderrahmen.

Daneben eine Cafeteria. Sechs schlichte Holztische in Reih und Glied, garniert mit Schulstühlen. Im vorderen Teil des Raumes eine Essensausgabe. Fenster ohne Gardinen, Rohputz. Niemand hier.

Nach dem ersten Streit zwischen Nelly und mir (zu wenig Schlaf, zu wenig Frühstück, zu viel von der Sprache, die wir nicht verstehen) endlich die Dusche. Ich fische das Handtuch vom Ständer, trockne mich ab. Nehme eine Geruchsprobe von meiner Haut, und mir wird speiübel. Hier riecht's nach Fisch.

Und zwar bin ich das, ganz klar. Das muss das Wasser gewesen sein. Die haben hier ihr einziges Markenzeichen sogar in der Dusche installiert. Ich mache kurz den Hahn noch mal an und überprüfe den Geruch. Keine Spur von süßlichem Teichgeruch, stattdessen riecht es nach Chlor. Mein Blick streift das soeben benutzte Handtuch, was nun zusammengeknüllt auf dem Boden liegt. Noch mal die Nase dranhalten. Und sofort krampft sich mein Magen zusammen, als hätte sich soeben eine ganze Makrelenzucht von meinem Dickdarm aus auf den Weg zum nächsten Dorfteich gemacht. Dieses ein Meter lange, faserige Tuch stinkt wie ein im Rucksack vergessenes Heringsbrötchen. Mir kommt's hoch. Meine Arme, meine Haare, meine Brüste, alles riecht nach dem verdammten Fisch. Ich laufe schreiend aus dem Bad. Nelly springt im Bett auf und ist bereits mit ihrem Kissen bewaffnet. Die Ehekrise scheint ungeahnte Ausmaße anzunehmen.

»Fisch! Fisch!«, kreische ich, springe nackt vor ihr auf und ab und schüttele mich am ganzen Körper, während mir meine nassen Haare ins Gesicht hängen.

Nelly reißt die Augen auf, denn ihre Reisekumpanin scheint sich vor ihr allmählich in einen Karpfen zu verwandeln.

Als mir die ersten Schuppen von den Augen fallen, glaubt sie mir endlich. Packt ihre Nase aus und riecht an ihrem eigenen Körper. Auch über Nelly ist der Fischgott gestolpert. »Fisch! Fisch!«, schreit sie wie am Spieß, wirft das Kissen in die Luft und ringt nach Atem, als hätte man sie soeben aus dem Wasser geangelt und servierfertig auf einem Teller drapiert. Der Balchasch-Voodoo hat sich über uns gelegt. Alles hier ist Fisch. Ab jetzt werden wir in langen schwarzen Striemen kacken, uns von Algen ernähren und uns zum Entspannen ins Aquarium legen.

Als wir feststellen, dass nicht nur die Handtücher und wir, sondern auch die Bettlaken, Bezüge und der Kühlschrank nach Fisch riechen, fühlen wir uns endlich angekommen in der Ferne. Integration ist das

Stichwort. Streit gibt's nicht mehr, wir laufen Flossen haltend durch die Stadt des Karpfens und fotografieren die Unterwasserwelt.

In einem kleinen Lokal genießen wir unser erstes traditionelles Essen dieser Gegend: Plov, ein Reis, angereichert mit Gemüse und Öl. Dazu gibt es leckere Teigtaschen, die Manti heißen, und Schaschlik. Ziemlich schnell wird klar, dass in Balchasch alles, was nicht Fisch ist, aus Fleisch ist. Unter und über dem Reis, zwischen dem Gemüse, in und hinter den Teigtaschen. Fleisch ist sowohl Hauptspeise als auch Beilage. Die Kombination aus Balchaschs kulinarischen Genüssen und Gerüchen führt uns schon am Tag der Ankunft auf den Weg zum Bahnhof, um schnellstmöglich ein Zugticket weiter Richtung Süden zu erwerben.

Ich stehe am Schalter. Die Frau dahinter schaut mich an. Bis hierher funktioniert unsere Kommunikation noch. Dann wird es kritisch. Im Grunde genommen haben wir uns nichts zu sagen.

Was noch dazukommt: In Wahrheit hatten wir uns nie etwas zu sagen. Sozusagen erleben wir gerade das Bescheuertste, das einem in einer Beziehung passieren kann. Nein, anders, noch bescheuerter: Eigentlich möchte ich ihr so viel sagen. Aber ich kann nicht. Mein Mund ist trocken und staubig von der Steppe, meine Gedanken gelähmt und der scheiß Google Translate geht einfach nicht ohne Internet. Nach fünf Minuten des Anschweigens wird mir klar, dass ich mich lieber schon einmal um einen Platz im Seniorenheim von Balchasch bemühen sollte.

Ich werde hier nie mehr wegkommen. Krümelkaffee und Fleischberge bis an mein Lebensende. Asche im Aquarium. Ewiges Leben im Korallenriff.

Die Dame versteht nicht, was ich hier will. Meine Güte, ich bin am Bahnhof. Was ich will, ist hier weg, natürlich. Während wir es nun gerade mit Telepathie versuchen und uns immer tiefer in die Augen schauen, stupst mich von der Seite ein Mann an. Ist mir egal. Ich bin dran. Ich starre noch immer auf die Frau vom Schalter. Ich kann mittlerweile ihre Augenfarbe, Haarstruktur und die Anzahl ihrer Lachfältchen auf Abruf aufsagen. Habe gerade angefangen, ihre Wimpern zu zählen, als der Mann mich plötzlich am Arm packt, vom Schalter wegzieht und mit mir die Treppe hochläuft.

Jetzt ist es passiert. Entführt in Kasachstan, am helllichten Tage, an einem Bahnhof mitten in der Hungersteppe.

Und ich höre jetzt schon die Verwandten an meinem Grabstein stehen: »Ja, wenn man auch nach Kasachstan reist…!« Was wird dieser Mann jetzt tun? Mir einen Fisch in den Mund stopfen? Mir danach alle Gräten brechen?

Doch er grinst nur und zieht sein Handy aus der Tasche. Google Translate. Hier oben gibt's Internet. Und noch einen weiteren Schalter. Doch ich scheiß auf die moderne Technik. Leute, ich komm auch so hier weg! WLAN, pah! In Indien hab ich das auch immer ohne geschafft. Kinder, das waren noch Zeiten. Das könnt ihr euch gar nicht vorstellen, da gab es noch kein mobiles Internet, und Fahrscheine wurden noch in Bananenschalen geritzt!

Ich reiß ein Blatt Papier aus meinem Buch und fange an zu malen. Einen Zug. So richtig mit Lokomotive und Dampf. Zwei Strichmännchen. Zwei Tickets. Samarkand. Ich bin gerade dabei, den letzten Feinschliff zu machen, um das Gemälde kurz danach einen Arm weit von mir wegzuhalten und mit zugekniffenem Auge seinen Wert abzuschätzen. Eventuell kann man es dem Innenarchitekten des Foyers im Hotel Balchasch verkaufen und zwischen den Knetdelfinen und dem Plastikteich an der Wand aufhängen. Titel: »Wat is dat Schönste an Balchasch? Dat Ticket nach Samarkand.« Um ein bisschen nordrhein-westfälische Lokalkunst in den Osten zu bringen.

Plötzlich werde ich erneut in den Arm gekniffen. Diesmal von einer jungen Frau: »Hello Madame. Can I help you?« Ich fall um. Hier kann jemand Englisch. Wer hat da ins Drehbuch gekritzelt? Langweilig. Was wird denn jetzt aus meinem Gemälde? Kurz bin ich sauer, doch das neugierige Glitzern in den Augen der jungen Kasachin und ihre Hilfsbereitschaft lassen mich dann doch mein Kunstwerk zerknüllen. In weniger als einer Minute werden uns für den morgigen Tag zwei Tickets von Saryschagan nach Samarkand, Usbekistan, ausgestellt. Was mir einfach nicht klar war: Während ich die letzten zwanzig Minuten händeringend und sprachlos versucht habe, diese zwei Tickets zu organisieren, war der halbe Bahnhof damit beschäftigt, mir irgendwie zu helfen und eine Person aufzutreiben, die Englisch spricht. Ich bin berührt.

Mit einem etwas größeren Gefolge schreiten wir wieder nach unten, wo Nelly und der Taxifahrer auf mich warten. Die junge Frau fragt uns, ob sie uns weiterhin helfen kann. Nach einem Tag, der bis jetzt nur aus Fisch, Fleisch und Fragezeichen bestand, fühlt sich diese Frage plötzlich an wie Buttercremetorte. Nelly und ich können einfach nicht anders, als »Yes, please!« zu sagen. Die Frau lächelt. Fragt, wohin wir wollen. Zum See. »No problem!« Sie läuft mit uns zu einem Taxi. Der Taxifahrer ist ihr Vater. Dem erklärt sie kurz unser Anliegen, dann schmeißt sie ihre komplette Familie aus dem Wagen und besteht darauf, dass wir Platz nehmen. Wir sind peinlich berührt und lehnen das ab, aber sie macht uns mit freundlichem Lächeln klar, dass wir aus der Sache jetzt nicht mehr rauskommen. Als wir ihr Geld für die Fahrt geben möchten, lehnt sie vehement ab.

Am See steppt der Bär. Es reihen sich Liege an Liege, Hüpfburg an Hüpfburg, Sonnenschirme neben Töpfen mit Plov, Kinder neben Bergen von aufblasbarem Chinaplastik. Nelly und ich springen in das trübe Wasser, tauchen. Und ohne es zu merken, sind wir genau in diesem Moment erst so richtig angekommen. Genau hier, mitten in Kasachstan, mitten in der Steppe. Hier, wo uns im Grunde keiner mehr versteht und trotzdem noch nie jemand so sehr bemüht darum war, uns doch zu verstehen.

Pyrenäen

UNGEZÄHMTE BERGE

Es ist Sommer. Wie viele andere Urlauber bade ich im Mittelmeer und springe in die Wellen des Atlantik. Aber den Weg dazwischen, den lege ich zu Fuß zurück: In 35 Tagen überquere ich die Pyrenäen, das Gebirge, das die Meere miteinander verbindet, von Ost nach West. Etwa 800 Kilometer geht es durch teils wegloses Gelände, über Schneefelder und Gipfel, durch Scharten und Canyons.

Von Ana Zirner

Ankommen in der Gegenwart

Die Nacht ist kalt. Nicht wegen der Temperaturen, sondern weil der Wind an meinem Schlafsack zerrt. Als ich davon aufwache und die Augen öffne, sehe ich eine Weile den Wolkenfetzen dabei zu, wie sie über den funkelnden Sternenhimmel jagen. Dazwischen geben sie kurz die prächtig helle Milchstraße frei, die im Gegensatz dazu eine tiefe Ruhe ausstrahlt. Ich nehme diese mit in meinen Kopf, lasse den Wind weiter zerren und schließe wieder die Augen.

Am Morgen ist die Landschaft in zartrosa Licht getaucht. An den Sturm der vergangenen Nacht erinnert nur noch vage ein zarter Wind, der mich und die Wiesen um mich herum sanft streichelt. Das Wasser des kleinen Flusses neben meinem Schlafplatz plätschert fröhlich. Trotz aller mich umgebenden Unschuld erkenne ich an den hohen Zirruswolken schon jetzt die gewittrigen Absichten des Tages. Ich schäle mich aus dem Schlafsack, und mit dem ersten Sonnengruß meiner täglichen Yogasession fließt der hellblaue Himmel durch die Fingerspitzen in mich hinein und verleiht mir Kraft und prickelnde Vorfreude. Die Sonne kitzelt mein Gesicht, wie um mich zusätzlich anzustacheln, und schon bald mache ich mich wieder auf den Weg, tief atmend und immer weiter einen Schritt vor den anderen setzend. Glücklicherweise geht es steil bergauf, sodass mir schnell warm wird.

Nachdem ich etwas mehr als eine Woche unterwegs bin, merke ich, wie viel Energie mein Körper hat. Ich bin fit, und es macht mir Spaß, das zu spüren und auszukosten. In mir findet ein Kampf statt: Der Ehrgeiz, »schnell« sein zu wollen und »Strecke zu machen«, ist stark. Gleichzeitig sehne ich mich nach dem Gefühl der Einfachheit, das nur in der Gegenwart spürbar ist. Ich weiß aus Erfahrung, dass ich dort nur ankomme, wenn ich meinen Ehrgeiz ziehen lasse.

Nach dem Pic de Noufonts (2851 Meter) folgt ein steiler Abstieg durch ein Geröllfeld und dann ein feiner Pfad, der sich den Wiesenhang hinabwindet. Farblich dominieren die Pastelltöne, die mich auch bisher durch die Pyrenäen begleitet haben. Das Hellbraun der Felsen und die von der Sonne angesengten Wiesen. Hier fließen tief im hohen Gras zahlreiche kleine Bäche, es ist, als würden sie sich vor den Strahlen der Sonne verstecken. Ich merke, dass die Morgensonne nun langsam der Mittagshitze gewichen ist.

Weiter unten, wo die vielen kleinen Bäche sich zu einem Fluss vereint haben, tritt das Wasser an die Oberfläche, es rauscht nun kräftig über die Felsblöcke. Es dauert nicht lange, und der Sog des energischen Wassers wird so groß, dass ich ihm nicht mehr widerstehen kann. Ich suche mir einen tiefen Pool und tauche unter.

Auf meinem Weg bergab renne ich. Ich liebe das Gefühl, körperlich und mental vollständig von der unmittelbaren Gegenwart gefordert zu sein, indem ich ganz schnelle Entscheidungen treffen muss, um jeden Tritt präzise zu setzen. Und da ist sie plötzlich, zum ersten Mal auf dieser Tour: die ungefilterte Beschäftigung mit dem Jetzt.

Besessenheit als Motor, Verbissenheit als Bremse

Ein paar Tage später klettere ich in dem verbissenen Ehrgeiz, immer am höchsten Punkt der Gebirgskette entlangzugehen, in der sengenden Mittagshitze über staubige Hügel voller Kakteen. Ich kämpfe mit dichten Büschen und sauge mit meinem Wasserfilter die letzten Tropfen aus dreckigen kleinen Pfützen.

Als ich mich schließlich auch noch verlaufe, erkenne ich endlich, dass die verbissen verfolgten Ziele mich den eigentlichen Weg versäumen lassen. Ich ärgere mich über mich selbst. Denn eigentlich weiß ich ja schon, dass ich kaum wahrnehmen kann, was um mich herum und in mir passiert, wenn ich nur stumpf meinem Willen hinterherrenne. Also schalte ich jetzt ganz bewusst einen Gang runter, zwinge mich zu einem moderateren Tempo.

Außer mir und ein paar Schmetterlingen ist hier heute scheinbar niemand unterwegs, ich genieße die Stille. Als ich auf eine Anhöhe komme, sehe ich einen großen Hirsch, der bei meinem Anblick galant, aber schnell zwischen den Bäumen verschwindet.

Ich setze mich an das Ufer eines kleinen Flusses, der unterhalb des Pic Carlit plätschert. Ich bemühe mich, einfach nur ins Wasser zu schauen, halte es aber nicht lange aus. Ich bin einfach zu unruhig, und mein Bewegungsdrang ist stärker als mein Ruhebedürfnis. Immer wieder geht es über Schneefelder bis zum Grat hinauf, wo ich spontan beschließe, ein bisschen zu klettern. Das Gelände ist gut einsehbar, der Fels ist schön griffig, und es ist zudem eine Abkürzung zum Gipfel. Es tut gut, meinen ganzen Körper zum Einsatz bringen zu können, und ist eine willkommene Abwechslung zum reinen Gehgelände der letzten Tage.

> Auf dem Gipfel angekommen, hole ich tief Luft, atme bis in die Magengrube hinein und lasse das Glücksgefühl, hier oben zu stehen, durch meinen ganzen Körper strahlen.

Ich schaue mich um und sehe tief unter mir im Westen einen kleinen See glitzern, in dem große Eisbrocken schwimmen. Es ist ein bizarres Bild, das an den Nordpol erinnert. Überall ist die Landschaft weiß gesprenkelt von kleinen Schneefeldern.

Das Gipfelplateau füllt sich sukzessive. Eine Truppe sehr bunter französischer Bergläufer feiert, sich gegenseitig abklatschend, das Ziel. Fröhlich werden zahlreiche Selfies geschossen, ich mache noch ein lustiges Gruppenfoto, schon ziehen sie wieder von dannen. Nun erreicht eine große Familiengruppe den Gipfel, unter ihnen ein vor Stolz strotzender Junge, und zuletzt schnaubend, aber entschieden die Mutter, die von allen anderen beklatscht wird, während sie sich auf einen Felsblock setzt und strahlt. Was für eine schöne Szene.

Der längste Tag

Meine Matte hat ein Loch. Alle zwei Stunden werde ich davon wach, dass es recht hart ist unter mir, dann blase ich die Matte wieder auf und schlafe wieder ein. Das Spiel wiederholt sich die ganze Nacht, richtig erholsam ist das nicht. Frühmorgens kapituliere ich schließlich und nehme den harten Untergrund in Kauf. Tatsächlich schlafe ich daraufhin noch ein paar Stunden am Stück. Als ich aufwache, ist der Himmel blau, und die Sonne hat sich längst auf den Weg gemacht. Meine Etappe heute ist lang, ich packe also schnell meine Sachen und mache mich auf den Weg, um die Sonne wieder einzuholen. Im Tal zieht der Nebel vorbei, ich habe trotz wenig Schlaf ein gutes Tempo. Heute denke ich nicht viel nach, ich gehe einfach, konzentriere mich auf meine Schritte und meinen Atem.

Gegen fünfzehn Uhr beginne ich meinen Aufstieg zum Grat beim Pic de Tristagne, hinter dem, etwas weiter unten, aber nicht weit entfernt das Refuge du Fourcat liegt, und der See, an dem ich heute biwakieren will.

Bevor ich aufsteige, schaue ich noch einmal aufs Wetter. Die App hatte für vierzehn Uhr ein Gewitter angesagt, das aber nicht gekommen ist. Der Himmel ist weitgehend blau, nur im Südwesten finden sich ein paar verdächtige Wolken, aber die sind weit weg, und bevor daraus ein Gewitter werden kann, habe ich die 500 Höhenmeter und paar Kilometer Richtung Nordost bestimmt geschafft.

Der Aufstieg ist zunächst nicht allzu anspruchsvoll, später geht es steiler durch Geröll, und ich muss gut achtgeben, dass ich die spärlichen Markierungen nicht verpasse. Langsam zieht etwas Nebel aus dem Tal herauf. Als ich keine Markierung mehr erkennen kann, folge ich meinem GPS-Track, der den Weg deutlich anzeigt. Am Grat angekommen finde ich ein Steinmännchen, ich bin also sicher richtig – denke ich.

Inzwischen hat sich der Nebel deutlich verdichtet. Ich sehe nur noch einige Meter weit, der Himmel verbirgt sich irgendwo hinter einer weißgrauen Decke. Ich suche den Weg, eine Markierung, irgendetwas, das auch nur an einen Pfad erinnert, aber auf der anderen Seite des Grats ist es einfach nur steil und felsig.

Nach ein paar Metern verliert sich alles im weißen Nichts, und ich habe keine Ahnung, wie es dahinter weitergeht.

Ich rufe im Refuge du Fourcat an und erkläre meine Situation. Der Wirt, Guillaume, fragt mich nach dem Steinmännchen und sagt dann, dass der Weg direkt dahinter nach rechts abzweigt und markiert ist. Ich weiß, dass ich dort kein Handynetz mehr habe, wir vereinbaren also, dass ich mich wieder melde, sollte ich zurück zum Grat müssen, um dort zu biwakieren. Ich hoffe, dass ich das vermeiden kann, und versuche an verschiedenen Stellen den Abstieg. Im immer dichter werdenden Nebel suche ich konzentriert nach Markierungen. Dann höre ich zum ersten Mal ein berstendes Donnern. Bald darauf blitzt es, was ich durch den dichten Nebel nur diffus erkennen kann. Bei solch einem Gewitter ist es mit Sicherheit keine gute Idee, am Grat zu bleiben. Ich rufe Guillaume also noch mal an und sage, dass ich zwar nicht glaube, dass ich hier richtig bin, dass ich aber wegen des Gewitters trotzdem versuchen will hinunterzuklettern. Ich verspreche, kein allzu großes Risiko einzugehen, was mir unter den gegebenen Umständen absurd vorkommt.

Guillaume sagt, dass er mir entgegenkommen will, aber erst später losgehen kann, weil er die Hütte allein bewirtschaftet.

Meine folgenden Kletteraktionen sind gefährlich. Der Fels ist locker, einzelne Griffe und Tritte beginnen sich plötzlich zu lösen und brechen weg. Ich bin hoch konzentriert und bewege mich ruhig und langsam. Als ich eine Nische im Fels erreiche, in der ich sitzen kann, mache ich eine kurze Pause. Es fängt an zu regnen. Und damit ist klar, dass hier erst mal Schluss ist. Der jetzt auch noch nasse, bröckelige Fels, der in das weiße Nichts unter mir führt, ist nun vollends unbegehbar.

Ich ziehe mich also warm an und packe mich in den Biwaksack. Die Metallgegenstände deponiere ich so weit von mir entfernt wie möglich - weit ist das nicht - und lege meinen Rucksack darauf. Als würde mir das Wetter beweisen wollen, was es kann, fängt es schließlich auch noch an zu hageln. Von oben fallen immer wieder kleine Steine herab, und so setze ich meinen Helm auf und beschließe, einen Notruf abzusetzen. Ich nehme mein Garmin InReach GPS-Gerät in die Hand, hebe die Klappe hoch und drücke »SOS«. Keine zwei Minuten später bekomme ich eine Antwort auf das Gerät, dass mein Notruf eingegangen ist und man die lokale Bergwacht informiert. Dann bleibt mir nichts anderes übrig, als einfach nur in meinem Biwaksack zu sitzen und dem Trommeln auf meinem Helm zuzuhören.

Als der Hagel nachlässt, wage ich einen Blick nach draußen. »Ich kann sehen!«, sage ich laut und fühle mich wie geheilt. Der Nebel ist weg, und keine zehn Meter unterhalb meines Sitzplatzes beginnt ein Schneefeld, das unten flach ausläuft. Ich sehe sogar das Refuge du Fourcat, das auf der anderen Seite des Sees auf einer Anhöhe thront. »Ich muss da runter, das muss gehen!«, sage ich zu mir selbst und stelle meinen Rucksack so hin, dass man ihn mit seinem grellblauen Regenüberzug mit einem Fernglas von der Hütte aus sehen kann, damit ich ihn morgen hier holen kann - denke ich. Ich beginne, weiter hinunterzuklettern, es ist so nah! Aber bald wird deutlich, dass das viel schwieriger ist, als es im ersten Moment aussah, und zudem kommt langsam, aber stetig der Nebel zurück. Die Aussicht, die Nacht hier in der Wand zu verbringen, in der es immer rutschiger wird, ist wenig attraktiv.

Und so treffe ich eine schwierige Entscheidung: Weil die Sicht momentan noch okay ist, will ich so schnell, wie es unter diesen Umständen machbar ist, zum Grat zurückklettern, um noch mal zu versuchen, den Weg zu finden oder auf der anderen Seite wieder abzusteigen. Ich präge mir das Gelände um mich herum gut ein, falls der Nebel wieder dichter werden sollte.

Die Kletterei zum Grat zurück ist sehr unangenehm, obwohl ich nur mein Handy mit Akkupack, eine Stirnlampe und das GPS-Gerät dabeihabe. Ich bekomme Nachrichten vom Notfallservice, aber ich kann sie jetzt nicht lesen.

Oben angekommen, kauere ich mich auf den Grat, es ist inzwischen ziemlich kalt, und ich bekomme die ersten Krämpfe in den Unterarmen und Beinen. Die Sicht ist nach wie vor schlecht, und das Gewitter hat zwar nachgelassen, aber der Wind ist stark. Ich bin mir sicher, dass in diesem Wetter kein Helikopter fliegen kann. Ich rufe wieder auf der Hütte an, und als ich informiert werde, dass der Wirt Guillaume unterwegs zu mir ist, stoppe ich den Notruf.

Ich rufe jetzt alle paar Minuten auf der Hütte an. Pascal, der selbst eigentlich Gast auf der Hütte ist, kommuniziert von dort aus mit Guillaume über Funk, und ich gebe meine GPS-Koordinaten durch. Ich gebe Lichtzeichen und rufe, sehe selbst aber keine und höre nichts.

Sobald ich wieder Handynetz habe, bekomme ich eine Nachricht von meiner Schwester: »Ana, ruf an!« Mist – jetzt wird mir klar, dass der Notrufdienst auch meine Familie informiert hat.

Es tut mir schon jetzt unendlich leid, und ich sehe meine Eltern und meine Schwester vor mir, wie sie besorgt in der Küche sitzen. Ich rufe an und gebe eine kurze Entwarnung, sage, dass Hilfe unterwegs ist. Ich bemühe mich zu verbergen, wie sehr meine Zähne klappern.

Ab jetzt wird es rapide dunkel und immer kälter. Die Krämpfe sind schmerzhaft und nehmen zu. Ich würde mich gerne bewegen, traue mich aber wegen der wieder und wieder auftauchenden Blitze nicht, auf dem Grat herumzuturnen. Als ich es zwischendrin mal versuche, merke ich, wie steif mein ganzer Körper geworden ist und wie schwer es mir fällt, mich kontrolliert zu bewegen.

Endlich sehe ich Guillaumes Licht, und er sieht mich. Wir rufen und hören einander – endlich. Der Wind muss unsere Rufe vorher verweht haben. Ich versuche, mich langsam und in kleinen Bewegungen zu mobilisieren, denn der Abstieg liegt ja noch vor mir. Als Guillaume unterhalb von mir ankommt, klettere ich ihm entgegen. Es sind nur ein paar Meter, aber die sind echt hart. Wir umarmen uns, er sagt: »Mann, das ist gut, dich zu sehen.« Mir geht es genauso. Guillaume hat seinen Hund Django dabei, der aufgeregt vorausläuft. Wir steigen langsam und behutsam ab. Dank dem nun zurückgekehrten Adrenalin habe ich wieder genug Kraft, um den Abstieg zu meistern. Wir sind bald auf dem Weg, den ich gesucht hatte, ein bequemer, gut markierter Steig.

Kurz vor Mitternacht erreichen wir die Hütte. Ein paar Gäste sind wach geblieben und klatschen, als wir reinkommen. Puh. Mit dem Klatschen fällt plötzlich eine große Spannung von mir ab. Wir bedanken uns, werden umsorgt, und ich bekomme trockene Sachen. Wir telefonieren noch mit der PGHM, der französischen Bergwacht. Guillaume war mit ihnen in Kontakt gewesen, sie hatten auch ihm gesagt, dass sie bei dem Wetter nicht fliegen können, weshalb er dann angeboten hatte, nach mir zu suchen.

Die Gäste gehen schlafen, Guillaume und ich sind beide noch zu aufgeregt, um müde zu sein. Wir sitzen in der Küche, essen Suppe und trinken Bier. Er erzählt, wie krass es auch für ihn war. Er ist kein Bergführer, geschweige denn bei der Bergwacht, und außerdem wusste er ja nicht, wie ich unterwegs bin. Er hatte Angst, dass ich vielleicht Panik bekommen könnte oder dass ich dem Abstieg nicht mehr gewachsen wäre. In dem Fall hätte er mir nicht wirklich helfen können. Ich bin ihm unendlich dankbar für seinen Mut, seine Ruhe und seine Freundlichkeit. Er hat für mich ein großes Risiko auf sich genommen.

Im Zimmer staple ich viele Decken auf mich, mir ist noch immer sehr kalt. Aber innerlich wird mir jetzt warm, und ich weiß, dass diese Wärme bald auch meine Fingerspitzen erreichen wird. Ich schlafe schlecht, rekapituliere jede Entscheidung, frage mich, ob und wo ich Fehler gemacht habe. Immer wieder tauchen Bilder auf, von rutschigem Fels, bröckelnden Griffen, fallenden Steinen. Aber ich bin hier, unter den Decken, und alles ist gut gegangen.

Ich bin froh, dass es mir gelungen ist, in jedem Moment der letzten Stunden einen kühlen Kopf zu bewahren, und danke meinem Körper für seine Zuverlässigkeit.

Als am nächsten Morgen alle Gäste weg sind, machen Guillaume und ich gemeinsam die Lager in den Gästezimmern zurecht und putzen. Dann setzen wir uns ins Kajak, um auf der anderen Seite des Sees aufzusteigen und meinen Rucksack zu holen. Wie eine Galionsfigur steht Guillaumes Hund Django am Bug, während wir uns durch die dicken hellblauen Eisschollen pflügen, die auf dem See schwimmen.

Auf der anderen Seite angekommen, entdecken wir mit dem Fernglas meinen Rucksack. Ihn dort liegen zu sehen jagt mir einen ordentlichen Schrecken ein: Keine Ahnung, wie es möglich war, an dieser steilen Wand, ohne Sicherung und mit Rucksack auf dem Rücken, so weit nach unten zu klettern. Und das im nassen und bröckeligen Fels – was Adrenalin nicht alles möglich macht ...

Als wir den Fuß der Wand erreichen, wird deutlich, dass wir nicht ohne zusätzliche Ausrüstung zu meinem Rucksack gelangen können. Wir sind uns einig, dass uns das Risiko von gestern Abend gereicht hat, und kehren um. Über Funk ruft Guillaume bei der Bergwacht an. »Vielleicht können sie heute mal vorbeifliegen«, meint er, während wir auf Antwort warten. Ich kann mir das nicht vorstellen, aber tatsächlich, sie sagen einfach: »Ja, ja, kein Problem, wir haben eh gerade einen Notfall in der Nähe und kommen auf dem Rückweg vorbei, dann können wir ihn einsammeln.« Sie sind dankbar, dass wir die Situation gestern allein gemeistert haben.

Und so wird doch tatsächlich am Nachmittag mein triefender Rucksack von der Bergwacht geborgen. Ich verteile den Inhalt zum Trocknen in der Sonne. Es wird eine Weile dauern, bis das alles trocken ist, aber das macht nichts. Ich will sowieso ein paar Tage bleiben, und Guillaume kann ein bisschen Hilfe gut gebrauchen.

Die folgenden Tage sind insbesondere von drei Erkenntnissen geprägt. Erstens hat die Notsituation wieder einmal bewiesen, dass trotz aller Vorbereitung, Tausender Apps und Wettervorhersagen, Karten und GPS-Geräten immer etwas Unerwartetes passieren kann, das innerhalb kürzester Zeit alles verändert. Es ist gleichzeitig genau das, was für mich eine wesentliche Qualität des Bergsteigens ausmacht und wodurch ich als Mensch so viel lernen kann: Ich bin hier oben niemals völlig Herrin der Lage. Ich bin sehr klein. Das so hautnah zu erleben hat mich wieder ein ganzes Stück demütiger gemacht. Und Demut dem Berg gegenüber ist etwas, wovon man nie genug haben kann.

Was diese Erfahrung dabei gleichzeitig überwältigend macht, ist, in dieser Kleinheit die eigene Kraft zu spüren und den eigenen Körper so zum Einsatz bringen zu können, dass ich am Ende heil herauskomme. Das bringt mich zu zweitens: Ich bin froh und auch stolz, dass es mir gelungen ist, in jedem Moment der nebligen Stunden einen kühlen Kopf zu bewahren. Nie hatte ich auch nur den Anflug von Panik, und die aufsteigende Angst konnte ich direkt in einen klaren Pragmatismus kanalisieren. Bei all der Demut gibt es mir Zuversicht und Vertrauen zu wissen, dass mein Körper und meine Psyche einer solchen Situation gewachsen sind.

Drittens denke ich viel darüber nach, dass ich die Menschen, die mir am wichtigsten sind, durch meine Aktionen und Entscheidungen großen Sorgen ausgesetzt habe. Auch für mich selbst war in der Notlage am Berg der schlimmste Moment, als ich festgestellt habe, dass meine Familie von meiner Situation weiß und Angst um mich haben muss. Es gibt mir nachhaltig zu denken, dass das etwas ist, dessen ich mir bisher nicht bewusst war: Ich trage bei meinen Alleingängen am Berg mehr Verantwortung als nur für mich selbst. Das ist eine essenzielle Erkenntnis, um die ich durch diese Erfahrung reicher geworden bin.

Pause machen

Ich wache neben einem Coca-Cola-Automaten auf dem Parkplatz der Talstation des Skigebiets auf. Es ist kalt, aber das Wetter ist gut. Neben mir steht ein weißer VW-Bus, dessen Tür mit Schmackes aufgeht. Heraus springen Lola und Carla, zwei Katalaninnen, die schon jetzt, um halb sechs, ein Tempo draufhaben, das beeindruckend ist. Wir haben uns gestern Abend kurz kennengelernt, als ich meinen Schlafplatz unter dem Vordach des Ticketcounters aufgebaut habe. Sie meinten sofort, ich solle einfach klopfen, wenn ich was brauche oder wenn mir zu kalt wird, dann würden wir schon auch zu dritt reinpassen.

Jetzt springen sie herum, machen Kaffee und Frühstück, stellen mir einen Klappstuhl an den Campingtisch und ziehen sich gleichzeitig an und um. Ich bin wach. So viel Energie wie die beiden habe nicht einmal ich um diese Zeit, und eigentlich bin ich ein Morgenmensch.

Der Kaffeeduft tut aber das Übrige, und natürlich bekomme ich eine Tasse ab. Gefühlt fünf Minuten später sprinten die beiden los. Sie haben dieselbe Tagesetappe vor wie ich, aber anstatt in elf Stunden wollen sie es offensichtlich in der Hälfte der Zeit schaffen …

Ich lasse also Lola und Carla laufen und breche selbst eher langsam auf. Beim gemütlichen Aufstieg telefoniere ich mit meiner Schwester, die gerade im Zug Richtung Arbeit sitzt. Immer wieder habe ich in den letzten Tagen an ihre besorgte Stimme gedacht, als sie bei meinem ersten Anruf auf dem Berg das Telefon abgenommen hat. Ich hatte gerade erst wieder Empfang, es war mitten in meiner »Notlage« und bis zu der SMS »Ana, ruf an!« hatte ich nicht auf dem Schirm gehabt, dass meine Familie von dem SOS-Dienst über den Notfall informiert wurde.

Als ich auflege, sehe ich mich zum ersten Mal richtig um. Es ist noch morgendlich kühl, das Licht ist noch leise. Aber schon jetzt merke ich, wie wunderschön es hier ist. Heute und morgen gehe ich durch den Parc Nacional d'Aigüestortes, der viele Bäche und Seen hat und in dem alles grün ist und blüht.

Schon nach zwei Stunden habe ich Lust auf eine Pause, nicht weil ich müde bin, sondern einfach, weil es so schön ist. Ich lege mich vor die knallorangefarbene Biwakschachtel des Refugi Mataró und mache die Augen zu. Die Sonne wird langsam wärmer, und ich genieße es, ein bisschen zu dösen. Es ist so wohltuend, diese frische Luft tief einzuatmen. Ich will heute lieber einfach das Wetter und die Landschaft genießen, und so entscheide ich spontan, meine Tagesetappe zu halbieren und lieber noch auf einen Gipfel zu klettern. Ich habe gestern per Autostopp vier Tagesetappen übersprungen, auch um nicht das Gefühl zu haben, ich müsse jetzt meine Zeit auf dem Refuge du Fourcat »reinholen« und viel schneller gehen. Das war sicher eine gute Entscheidung, denn auch wenn es schade ist, dass ich so ein Stück der Pyrenäen verpasse, so kann ich doch ab jetzt wieder richtig eintauchen.

Am Coll de l'Estany Gelat kommt mir bimmelnd eine Ziegenherde entgegen. Die Tiere sind ziemlich neugierig, stupsen mich an und schauen geduldig dabei zu, wie ich sie fotografiere. Als ich meine Kamera auf einem hohen Felsblock aufstelle, um sie zu filmen, dauert es nicht lange, bis eine Ziege hochklettert und sie runterwirft. Als ich um den Felsen herumkomme, um sie zu holen, wird die Linse gerade abgeleckt. Das wird bestimmt ein lustiger Film, und ich freue mich schon jetzt darauf, das Material zu schneiden.

Ich lasse meinen Rucksack liegen und klettere zusammen mit ein paar Ziegen hoch zum Pic d'Amitges (2848 Meter). Die Kletterei ohne Gepäck macht Spaß, und die Aussicht vom Gipfel ist fantastisch. So schön es war, mit den Ziegen zu klettern – ich bin doch ganz froh, dass ihnen die letzten Meter zum Gipfel wohl zu grasarm waren und sie den Rückzug angetreten haben.

Amitges, das bedeutet vielleicht so etwas wie »Freundschaft«. Demnach wäre ich also auf dem Gipfel der Freundschaft, wie schön.

Ich bleibe lange oben, schaue mich um und denke an meine Freunde. Es tut gut zu wissen, dass es sie gibt, und ich bin dankbar für jeden Kontakt mit ihnen. Das Alleinsein lässt mich noch mehr schätzen, was ich an ihnen habe.

Im Westen sehe ich die schneebedeckten hohen Berge der Pyrenäen. Ich freue mich darauf, ihnen jetzt immer näher zu kommen. Aber ja, da liegt wirklich noch sehr viel Schnee, und ich bin gespannt, was vor Ort alles allein machbar sein wird.

Unterhalb sind ringsum Seen, und kaum komme ich vom Gipfel herunter, tauche ich auch schon in den erstbesten hinein. Eiskalt, aber wunderbar. Die Sonne hat noch genug Kraft, um mich mit ihren Strahlen zu trocknen, und so liege ich heute zum dritten Mal eine ganze Weile nur herum. Einfach großartig.

Schon um fünf Uhr finde ich einen traumhaften Biwakplatz, leicht geschützt unter einem großen Felsblock, aber auf einer Wiese und direkt neben einem schönen Wasserfall. Besser geht es kaum. Nur die Mücken machen mir im Verlauf des Abends etwas Ärger, aber es gibt Schlimmeres. Ich will heute wieder früh schlafen gehen und morgen den Tag noch mal so ausführlich auskosten wie heute. Es gibt viele weitere Seen hier, in die ich tauchen kann. Vielleicht finde ich einen, der sogar warm genug ist, um richtig zu schwimmen.

Zero Waste

Ich bewege mich ständig inmitten einer wilden Schönheit, die tief in mir nachhallt. Gedanklich führt sie mich immer wieder zu einem Thema, das mich bereits im letzten Jahr bei meiner Alpenüberquerung begleitet hat: die Möglichkeiten und Maßnahmen, diese Natur nachhaltig zu schützen. Was Umweltschutz am Berg bedeutet und wie die Menschen sich in den verschiedenen Regionen von Europa damit auseinandersetzen, darüber rede ich unterwegs viel mit Leuten, die mir begegnen.

Ich versuche, selbst konsequent zu sein, und bemühe mich seit einigen Monaten, weitgehend verpackungsfrei oder zumindest plastikfrei zu leben. Auch im Rahmen dieser Tour versuche ich, das fortzusetzen, also selbst keinen Müll zu produzieren. Mit großen Vorsätzen ging es los. Ich wollte meine Leser und Follower zu einem Leben ohne Müll inspirieren und am liebsten sagen, dass es ganz einfach ist, eine lange Bergtour völlig verpackungsfrei zu unternehmen. Aber zu meinem Ansatz gehört es eben auch, ehrlich zu kommunizieren, und dabei stoße ich hier an (meine) Grenzen. Was ich unterwegs esse, kommt zwar zum Großteil aus meiner eigenen Herstellung. Wochenlang habe ich Gemüse, Obst, Fleisch und Soßen gedörrt, um den Verpackungsmüll von herkömmlicher Trekkingnahrung zu vermeiden. Zudem habe ich im verpackungsfreien Supermarkt Couscous, Reisnudeln, Kartoffelbrei, Trockenmilch und Müsli gekauft.

Aber die erste Einschränkung war die Verpackung der Nahrung für unterwegs. Glas ist zu schwer, unendliche Brotzeitdosen ebenso, Stoffbeutel eignen sich nicht für alles. So kam es, dass ich doch ein paar Zip-Lock-Tüten aus Plastik verwendete. Ich benutze sie zwar immer wieder, aber das war ein erster Dämpfer.

Unterwegs liebe ich es, jeden Tag meine vielen Zutaten neu kombinieren zu können, und es ermöglicht mir eine gesunde, vielseitige und vitaminreiche Ernährung bei minimalem Gewicht. Aber bald schon beginne ich Ausnahmen zu machen und kaufe mir hier und da doch eine Tüte Gummibärchen oder eine Tafel Schokolade. Ich merke, wie wichtig mir dieses Zuckerzeug unterwegs ist, auch wenn es sich dabei vielleicht nur um eine schlechte Angewohnheit handelt. Ich erkenne wieder eine Schwäche, und gleich machen die Gummibärchen weniger Spaß.

Unterwegs lasse ich mir an insgesamt fünf vorher vereinbarte Orte Verpflegungspakete aus Deutschland schicken. Ich freue mich, als ich in meinem nächsten Verpflegungspaket einen Beutel mit meinem selbst getrockneten Rhabarber finde, der schön sauer und trotzdem süß genug ist, um die Gummibärchen zu ersetzen. Ein paar Wochen später, als sich mein Körper umgestellt hat, merke ich, dass ich kaum genug essen kann, um meinen Energiebedarf zu decken. Ich gestehe, dass mir die Energie für das Projekt wichtiger ist als die Konsequenz in meinen Vorsätzen. Also bestelle ich mir für das nächste Paket nun doch wieder ein paar Energieriegel.

Etwas besser funktioniert es mit dem zweiten Teil meines Vorsatzes: allen unterwegs gefundenen Müll einzusammeln. Ich tue das wirklich und jeden Tag und immer und überall. Dabei bin ich überrascht, wie wenig Müll ich in den meisten Regionen der Pyrenäen finde. Ich würde sagen: weniger als in den Alpen. Natürlich mag das mitunter daran liegen, dass hier weniger Menschen unterwegs sind, aber insgesamt erlebe ich bei den Wanderern hier ein großes Umweltbewusstsein. Und warum überrascht mich das? Vermutlich, weil ich unbewusst das Vorurteil hatte, besonders in Spanien wäre man da achtloser. Im Kontext meines Europaerlebnisses auf dieser Reise finde ich das spannend: Woher kommt dieses Vorurteil? Ist es ein deutsches Vorurteil? Ist es meine »Alpenarroganz«, dass wir nicht nur die höheren Berge, sondern auch vermeintlich die bessere Umweltpolitik haben?

Wenn ich hier weiter oben Abfall finde, so ist es meist offensichtlich Verlorenes, nicht aber achtlos weggeworfenes Zeug. Ein Stückchen

Sohle, eine noch volle Plastikflasche mit Wasser, eine alte Schnalle von einem Rucksack oder der Teller von einem Wanderstock. Sobald ich jedoch weiter nach unten und damit in das Einzugsgebiet der weniger bewussten Touristen komme oder auch in ein Skigebiet, sieht es ganz anders aus. Hier hat die Landschaft immer mehr weiße Tupfer: Überall liegen Taschentücher und Klopapier. Aber besonders in den Flüssen befindet sich auch eine ganze Menge anderer Müll. Wenn je wieder jemand fragt, wie unser Plastikmüll ins Meer gelangt, kriege ich vermutlich einen Tobsuchtsanfall. Jedenfalls kosten mich diese Wege und die spätere Entsorgung meiner Fundsachen viel Zeit und Laune.

Um den Humor nicht zu verlieren, küre ich täglich einen »Fund des Tages«. Das ist dann das skurrilste Stück Abfall oder der seltsamste Fundort.

Eine noch geschlossene Dose Leberpastete, die 1996 abgelaufen ist und die Haltbarkeit von Metalldosen hier draußen noch unterstreicht, ein Kindershirt, auf dem »Save the Ocean« steht, oder eine Plastiktüte, die so mit einer Wurzel verwachsen ist, dass ich der Pflanze vermutlich mehr schaden würde, wenn ich sie ganz entferne, als wenn ich sie ihr lasse.

Ich denke mir Geschichten zu den Sachen aus und fantasiere darüber, sie in einem Museum auszustellen – am besten in einem Tourismuszentrum, in das ich explizit dann auch die Jäger einladen würde, von denen einige aus »alter Gewohnheit« überall ihren Müll fallen lassen, als wären die Berge ihr Eigentum. Obwohl: Ließe man auf seinem Eigentum einfach seinen Müll fallen?

Wild und frei, Freundschaft und Grenzen

Ich nehme von meinem Weg über die Pyrenäen eine ganze Menge mit. Immer wieder ist mir das Thema Freundschaft begegnet, und überhaupt haben zwischenmenschliche Themen meine Gedanken geprägt. Vielleicht liegt das auch daran, dass hier wenig Menschen unterwegs sind und ich dadurch viel Zeit hatte, über sie nachzudenken, und die einzelnen Begegnungen umso intensiver waren.

Intensiv, das beschreibt auch den Charakter der Pyrenäen ganz treffend: Sie sind viel wilder als die Alpen, dünner besiedelt, und die Wege sind weniger ausgebaut. Über weite Strecken war ich in unmarkiertem Gelände unterwegs und bin über große Schneefelder durch tiefe Stille gegangen. Außerhalb der Nationalparks ist zudem (noch) fast überall das Zelten oder Biwakieren erlaubt, wodurch man sich sehr frei bewegen kann, und es gibt viele offene, unbewirtschaftete kleine Hütten oder Unterstände. Obwohl die Pyrenäen insgesamt weniger hoch sind als die Alpen – der Pico de Aneto ist mit 3404 Metern der höchste Berg –, wirkt die Landschaft vielerorts schon auf geringerer Höhe hochalpin. Vielleicht liegt das auch daran, dass die Massive größtenteils aus Granit bestehen, obwohl hier auch der höchste Kalksteinberg Europas, der Monte Perdido (3355 Meter) liegt. Vielleicht war aber auch das Jahr 2018 besonders, denn nach dem starken Winter lag auch im August noch viel Schnee.

Nicht nur der häufige Wechsel zwischen den Ländern, den der Weg über diesen Gebirgszug mit sich bringt, hat mich oft über Grenzen nachdenken lassen. Die Pyrenäen haben mich – gerade durch ihre weniger erschlossene Wildheit und die plötzlichen Wetterwechsel – auch auf andere Weise gefordert als die Alpen, und ich ahne, dass es mir mit jedem weiteren Gebirge, das noch vor mir liegt, ähnlich gehen wird. Man sagt, dass man mit jedem neu entdeckten Gebirge vieles neu erlernen muss, weil die Charaktere der Gebirge ganz unterschiedliche bergsteigerische Anforderungen stellen. Daran musste ich unterwegs immer wieder denken. Denn das bedeutet für mich auch, dass jedes Mal ganz neue Prozesse in mir ausgelöst werden können.

Längst weiß ich, dass die Berge
mit unserem Inneren korrespondieren.

Für mich bedeuten die Berge nicht nur unermessliche Naturerlebnisse, sondern sie bieten durch Reflexion, Inspiration und die Auseinandersetzung mit Grenzen und immer wieder auch deren Überschreitung wertvolle Möglichkeiten der persönlichen Weiterentwicklung. Ich jedenfalls bin gespannt darauf, welche Welten sie mir noch eröffnen werden, und freue mich auf meine nächsten Projekte.

Suriname

RETTUNG FÜR DIE FAULTIERE

Vor ein paar Wochen wusste ich noch gar nicht, dass es Suriname überhaupt gibt. Nun reise ich in das südamerikanische Land, um beim Schutz bedrohter Tierarten zu helfen. Dort beginne ich zu hadern, ob ich mein altes Leben für den Schutz der Tiere eintauschen sollte.

Von Steven Hille

In einem schäbigen Hotel wache ich verschwitzt auf. Ich dusche, schnappe mir Toast, Kaffee und das letzte Obst vom Frühstücksbüfett und flitze zurück in mein Zimmer. Ich wähle die Telefonnummer aus Moniques E-Mail-Signatur.

»Hallo, ich bin Steven aus Deutschland. Ich bin jetzt in Paramaribo und wollte absprechen, wann wir uns wegen des Faultierprojektes treffen«, sage ich. Ein merkwürdiges Rascheln. Dann legt die Person am anderen Ende der Leitung auf. Komisch. Ich muss mich wohl verwählt haben und versuche es noch mal. »Hallo, ich bin ...« Aufgelegt.

Ganz große Klasse. Ich bin Tausende Kilometer nach Suriname gereist, um in einem Wildtier-Rettungszentrum zu helfen, und dieser Plan löst sich gerade in Luft auf. Ehrlich gesagt war ich schon in den letzten Tagen von der spärlichen E-Mail-Kommunikation genervt. Aber das hier sprengt jetzt den Rahmen. Ich bin enttäuscht und überlege, was ich die nächsten Tage in einem der wohl unbekanntesten Länder der Welt so treiben kann.

Immerhin gibt es hier prozentual gesehen so viel unberührten Regenwald wie nirgends sonst auf der Welt. Das ist genau nach meinem Geschmack. Es wird sich schon eine Möglichkeit für eine Expedition in den Dschungel ergeben. Also gehe ich an die Hotelrezeption, um ein paar grundlegende Informationen zu erfragen. Dabei kommt mir ein Gedanke.

»Entschuldigung? Ich habe von meinem Zimmer telefoniert und habe die Null vorgewählt, um das Hoteltelefonnetz zu verlassen. Ist das richtig?«

»Nein, bei uns musst du 99 vorwählen«, antwortet die außerordentlich junge Dame am Empfang.

Ich drehe mich um, schaffe es gerade noch, der Frau ein »Danke« zuzuschnauben, haste zu meinem Zimmer zurück, verschwinde darin und wähle die Nummer mit neuer Vorwahl. Ans Telefon geht Monique Pool von der Faultierrettung. In einer Stunde soll ich bei ihr sein. Die

Rettungsstation in der Hauptstadt Surinames liegt fast zehn Kilometer vom Hotel entfernt. Also bestelle ich ein Taxi.

Nach wenigen Minuten steht ein kleiner, sympathischer Mann vor mir. Er stellt sich mit dem Namen Rudi vor und erweist sich als sehr gesprächiger Zeitgenosse. Über einspurige Straßen bahnt sich Rudi den Weg durch den dichten Verkehr der kleinen Stadt Paramaribo. Etwa die Hälfte aller Menschen des Landes lebt hier, eine Viertelmillion. Der Nachfahre von Westafrikanern und Hindustanen arbeitet in seiner Geburtsstadt seit mehr als zwanzig Jahren als Taxifahrer. Die Stadt verlässt er nie. Nach einer halben Stunde sind wir am Ziel. Er gibt mir seine Visitenkarte. Ich kann mich jederzeit melden, wenn ich seine Hilfe brauche. Wobei sollte ich denn Hilfe brauchen?

Ein verlockendes Angebot

Keine Stunde nachdem Rudi verschwunden ist, rufe ich ihn an. Ich brauche seine Hilfe. Ein kurzes Vorgespräch mit Monique hat gezeigt, dass gerade in der Stadt nur wenig zu tun ist. Sie macht mit ihrem Team gerade eine Ausschreibung fertig, um neue Fördermittel zu bekommen – in Niederländisch, der Amtssprache Surinames. Die einzige Aufgabe, die sie aktuell für mich sieht: Ich soll Transportboxen für Ameisenbären und Faultiere bauen. Ich? Ich, der keinen Nagel und keine Schraube gerade in eine Wand hineinbekommt? Ich, der beim Anbauen von Schuhregalen schon mal vom Flur bis ins Wohnzimmer gebohrt und dabei faustdicke Krater durch den Schlag der Bohrmaschine produziert hat? Ich, der einmal eine Türleiste so verbaut hat, dass die Tür fortan weder auf- noch zuging? Es gibt vielleicht einige Dinge, die ich kann. Aber alles Handwerkliche gehört sicher nicht dazu.

Monique ließ sich nicht überzeugen. Stattdessen schob sie mir eine Skizze über den Tisch. Ein Quader, Luftlöcher, Gitterschiebetür vorne und hinten. That´s it. Holzplatten hat sie da. Aus ihrer Größe ergibt sich die Größe der beiden Transportkisten. Wie ich die Gitter befestige, ist mir überlassen. Und welche Werkzeuge ich benutze, auch.

Rudi ist schnell zur Stelle. Ich erkläre ihm mein Anliegen, wir machen einen Pauschalpreis für die Einkaufstour aus und beginnen mit der Materialbeschaffung. Gekonnt balanciert Rudi bei der Fahrt sein Mobiltelefon auf der Schulter und führt so lange Gespräche mit seiner Frau – ohne Angst vor der Polizei, denn beide Hände umschließen fest das Lenkrad. Sie verlassen das Steuer nur, wenn er eine Hand zum Gruß hebt. Viele alte Bekannte entdeckt er in den Gassen der hölzernen Stadt zwischen europäischer Architektur. Und das ist mein großer Vorteil. Mein neuer Freund kennt die Stadt wie kein anderer. Zusammen klappern wir die bekanntesten Baumärkte ab, die alle von chinesischen Einwanderern geführt werden. Doch die Herkunft sagt in Suriname generell wenig aus. Das kleinste unabhängige Land Südamerikas ist multikulturell und bunt wie kein anderes. Der Ursprung dafür liegt in seiner traurigen Kolonialgeschichte. Heute leben Menschen mit Vorfahren in Westafrika, Indien, Java (Indonesien), China, Europa und dem Libanon in Suriname. Entsprechend viele Feiertage gibt es – das ist der erste Vorteil. Der zweite: Die Küche des Landes, vor allem in der Hauptstadt Paramaribo, ist dadurch sehr vielfältig. Ich überrede Rudi zu einer Mittagspause. Er hält bei einem indischen Restaurant, und wir essen uns für weniger als sechs Euro satt. Zwei Stunden später haben wir alles, was wir brauchen. Metall- und Holzsäge, Schrauben, Winkelstücke, Metallschienen und Gitter.

Am Nachmittag stehen nach vielen Flüchen, Schmerzen im Handgelenk vom Schraubendreher und kleineren Schnittwunden zwei Transportboxen vor der Rettungsstation. Nur die Sicherungen für die Gitter fehlen noch. Monique ist angetan von meiner Arbeit. Und ich muss zugeben, dass alles besser lief, als ich erwartet hatte.

»Die Transportkisten sind super geworden«, sagt sie. »Aber am meisten hat mich überrascht, dass du innerhalb von kurzer Zeit neue

Menschen kennengelernt und alle Materialien selbstständig organisiert hast. Und das keine acht Stunden nach deiner Ankunft im Land«, fährt sie fort. »Du wärst gut geeignet für unser Rettungszentrum auf dem Land.«

Tatsächlich hatten wir noch nicht so viel Zeit, um über die Arbeit der Organisation zu sprechen. Es ging heute früh alles recht schnell, weil die Unterlagen der Ausschreibung fertiggestellt werden mussten. Nun holt Monique aus und erklärt, wie es zu ihrem Engagement kam.

Eine große Liebe für Tiere besaß sie schon ihr ganzes Leben. Sie hatte mehrere Hunde von der Straße gerettet und bei sich zu Hause aufgenommen. Immer, wenn kranke oder verletzte Wildtiere aufgelesen wurden, brachte man sie zu Monique. Tagsüber kümmerte sie sich dann um die Tiere, nachts arbeitete sie als Übersetzerin. Waren die Tiere wieder gesund, entließ sie sie zurück in die Natur. Vor allem Faultiere kamen so immer und immer wieder zu ihr. Die größte Bedrohung für Faultiere ist die Rodung der Wälder. Während beispielsweise Affen flink genug sind und einen Baum, wenn nicht sogar ein ganzes betroffenes Gebiet, schnell verlassen, sind Faultiere einfach zu langsam. Die Folge: Sie stürzen bei der Rodung samt Baum zu Boden und verletzen sich. Viele Faultiere haben nach dieser Tortur gebrochene Gliedmaßen und eine Gehirnerschütterung.

Das schlimmste Erlebnis, das sie selbst als »Slothaggedon« (*sloth* heißt Faultier) bezeichnet, hatte Monique 2012. Eine Waldfläche in der Nähe Paramaribos sollte gerodet werden. Aufgeregte Beobachter riefen sie an und meinten, rund dreißig Faultiere würden sich noch in den Baumspitzen befinden. Die Waldarbeiter scherten sich nicht um die Tiere. Brutal krachte ein Baum nach dem anderen samt Faultieren zu Boden. Die Verletzungen der Tiere wurden einfach in Kauf genommen. Also stellte Monique ein Team zusammen. In den folgenden Tagen wurden über 200 Faultiere gerettet. Und da es damals das Rettungszentrum noch nicht gab, nahm Monique die Tiere bei sich zu Hause auf. An Lampenständern, Stühlen und Schränken tummelten sich Faultiere. Erst als sie gesund waren, wurden sie zurück in die Wildnis entlassen.

Heute ist in Paramaribo der Green Heritage Fund Suriname (GHFS) mit einem Büro vertreten sowie mit einem weiteren westlich der Hauptstadt auf dem Land. Aktuell ist das Zentrum auf dem Land ohne Leitung. Moniques Bruder hat dort übergangsweise für drei Monate und vor allem seiner Schwester zuliebe das Kommando. Doch jemand Neues wird dringend gesucht.

»Wäre das etwas für dich?«, fragt Monique, obwohl sie mich kaum kennt.

»Nein, ich denke nicht«, lüge ich. Es ist schon lange mein größter Traum, eine solche Einrichtung zu unterstützen. In den letzten Jahren habe ich meine Arbeit immer stärker sozial ausgerichtet. Auf meinem Blog schreibe ich über Nachhaltigkeit und Reisen, gelegentlich auch in Zeitungen und Magazinen, halte Vorträge an Schulen und in Kindergärten und habe mit Freunden die NGO WeWater zur energiefreien Aufbereitung von Trinkwasser für Menschen in weniger entwickelten Ländern gegründet. Nachhaltigkeit liegt mir am Herzen. Nichts macht mich glücklicher als ein Projekt, das sich positiv für Mensch, Tier oder Umwelt auswirkt. Lange Zeit war das Stellen einer hohen Rechnung der befriedigende Abschluss eines Projektes. Doch das hat sich inzwischen geändert. Als wir mit der NGO den ersten Wasserfilter installiert hatten und so in der Lage waren, 700 Menschen Zugang zu sauberem Trinkwasser zu ermöglichen, erlebte ich eine nie da gewesene Zufriedenheit. Genau dafür lohnt es sich meiner Meinung nach, hart zu arbeiten.

Also verdammt, ja, ich habe Interesse! Und was für eines. Was gibt es Besseres, als im Regenwald Südamerikas zu leben und sich für den Schutz bedrohter Tierarten zu engagieren? Nur, was mache ich mit meiner Familie in der Heimat, meiner Freundin? Dem unbeschwerten Leben in Berlin? Meinen Freunden? Würde ich alles für den Schutz der Faultiere aufgeben? Es wäre ein feines Abenteuer, wenn ich fünf

Jahre jünger und vor allem durch meine Beziehung nicht an Deutschland gebunden wäre. Dann hätte ich vermutlich sofort Ja gesagt, ohne die Details zu kennen. Aber jetzt? Ich bin mir nicht sicher. Deshalb habe ich Monique angelogen.

Mein Meer an Gedanken wird von einem Telefonanruf durchbrochen. Ein Tier ist in Gefahr.

Ameisenbär-Rettung beim Polizeichef

Monique packt das Einsatzfahrzeug. Kescher, Fangstock, Handschuhe, Tücher und Kisten werden in den Kofferraum des Autos geladen. Wegen der fehlenden Sicherung der Gitter kommen meine Transportkisten leider noch nicht zum Einsatz. Stattdessen packt sie eine Transportbox für Katzen in den Kofferraum. Nun verstehe ich auch, warum eine stabilere Variante benötigt wurde. Die Tiere zerbrechen die Plastikstreben der Belüftung und büxen aus, bevor sie gesund genug für die Freiheit sind. Cheyenne hilft Monique bei der Vorbereitung. Sie hat Umweltwissenschaften studiert, erforscht die Schildkröten Surinames und sitzt an einem Moskitoprojekt, das gegen die Krankheiten Malaria, Gelbfieber und Zikafieber in Suriname vorgeht. Im GHFS ist sie eine Allrounderin, die bereitwillig schnell zu Hilfe eilt. Obwohl fast Feierabend ist, fährt sie mit zur Tierrettung.

»Kann ich auch mitkommen?«, frage ich vorsichtig. »Nein, im Auto ist nicht genug Platz. Wir haben nur zwei Sitze«, sagt Monique. »Und wenn ich im Kofferraum sitze?«, bohre ich nach. »Ich mache mich ganz klein, das merkt keiner. Und ich erzähle es auch keinem«, füge ich hastig hinzu. Monique ist nicht wohl dabei, aber sie lässt sich überreden.

Als wir nach einer halben Stunde Fahrt am Einsatzort ankommen, verstehe ich auch, warum. Es war der Polizeichef, der um Hilfe gebeten hat. Dass ich kurz nach der Ankunft aus dem Kofferraum des Busses krabble, ignoriert er.

Ein Ameisenbär hat es sich in einem Baum seines Gartens gemütlich gemacht. Ich verstehe das Problem nicht und frage nach. »Nicht nur der Polizeichef, sondern auch seine Nachbarn haben inzwischen den Ameisenbären wahrgenommen. Zum einen fürchtet der Mann, dass sich das Tier beim Überqueren der Straße verletzen oder von seinem Hund angegriffen werden könnte. Zum anderen haben die Nachbarn schon das gute, muskulöse Fleisch von Ameisenbären im Allgemeinen gelobt und den Herd angeschmissen«, erklärt Monique.

Da fährt die Feuerwehr vor. Vier durchtrainierte Männer steigen aus dem Einsatzfahrzeug und betreten samt Leiter das Grundstück. Auch sie wurden vom Polizeichef geordert. Weil er bei der Feuerwehr jedoch nicht hundertprozentig sicher war, dass keiner das Tier zum Abendessen mit nach Hause nimmt, hatte er zur Sicherheit auch Monique informiert. Dann eine Einsatzbesprechung. Monique holt den Fangstock aus dem Bus und erklärt, dass ein Feuerwehrmann die Schlaufe über Kopf und vordere Gliedmaßen des Bären führen und dann zuziehen solle.

Einer der Männer klettert hinauf. Vorsichtig versucht er, die Schlinge um das Tier zu legen. Doch es funktioniert nicht. Der Ameisenbär lässt es sich nicht so einfach gefallen. Nach Dutzenden Versuchen gelingt es ihm, zumindest einen Arm und den Hals mit der Schlinge zu umschließen. Mit aller Kraft stemmt sich der Ameisenbär gegen seine Rettung. Doch der Feuerwehrmann zieht ihn langsam aus dem Baum. Irgendwie bekommt das Tier seine Pfote aus der Schlinge, die sich danach noch fester zuzieht und sich eng um seinen Hals schnürt. Die Dramatik der Situation erkenne ich erst, als Monique schreit, dass der Ameisenbär ersticken würde. Doch die Feuerwehrmänner lassen sich nicht beirren. Sie zerren und ziehen. Monique schreit noch lauter. Aber sie machen weiter. Mit dem Bruch eines kleinen Astes verliert der Ameisenbär schließlich den Halt und gleitet langsam nach unten. Monique reagiert schnell, fängt ihn mit dem Kescher auf und befiehlt den Feuerwehrmännern, sofort die Schlinge zu öffnen. Gott sei Dank, das Tier atmet noch. Es ist gerettet, auch wenn es lange Zeit nach einem Himmelfahrtskommando aussah. Eine merkwürdige Anspannung liegt in der Luft.

Ich lade das Tier ins Auto und lege ein Tuch über die Transportbox. Augenblicklich beginnt der Ameisenbär an den Luftschlitzen zu nagen. Ich nehme neben ihm auf der Ladefläche Platz und hoffe inständig, dass der kleine Stinker sich nicht befreien kann und es somit nicht zu einem zweiten Kampf kommt. Das ganze Auto riecht schrecklich nach dem scharfen Geruch des Tieres. Ich bekomme Kopfschmerzen und hoffe, dass wir bald die Rettungsstation erreichen.

Währenddessen mache ich mir wieder Gedanken über Moniques Angebot. Die Arbeit für die Organisation macht mir bisher großen Spaß. Ich kann mit Tieren umgehen, und mich stört es auch nicht, mit dem vermeintlichen Stinktier meinen Platz im Auto zu teilen. Viele meiner Aufträge aus Deutschland könnte ich auch von Suriname aus abwickeln. Es spricht nicht viel gegen einen Verbleib. Vielleicht auf Zeit? Zum Testen? Das Nagen ist verstummt, mein Sitznachbar macht keine Geräusche mehr. Vorsichtig ziehe ich das Tuch beiseite. Der Ameisenbär schläft.

Misgunst für die Tiere

Am nächsten Tag bin ich gerade dabei, unseren Bus zu beladen, als ein neuer Pflegling eingeliefert wird. Wie es dazu kam? Eine engagierte Dame war mit dem Auto von der Arbeit nach Hause gefahren. Dabei sah sie einen Mann auf einem Fahrrad. Mit ausgestrecktem Arm hielt er ein Faultier vor sich und ließ es baumeln. Das Tier, von der Situation gar nicht begeistert, fauchte und versuchte, seinen Entführer zu kratzen und sich zu befreien. Erfolglos. Die Frau stoppte ihr Auto in guter *Cobra-11*-Manier vor dem Fahrradfahrer, versperrte ihm so den Weg und stellte ihn zur Rede. Der Mann erklärte, dass er das Faultier am nächsten Tag verkaufen wolle. Faultiere sind vor allem deshalb in Gefahr, weil sie wegen ihres putzigen Aussehens als Haustiere domestiziert werden.

»Wie viel wollen Sie haben?«, fragte die Retterin. »Hundert Suriname-Dollar.« Sie handelte und konnte ihn auf den halben Preis, etwa fünf Euro, drücken. Mit dem Faultier im Kofferraum fuhr sie dann direkt zur Rettungsstation.

Hektisch erzählt sie die Geschichte und bittet mich, das Tier aus dem Kofferraum zu holen. Und das ist gar nicht so einfach. Das aufgebrachte Faultier hält sich mit aller Kraft am Stoßdämpfer der Heckklappe fest. Es ist nicht zu beruhigen und holt bei jedem Versuch, die Beine vom Stoßdämpfer zu lösen, zum Angriff aus. Dazu ein gespenstisches Fauchen. Es ist klar: Mit diesem Faultier ist nicht zu spaßen. Ich hole Monique. Auch sie ist überrascht von dem aggressiven Verhalten des Tieres. Normalerweise kann man Faultiere wie ein Kleinkind unter den Armen greifen und hochnehmen. Dann muss sie lachen. Trotz der Aggression strahlt das Faultier mit seinen Mundwinkeln ein freundliches Lachen aus. Es ist paradox. Wir brauchen fast eine Stunde, um das Tier in eine Transportbox zu bewegen. Dort ist es zunächst sicher, bekommt etwas Nahrung und kann sich von den Strapazen erholen. Später wird es untersucht. Während sich Faultier und Ameisenbär im Kofferraum ausruhen, verlassen wir Paramaribo und fahren aufs Land.

Die wirtschaftlichen Verhältnisse in Suriname sind schwierig. Das Land leidet unter Korruption und Missmanagement. Ein einfacher Taxifahrer verdient nur rund 250 Euro im Monat, hat mir Rudi vor ein paar Tagen erzählt. Die Menschen sind arm, aber die Lebenshaltungskosten hoch. Genau aus diesem Grund landet auch mal ein Ameisenbär im Kochtopf. Man kann es den Menschen nicht verübeln. Entweder stirbt der Ameisenbär, ein Faultier kommt auf den Schwarzmarkt oder es geht irgendwann der Familie an den Kragen. Ich denke, jeder von uns würde sich für die Familie entscheiden. Monique kämpft mit ihrem Team gegen ein ganzes Land. Niemand gönnt den Tieren diesen besonderen Schutz. Als hätten es ihre Gegner arrangiert, liegt das Schutzzentrum auf dem Land in einem Dorf namens Misgunst.

Willkommen im Wellnesscenter für Faultiere

Erst am nächsten Morgen ist genug Zeit und vor allem auch Licht, um das Rettungszentrum genauer zu erkunden. Den Begriff Schutz- oder Rettungszentrum mag Monique eigentlich nicht. Sie nennt es stattdessen das »Faultier-Wellnesscenter«. Hier lerne ich auch ihren Bruder Ed kennen. Er ist nicht so introvertiert wie Monique, quatscht permanent und albert rum. Wir verstehen uns auf Anhieb. Gleich nach dem Frühsport gibt er mir eine Führung.

Baulich betrachtet ist das Gebäude das Spannendste, was ich in den letzten Jahren gesehen habe. Das Hauptgebäude des Schutzzentrums wurde aus acht alten Schiffscontainern errichtet. Sie stehen im rechten Winkel zueinander, wobei immer zwei Container aufeinandergestapelt sind. Jeder Container ist ein Raum für sich. Zwischen beiden Etagen befindet sich eine riesige Terrasse, die wegen des warmen, äquatornahen Klimas in Suriname ganzjährig genutzt werden kann. Die oberen Container dienen als Schlafräume und Küche, die unteren sind Lagerfläche, Bibliothek und Krankenstation für Tiere, die isoliert werden müssen. Ein Container wird zudem für eine riesige Batterie genutzt. Denn das Rettungszentrum wird zu hundert Prozent durch Solarenergie versorgt. Das Regenwasser wird über die Dächer gesammelt und vor allem als Brauchwasser für Toilette, Dusche und Co. genutzt.

Das Grundstück hat mehrere Gehege in verschiedenen Größen. Vor allem Ameisenbären werden hier gepflegt. Auf der Terrasse steht eine offene Tonne mit vielen Decken und Kuscheltieren. Darin leben Baby-Faultiere. Den überwiegenden Teil des Tages klammern sie sich an eines der Kuscheltiere, das sie als Mutterersatz auserkoren haben.

Mehrmals täglich bekommen sie kleine Flaschen mit Katzenmilch oder frische Zweige und Blätter als Nahrung. Die Jungtiere sind nicht eingesperrt. Sie können sich auf der Terrasse frei bewegen und kehren vor allem wegen des vermeintlichen Muttertieres immer wieder in ihr Nest zurück. Ed weist mich darauf hin, dass der Kontakt zu den Tieren zu vermeiden ist, denn sie sollen so schnell wie möglich wieder in die Wildnis entlassen werden. Daher komme ich nie in den Genuss, mit einem Faultier zu kuscheln. Schade. Aber es ist ja zu ihrem Besten.

Ed und ich erstellen einen Plan für meine Zeit vor Ort. Ein Wassertank muss gereinigt und das Gestell restauriert werden. Wir wollen für die Bibliothek ein neues Bücherregal und Schränke bauen. Außerdem müssen Dach und Solarpanels gesäubert werden.

»Monique hat mir gesagt, dass du ein super Handwerker bist, legen wir los«, schließt er die Planung ab. Ich lächle müde und folge ihm zu den Arbeitsgeräten. Wir kramen Drahtbürsten und Schleifpapier aus dem Lager und beginnen mit der Arbeit an dem Hochsitz des Wassertanks. Die Zeit hat die Querbalken, die den Wassertank stützen, marode gemacht. Innerhalb eines Tages bringen wir ihn wieder in Schuss.

Dieser Ort hat etwas Magisches. Wir leben autark von Energie und Wasser. Arbeiten viel mit den Händen und sind den ganzen Tag an der Luft. Morgens gehen Ed und ich laufen und machen danach ein paar Kraftübungen. Zu den Mahlzeiten wird gemeinsam gekocht. Die Lebensmittel kaufen wir im benachbarten Dorf. Zwischendurch wird gearbeitet. Das bekomme ich auch auf Dauer hin. Könnte ich Ed ablösen und das Management für das Zentrum übernehmen? Es macht mir Spaß, körperlich und auf dem Land zu arbeiten, Dinge zu reparieren, für alles selbst verantwortlich zu sein. Alle paar Tage fahren wir in die Nachbardörfer. In erster Linie, um Süßigkeiten zu kaufen. Monique erzählen wir jedoch immer, dass wir dringend neues Werkzeug brauchen. Wir haben zusammen eine gute Zeit und päppeln nebenbei die Tiere auf. Unvergesslich bleiben die Nächte in der Hängematte, wenn die nachtaktiven Lebewesen im Dschungel immer lauter werden.

Forschung für die Meere

Am Sonntag überrascht mich Monique mit einem Ausflug. Seit 2005 verbringt sie den letzten Tag der Woche stets auf dem Wasser. Wir fahren noch vor Sonnenaufgang nach Paramaribo und steigen zwanzig Kilometer vom Atlantik entfernt im Fluss Suriname in ein Boot. Mit an Bord sind ein paar Freiwillige ihrer Organisation. Das Team um die Umweltschützerin misst an verschiedenen Stellen Salzgehalt, Sichtweite im Wasser und die GPS-Daten von Stränden und Sandbänken. Alles wird dokumentiert. Die Strände sind Nistgebiete für bedrohte Schildkrötenarten und Vögel. Lokale Bauunternehmen bieten viel Geld, um Sand zu fördern. Die Angebote werden immer lukrativer, sodass die Regierung kaum noch standhält. Da die Strömung für einen starken Abtrieb des Sandes sorgt, darf auf keinen Fall weiterer Sand gefördert werden. Nur durch die Dokumentationen der Freiwilligen ist es inzwischen gelungen, das Vorhaben zu verzögern. Doch die Karten werden jede Woche neu gemischt. Geld steht vor Umweltschutz. Überall auf der Welt und erst recht in einem schwach entwickelten Land wie Suriname.

Auf einen ganz besonderen Bewohner des Flusses freue ich mich bei unserem Ausflug sehr. Es dauert lange, bis er sich zeigt. Doch dann springen ohne erkennbare Vorzeichen verspielte Guyana-Delfine mit ihren rosafarbenen Bäuchen aus dem Brackwasser und verschwinden anschließend wieder im Nirgendwo. Das freut auch unseren Kapitän. Wir werden chauffiert von einem einheimischen Fischer. Das Delfinprojekt ist mit seinem langjährigen Engagement für die Lebewesen im Ästuar zur Vorzeigekampagne für nachhaltigen Tourismus geworden. Denn die Organisation hat es tatsächlich geschafft, den Schutz der Tiere in den Vordergrund zu rücken, und hat die Fischer zu Delfinbeobachtern gemacht. Moniques Herz schlägt mit solch unbändiger Kraft für die Tiere ihres Heimatlandes, dass sich viele gern von ihr anstecken lassen. Mit ihrem pausenlosen Engagement hat sie schon heute enorm viel erreicht. Und ihr Einsatz öffnet auch mir die Augen darüber, wie viel Stärke eigener Antrieb und Willenskraft haben können.

Abschied von neuen Freunden

Der Ameisenbär vom Grundstück des Polizeichefs und das entführte Faultier sind wieder bei Kräften, als der Tag gekommen ist, um Abschied zu nehmen. Ich habe in der Nacht kaum geschlafen. Die Geräusche des Dschungels haben mich in ihren Bann gezogen. Wie mit einem guten Krimi saß ich die halbe Nacht gespannt auf der Terrasse. Über meinem Kopf kreisten die Sterne und der Gedanke, ob ich hier noch ein paar Monate bleiben sollte.

Monique und ich fahren am Morgen zu Bekannten. Sie betreiben kleine Ferienunterkünfte am Fluss Saramacca. Es geht darum, unsere Schützlinge in die Freiheit zu entlassen. Dort gibt es auf einer Landzunge einen Wald, der von Menschen unberührt ist. Einige Gäste der Ferienunterkünfte begleiten uns. Monique erklärt die Vorgeschichte der Tiere. So erreicht sie stets neue Menschen, um ihre Mission zu verbreiten. Als Monique damit beschäftigt ist, den Ameisenbären aus der Transportbox zu locken, übernehme ich die Erklärungen.

In den letzten Tagen habe ich viel über die Tiere und ihren Schutz gelernt. Als ich die wichtigsten Fragen beantwortet habe, sehe ich, dass Monique mich beobachtet. Vielleicht wäre ich doch ganz hilfreich für das Rettungszentrum? Mein Gedanke wird vom Ameisenbär zerschlagen. Der kleine Stinker verlässt die Transportbox. Und auch das Faultier bewegt sich langsam in den Wald. Mit den beiden hat hier in Suriname alles angefangen. Es ist ein schönes Gefühl, sie auf dem Weg in ihr angestammtes Umfeld zu beobachten. Ihr Zuhause ist der Regenwald. Und meines ist und bleibt Berlin.

Der Green Heritage Fund Suriname ist auf Spendengelder angewiesen. Wer die Arbeit von Monique Pool und ihr Engagement für die Delfine, Faultiere und Ameisenbären in Suriname unterstützen möchte, kann das über die Website der Welttierschutzgesellschaft e. V. mit Sitz in Berlin tun: www.welttierschutz.org.

Antarktis

UNTER SEGELN IM SÜDLICHEN OZEAN

Einmal im Leben in die Antarktis. Auf einer über hundert Jahre alten Lady. Eine Reise in Dauerschräglage – nass, kalt und extrem (schön).

Von Carolin Mecus

Menschen ziehen an mir vorbei. Lachen, unterhalten sich. Musik erklingt von allen Seiten, Straßenhändler versuchen, sich gegenseitig zu übertönen. Jede Brise bringt einen anderen Duft mit sich. Alles wirkt so farbenfroh im Sonnenschein, fast schon grell. Irgendwie bin ich nicht hier. Wie in Trance bewege ich mich durch die Menschenmenge entlang der Hafenpromenade an der Waterfront in Kapstadt. Ein Ziel habe ich nicht, befinde mich irgendwo zwischen Traum und Wirklichkeit. Noch immer spüre ich das Schaukeln der Wellen, schmecke das Salz auf meinen Lippen, höre das Flattern der Segel und sehe die Weite des Ozeans vor mir.

Antarktika – der weiße, wilde, mystische und einzige Kontinent, den ich noch nicht betreten hatte – war es, das mich mit meinen eher bescheidenen, eigentlich nicht vorhandenen Segelkenntnissen dazu veranlasste, dieses Schiff zu betreten.

Meine Reise ging vom südlichsten Punkt des amerikanischen zum südlichsten Punkt des afrikanischen Kontinents – vom Kap Hoorn zum Kap der Guten Hoffnung. Ich ging im argentinischen Ushuaia an und etwa zwei Monate später, nach etwa 5400 Seemeilen (circa 10 000 Kilometern), in Kapstadt von Bord. Ich segelte in den rauesten Gewässern unserer Erde – der berühmt-berüchtigten Drake-Passage, der Scotiasee und dem Südatlantik. Ich besuchte das ewige Eis der Antarktis, das tierreiche Südgeorgien und den abgelegensten bewohnten Ort unserer Erde, die Insel Tristan da Cunha.

Wie ist es wohl, wochenlang nur von Wasser umgeben zu sein? Kann ich das aushalten? Was, wenn ich den Gruppenkoller bekomme? Flüchten kann ich dieses Mal nicht. Nervös und aufgeregt, voller Vorfreude, aber auch mit einem etwas mulmigen Gefühl im Bauch betrete ich sie zum ersten Mal, die *Bark Europa*. Eine alte Lady aus dem Jahr 1911, bis dato das einzige historische Segelschiff, das regelmäßig die Antarktis ansteuert.

Eine wacklige Rampe führt mich in eine andere Welt – eine Welt der Seefahrer und Entdecker.

Was für ein Gefühl, dieses wunderschöne Schiff endlich in voller Pracht zu sehen. Vom morschen Holzboden schweift mein Blick hoch zu den mächtigen, etwa dreißig Meter hohen Masten, drei davon gibt es. Mit einem Mal sind meine Bedenken weg. Ein Glücksgefühl überkommt mich, und irgendwie kann ich es immer noch nicht fassen.

Vorsichtig mustere ich meine Mitreisenden. Wir, die Voyage Crew, sind eine Gruppe von 38 abenteuerlustigen Reisenden jeglichen Alters – manche mit mehr, andere mit weniger Segelerfahrung –, die von der permanenten Crew gezeigt bekommt, wie man segelt. Da sind zum Beispiel der Reiseblogger Martin, Schlossbesitzerin Maryse, der pensionierte adrenalinsüchtige Pilot Andy, die fröhliche Fotografin Marion oder ich, Lehrerin im Sabbatjahr. Kapitänin Janke sammelte im Alter von zehn Tagen ihre ersten Segelerfahrungen, Matrosin Mille segelte mit ihren nicht mal zwanzig Jahren über sämtliche Ozeane, Guide Rich war das Jahr zuvor noch als Passagier auf der *Europa* unterwegs, und Guide Sarah wohnt in Spitzbergen in einem Zelt. So unterschiedlich wir auch sind, so teilen wir doch die Lust, dieses Abenteuer gemeinsam anzugehen, denn auf einem Großsegler wie der *Europa* müssen alle mitanpacken.

Während der erste Tag im Schutz des Beagle-Kanals ziemlich ruhig verläuft, Albatrosse majestätisch über unser Schiff kreisen und Schwarzdelfine ausgelassen mit der Strömung des Schiffes spielen, werden wir am zweiten Tag ins kalte Wasser geworfen. Wir erreichen die offene See. Wie viele YouTube-Videos ich mir wohl über diese berühmt-berüchtigte Drake-Passage angeschaut habe? Die Meerenge, welche die Antarktis von Südamerika trennt. Gerechnet habe ich mit dem Schlimmsten, aber nicht damit, dass ich pudelwohl und quietschfidel hinter dem Steuer dieses wunderschönen Schiffes stehe, während Tag für Tag immer mehr Passagiere von der Seekrankheit überwältigt mit kleinen gelben Plastikeimern in den Tiefen ihrer Kajüten verschwinden.

Richtig gelesen, ich stehe am Steuerrad und schippere gen Süden. Ab und an schlägt eine Welle über das Schiff und gibt mir einen kleinen eisigen Vorgeschmack auf das, was noch kommen soll. Warum ich am Steuer dieses Schiffes stehe? Das hat alles mit dem Watch-System zu tun, in das die ganze Mannschaft hier eingebunden ist und das unseren Tagesablauf an Bord während längerer Überfahrten bestimmt. Alle sechs bis acht Stunden haben wir Dienst – Tag und Nacht, bei jedem Wetter. Dazu gehört, dass wir am Bug des Schiffes Ausschau halten, das Steuer übernehmen und bei der Segelarbeit helfen. Das funktioniert gut, wenn alle Passagiere einsatzbereit sind, wird aber zur Tortur, wenn mehr als die Hälfte seekrank in der Kajüte liegt. Teilweise sind wir bis zu zwei Stunden am Stück draußen im Einsatz. Meine Handschuhe erweisen sich als nicht antarktistauglich, durchtränkt vom eisigen Polarwasser sitzt mir die Kälte tief in den Knochen.

Bei etwa 58° S überqueren wir die antarktische Konvergenz. Das ist die Übergangszone, die das subantarktische Wasser vom kalten antarktischen Wasser trennt, was sich in einem rapiden Fall der Wassertemperatur bemerkbar macht. Täglich erhöht sich die Anzahl meiner Schichten und die Sorge, dass ich nicht genügend Klamotten dabeihabe. Es ist schwer, meine Regenjacke über den acht Lagen, die ich darunter trage, zu schließen. Täglich werden wir zugeballert mit neuen Informationen über das Segeln – *main course, fore course, lower top sail, upper top sail, clewline, bountlines, braising* … Eine Sprache, die ich noch nicht spreche. Die Nachtschichten und die Kälte kosten mich Energie, und ich bin kontinuierlich müde und hungrig. Da stellt man sich doch zwischendurch die Frage, warum man dafür auch noch Geld bezahlt.

Trotz Kälte, Nässe und Schlaflosigkeit – ich liebe jeden Tag.

Manche Nächte sind klar und offenbaren einen unglaublichen Sternenhimmel. Ich genieße das Gefühl, vom Meer umgeben zu sein, mich dem Schwanken der Wellen hinzugeben, in die Weite zu blicken, mit dem Wissen, dass ein paar Hundert Kilometer vor mir der weiße Kontinent liegt und ich meinen Teil dazu beitrage, ihn zu erreichen. So wie die alten Seefahrer es vor etwa 200 Jahren auch gemacht haben.

Eine Schneeschicht begrüßt mich an Deck. Der Himmel ist für antarktische Verhältnisse relativ klar, die See ruhig. Vor mir baut sich eine Silhouette aus schneebedeckten Gipfeln auf, in den schönsten Weiß- und Grautönen, die ich mir nur vorstellen kann. Immer mehr und größere Eisberge in den unterschiedlichsten Formationen begegnen uns. Begleitet werden wir von einer Gruppe Buckelwale, die den Tag genauso zu genießen scheint wie wir.

Bevor wir in den Antarctic-Sund einfahren, der ins Weddellmeer führt, haben unsere Guides die Küste im Blick. Nie zuvor hat die *Europa* hier angelegt. »Wenn wir heute noch an Land gehen möchten, dann jetzt!«, ertönt eine Stimme voller Aufregung. Und schon cruisen unsere Guides die Küstenlinie nach einer Stelle ab, wo der Wellengang eine Landung zulassen könnte. BINGO! Es geht an Land – auf antarktisches Festland.

Wir ankern am Kap Dubouzet. Das ist nicht nur der nördlichste Punkt des Kontinents, sondern liegt auch abseits der regulären Antarktisrouten und Landungsstellen für Passagierschiffe. Voller Euphorie gehen wir diesen Landgang an. Janke kämpft gegen die Strömung und das Eis und hält die *Europa* auf Kurs, während wir ein Stück Neuland entdecken. Eine Stelle, an der nur wenige Menschen zuvor waren und die für uns alle das erste Mal ist. Was für ein besonderes Gefühl, meine ersten antarktischen Fußstapfen hier auf dieses sehr selten besuchte Stück Land zu setzen. In einem Zustand völliger Zufriedenheit stapfe ich durch den knirschenden Schnee. 7/7 – mein letzter Kontinent – unglaublich!

Haben meine ersten Schritte auf Antarktika ein Glücksgefühl ausgelöst, so ist es die unberührte Landschaft des Weddellmeers, die mich sprachlos macht.

Noch nie hat mich eine Landschaft so tief berührt, und noch nie habe ich in einem lebensfeindlichen Gebiet mehr Leben gesehen.

Hunderte Zügel- und Eselspinguine planschen im eiskalten Wasser, erfreuen sich an den verschiedenen Eisformationen, hüpfen von Scholle zu Scholle, watscheln, schnattern, taumeln, stolpern, rutschen glücklich um uns herum; Pelzrobben mustern uns misstrauisch und verteidigen eisern ihr Territorium. Unzählige Buckelwale füttern sich am Krill und planschen ausgelassen im Wasser.

Vor etwa 200 Jahren gelang es dem Robbenjäger James Weddell erstmalig, in das eisige, eigentlich undurchdringbare Weddellmeer an der Westseite der antarktischen Halbinsel bis 74° S vorzustoßen. Etwa hundert Jahre später fanden die Schiffe *Antarctic* der Nordenskjöld-Expedition sowie die *Endurance* der Shackleton-Expedition ihr Ende in diesem Packeis. Und etwa weitere hundert Jahre später stehen wir auf der *Europa* der dicken, unendlich wirkenden Packeisschicht gegenüber und finden bei etwa 64° S unser südlichstes Ende. Es ist faszinierend und beängstigend zugleich, das Packeis zu beobachten, wie es immer näher kommt, das Schiff umkreist und es langsam einzunehmen versucht. Für mich wird es ein einzigartiges Erlebnis, Nordenskjölds und Shackletons Spuren im Weddellmeer zu folgen, um Teile ihrer epischen Reisen nachzuvollziehen. Größten Respekt zolle ich Shackletons Männern, die mehrere Monate den lebensfeindlichen Bedingungen auf Elephant Island ausgesetzt waren, als ich den über fünfzig Knoten starken, eisigen katabatischen Winden der Gletscher die Stirn biete und aufpassen muss, dass ich nicht weggeblasen werde. Außerdem ist es ein besonderer Moment, am Grab Shackletons in Grytviken auf Südgeorgien zu stehen und ihm, dem letzten großen Polarforscher unserer Zeit – dem Boss –, meinen letzten Schluck Whiskey zu widmen.

Südgeorgien, zu nördlich, um im Antarktis-Vertrag Bestand zu haben, aber südlich genug, um innerhalb der antarktischen Konvergenz und damit in der Antarktis zu liegen. Obwohl er nicht der Erste war, der die mächtigen Gipfel Südgeorgiens sichtete, war James Cook doch der Erste, der davon 1775 Besitz ergriff. Der Insel gab er den Namen Isle of Georgia nach seinem König Georg III. Die mächtigen Eisberge, die vor der Insel treiben, mussten seine Euphorie verstärkt haben. Umso größer war wohl seine Enttäuschung, als er herausfand, dass es sich nicht um den bis dahin unentdeckten antarktischen Kontinent handelte, nach dem er suchte, sondern »nur« um eine Insel im Südpolarmeer. So gab er dem südlichsten Punkt der Insel den Namen Cape Disappointment. Südgeorgien, die britische Perle im Südpolarmeer – eine Enttäuschung?

Da wir bis dahin hauptsächlich die antarktische Welt in Schwarz-, Grau- und Weißtönen gesehen hatten, überrascht Südgeorgien plötzlich mit einem Farbenmeer. Schneebedeckte steile Gipfel vor blauem Himmel, leuchtend grüne Grasbüschel und Moose entlang der Hügel, Bäche mit glasklarem Gletscherwasser wecken fast schon alpine Heimatgefühle. Wären da nicht unsere kleinen Freunde gewesen, die auf Südgeorgien übrigens ziemlich groß und vor allem neugierig sind. Neben den schon bekannten Zügel- und Eselspinguinen gibt es hier Königspinguine. Mit achtzig bis neunzig Zentimetern die zweitgrößten Pinguine der Erde. Sie haben aufgrund ihrer Größe und ihrer gelben Farbflecken große Ähnlichkeit mit den Kaiserpinguinen. Auch die kleinen Goldschopfpinguine, die mit ihrem gelben, trendigen Federbüschel perfekt in das Farbenmeer Südgeorgiens passen, fühlen sich hier wohl.

Südgeorgien beherbergt aber nicht nur Millionen von Pinguinen, auch zahlreiche Kolonien großer Pelz- und noch viel größerer Elefantenrobben sind hier beheimatet. Das fiel auch James Cook auf, der damals mit dem Verkünden des Robbenreichtums den Startschuss zum großen Töten gab. Beim Anblick der millionenstarken Kolonien ist es schwer zu glauben, dass vor etwa hundert Jahren nur noch knapp 170 Pelzrobben übrig waren. Die Jagd auf Wale erfolgte in derselben rücksichtslosen Art und Weise, aber mit folgenschweren Auswirkungen, denn Wale können sich nicht so schnell reproduzieren. Bis zu 40 000 Wale wurden während des Booms im Jahr 1931/32 getötet. Zum Vergleich: Heute gibt es insgesamt im südlichen Ozean nur noch etwa 25 000 Buckelwale. Wenn eine Art vor dem Aussterben stand, wechselte man zur nächsten. Zum Glück wurde der kommerzielle Walfang 1986 endgültig verboten. Erschreckend ist nur, wie lange die Menschen gebraucht haben, um zu dieser Einsicht zu gelangen. Die Walstationen wirken heute wie Geisterstädte. Besetzt von Robben, die sie für sich beanspruchen. Pinguine watscheln über die verrosteten Überbleibsel – Skelette getöteter Wale, alte Tanks und Harpunen. Wie grausam der Mensch in seiner Geldgier sein kann.

»Zählt nicht die Tage bis nach Kapstadt, sondern genießt sie so, als wären sie die letzten eures Lebens.« Immer wieder versuche ich, mir Sarahs Worte in Erinnerung zu rufen, die sie nach dem Verlassen Südgeorgiens an uns richtete. Sechs Tage ist das nun her. Seitdem haben wir 745 Seemeilen (circa 1400 Kilometer) zurückgelegt. Wir befinden uns auf halbem Weg nach Tristan da Cunha. Das nächste Festland liegt fast 5000 Kilometer entfernt. Mein Crewmate Andy stellt fest, dass wir seit Südgeorgien keinem Schiff mehr begegnet sind und man daher mit hoher Wahrscheinlichkeit behaupten kann, dass die ISS, die etwa 400 Kilometer über uns ihre Kreise zieht, zeitweise unser nächster Nachbar ist.

Wir sind wirklich abgeschieden – irgendwo im südatlantischen Ozean.

Wie die Besatzung der ISS leben wir hier völlig uns selbst überlassen – in einem Gefährt, das uns vor einer Umgebung schützt, die eigentlich nicht für menschliches Leben vorgesehen ist. Außer, dass die ISS mit modernster Technologie und einigen Knoten schneller unterwegs ist als wir, die wir seit Südgeorgien nur unter Segeln über die Wellen »fliegen«. Aber ehrlich gesagt, das Leben hier an Bord ist ziemlich hart.

Abgesehen davon, dass wir seit mehreren Wochen keine Klamotten mehr waschen konnten, ist man hier grundsätzlich immer nass. Entweder es regnet, hagelt, schneit, ist neblig oder man wird mal wieder von einer Welle überrascht. Überall hängt feuchte Kleidung zum Trocknen, und dieser allgegenwärtige Dunst führt dazu, dass sogar die trockene Kleidung feucht wird. Langsam fängt alles an zu stinken.

Was mich am meisten stresst, ist, dass die für mich »normalen« Dinge des Alltags plötzlich so schwer werden – essen, trinken, schlafen, gehen, stehen, sitzen –, sogar im Bett liegen wird zu einer Herausforderung. Cornflakes an der Wand, Suppe auf der Sitzbank, Kaffee auf dem Boden. Nicht zu vergessen die Landung in der Käseplatte mit meinem letzten frischen Oberteil. Immer wieder hört man Geschirr, das zu Bruch geht, beißt auf Scherben im Brot. Ich weiß nicht, wie oft ich inzwischen von der Bank gerutscht, die Treppe runtergestolpert, aus meiner Koje gestiegen und in der meiner Kabinengefährtin gelandet oder überhaupt überall von steuerbord nach backbord und zurück geschlittert bin. Und wenn man sich mal dazu aufrafft zu duschen, dann finden sich immer neue blaue Flecken an den absurdesten Stellen, und ja, es kommen dabei neue hinzu. An einem gewissen Punkt habe ich beschlossen, zusammengerollt wie ein Fötus im unteren Drittel meiner Koje zu schlafen, weil ich es leid war, im Fünfminutentakt runterzurutschen und wieder hochzukrabbeln. Und ist die See mal einigermaßen ruhig, sodass schlafen ansatzweise möglich wäre, verhindert das Watch-System einen tiefen, zusammenhängenden Schlaf. Die beim Seilziehen benutzten kommandogebenden Zahlen zwei und sechs stehen inzwischen auf meiner Tabuliste. Auch wenn wir die antarktische Konvergenz wieder überschritten haben, also nicht mehr in antarktischen Gewässern unterwegs sind, es nicht mehr ganz so kalt ist und die Kleidungsschichten weniger werden, zehrt dieser Rhythmus an meinen Nerven. Man befindet sich in einem Zustand, in dem man weder richtig wach ist noch richtig schlafen kann. Lesen und schreiben werden unmöglich, sogar zuhören ist anstrengend. Man sitzt stundenlang da, starrt ins Leere und hofft, dass der nächste Tag besser wird.

Ich nehme mal an, dass das Leben in der ISS auch nicht immer einfach ist. Aber ich denke: Sowohl die Crew der ISS als auch wir haben ein besonderes Privileg. Nämlich unsere Erde von einem sehr abgelegenen und besonderen Standpunkt zu betrachten, wie sie nur wenige Menschen zuvor gesehen haben.

Und wieder überkommt mich ein Gefühl der Dankbarkeit, dass ich zu den wenigen Menschen gehöre, die das erleben können. Und dann plötzlich, nach vierzehn nervenzehrenden Tagen – Land in Sicht. Mein Herz macht Luftsprünge.

Zärtlich zerläuft sie auf meiner Zunge und hinterlässt einen süßen, nussigen Geschmack im Mund. Wie habe ich das vermisst. Mein erstes Stück Schokolade seit fast zwei Monaten. Und das auf der abgelegensten bewohnten Insel der Erde, bei strahlendem Sonnenschein, mitten im Atlantischen Ozean, etwa 2500 Kilometer vom nächsten Festland entfernt – auf Tristan da Cunha. Wie habe ich gebibbert und sehnlichst auf eine Landung gehofft. Das ist auf Tristan nämlich gar nicht so einfach. Selbst bei strahlendem Sonnenschein kann nicht gewährleistet werden, dass die Brandung eine Landung zulässt.

Stolz betrachte ich meinen Stempel im Pass. Das war harte Arbeit!

Auf Tristan leben, jetzt, im März 2019, 246 Menschen, und es gibt genau neun Nachnamen. Die Insel gehört zum britischen Überseegebiet St. Helena, Ascension und Tristan da Cunha. Tristan wurde 1506 von dem portugiesischen Seefahrer Tristão da Cunha gesichtet, aber erst 1816 besiedelt. Die Briten wollten nämlich den im Exil lebenden Napoleon auf der etwa 2500 Kilometer entfernten Nachbarinsel St. Helena im Auge behalten. Einige Männer des britischen Militärs blieben anschließend auf der Insel zurück, und im Laufe des Jahrhunderts kam eine Handvoll Siedler dazu. Schiffbrüchige aus Italien, Großbritannien und den Niederlanden sowie amerikanische Walfänger. Außerdem wurden Frauen von St. Helena auf die Insel gebracht. Seefahrer erhielten einen Sack Kartoffeln pro Frau, die bereit war, auf Tristan umzusiedeln.

Einen Flugplatz gibt es nicht. Wer in Tristan ankommen oder die Insel verlassen möchte, muss die etwa einwöchige Schifffahrt von beziehungsweise nach Kapstadt in Kauf nehmen. Etwa zehnmal im Jahr kommen Versorgungsschiffe, die die Insulaner mit Lebensmitteln, Kleidung und Post beliefern.

Leicht »landkrank« schlendere ich durch die einzige Ortschaft Edinburgh of the Seven Seas oder kurz The Settlement genannt. Kleine Einfamilienhäuser umgeben von süßen Gärten und kleinen Mauern aus Vulkangestein zieren den Straßenrand. Ein freundliches »Hallo« eröffnet aufschlussreiche Gespräche mit den Einheimischen, die sich hier sichtlich wohlfühlen. Eine Schule, eine Kirche, ein Supermarkt, ein Krankenhaus, ein Swimmingpool und das abgelegenste Pub der Welt – das Albatross Inn. Wenn man möchte, kann man auch eine Partie Golf spielen, Hochseefischen gehen oder über die felsige Lava zum Krater des letzten Vulkanausbruchs 1961 wandern. Ich spaziere über die grünen Hügel, die die Siedlung umgeben, zu den Kartoffelfeldern, seit jeher eine wichtige Nahrungsquelle für die Inselbewohner. Dort haben die Insulaner kleine Ferienhütten errichtet, ihr Wochenend-Getaway. Verbrechen gibt es hier nicht, Scheidungen auch nicht. Auch wirkt die Ortschaft nicht arm. Subsistenzwirtschaft, ein bisschen Einnahmen durch die Touristen, und insbesondere der Hummer- und Langustenfang sichern den Lebensunterhalt. Jeder hilft jedem.

Auf der gesamten Insel herrscht heile Welt, eine Idylle wie im Bilderbuch.

Zurück auf dem Schiff gönnen wir uns zum Sonnenuntergang eine kleine Abkühlung. Wir springen ausgelassen von Bord in den angenehm frischen Atlantik. »Mutig, mutig – bei all den Haien im Wasser«, meinen die Bewohner am nächsten Tag. Zwei Tage verbringen wir hier.

Habe ich vor etwa einer Woche diesen Moment noch herbeigesehnt, so will ich heute nicht, dass er endet. Der letzte Tag an Bord. Die Silhouette des Tafelbergs baut sich langsam vor uns auf. Wehmut liegt in der Luft, und dann ist da noch ein Versprechen, das ich mir selbst gegeben habe. Ich erinnere mich an einen Tag zurück in der Antarktis, als ich in eisiger Kälte, aus Angst erstarrt, an der ersten Plattform des Hauptmastes hing.

Richtig schwindelfrei bin ich nicht, richtig Höhenangst habe ich aber auch nicht. Ich gewöhne mich eigentlich recht schnell an die Höhe, solange der Untergrund, auf dem ich stehe, einigermaßen stabil erscheint. Ich springe beziehungsweise falle nicht gerne und mag es nicht, wenn es wackelt. Irgendwie ist mein Gleichgewichtssinn nämlich nicht der Beste. Da ich lange Zeit geklettert bin, dachte ich jedoch nicht, dass ich mit diesen Masten solche Schwierigkeiten haben könnte. Ein bisschen Adrenalin ausschütten, ja, aber Angstblockaden – nein!

Leider löste der Blick, ja sogar alleine die Vorstellung, da raufzumüssen, Herzklopfen, Angstschweiß und Schwindel aus. Dabei sah es so einfach aus. Immer wieder hatte ich die Crew beobachtet und bewundert, die in den Masten turnte, als wäre es das Einfachste überhaupt. »Du musst das nicht machen«, wurde mir immer wieder zugesprochen. »Ich will es aber«, erwiderte ich meist patzig und wurde langsam richtig sauer auf mich, dass ich das nicht hinbekam. Dabei wollte ich doch die Antarktis von ganz da oben betrachten. Der Versuch scheiterte. Die Kälte und vereisten Stahlleitern machten es mir nicht angenehmer. Ich verstand einfach nicht, warum ich so blockierte, und gab mir selbst das Versprechen, bis zum Ende der Reise zumindest die zweite Plattform zu erreichen. Und dem Ende sind wir nun ziemlich nah.

Auf den Befehl hin, das Hauptsegel zu setzen, nimmt Dirk mich am Arm. »Jetzt oder nie«, meint er. Seit Wochen liege ich ihm damit in den Ohren, die Segel im Rigg ausrollen zu wollen, aber jedes Mal habe ich mich wieder davor gedrückt. Nun zwänge ich mich zum (vor-)letzten Mal in diesen Klettergurt. Zwei richtig große Schritte mit einmal Umklippen, und ich stehe im Rigg. Mit zittrigen Fingern rolle ich das Segel aus. Irgendwie war es gar nicht so schwer. Hätte ich mich doch vorher schon mal getraut. Bleibt jetzt noch die zweite Plattform. Ein letztes Mal ziehe ich diesen Klettergurt an. Inzwischen weiß ich, wie ich meine Hände und Füße setzen muss, um den Überhang zu meistern. Erste Plattform erreicht. Die zweite Plattform besitzt keinen Überhang. Man muss durch ein Stahlgerüst klettern, was es einerseits einfacher macht, andererseits aber bedeutet, dass eine Ebene fehlt. Langsam gewöhne ich mich an das Gefühl, auf einem Stahlbalken in über zwanzig Metern Höhe zu stehen und über den Atlantischen Ozean zu blicken. Mit der Zeit färbt sich der Himmel.

Lisa und Julia Hermes paddeln mit ihrem Kanu *Langer Weg* auf dem Río Napo und dem Amazonas insgesamt 1500 Kilometer durch den Dschungel.

»Manchmal müssen wir weit reisen, um wieder ganz nah bei uns selbst zu sein.«
Im Busch Afrikas findet Franziska Consolati die Stille in sich.

»Welcome on board!« Über wogende Wellen geht es für Leonore Sibeth und Sebastian Ohlert Richtung Mexiko. Angst vor einem Sturm inklusive.

Am 7134 Meter hohen Pik Lenin in Zentralasien kämpfen sich Philipp Laage und sein Team im Morgengrauen über den spaltenreichen Gletscher hinauf ins nächste Nachtlager.

Seit 2011 ist Rochssare Neromand-Soma per Anhalter auf Reisen. Bei einem Besuch in Deutschland stellt sich die Frage: Bleibt Heimat trotzdem immer Heimat?

David Franz hat sich ein Ziel gesetzt: 230 Kilometer quer durch Grönlands eisige Landschaft. Doch die Natur hat andere Pläne – Scheitern ist das aber noch lange nicht!

Rebecca Himmerich reist mit einer Freundin zusammen ins Herz von Kasachstan und wird dort Zeugin einer unerwarteten Verwandlung.

Nach ihrer spektakulären Alpenüberquerung ist Ana Zirner nun in den Pyrenäen unterwegs. Von Ost nach West wandert sie in 35 Tagen 800 Kilometer, bis sie endlich in den Atlantik springen kann.

Steven Hille ist von seinem Trip nach Suriname begeistert, denn »was gibt es Besseres, als im Regenwald Südamerikas zu leben und sich für den Schutz bedrohter Tierarten zu engagieren?«

Mit einem Segelboot durch den tückischen Südlichen Ozean, zwischen Pinguinen und Eisbergen – Carolin Mecus lässt sich von den Gefahren nicht schrecken und erlebt Unglaubliches.

Nepal ist einzigartig, ein Land der Widersprüche und Extreme. Das erfährt Oleander Auffarth hautnah, als er dem Ruf Kathmandus folgt und sich auf den Weg in gewaltige Berglandschaften macht.

Corina Tomaschett und Sakia Haque reisen gemeinsam durch Bangladesch. Davon inspiriert gründet Sakia die *Travelettes of Bangladesh* und revolutioniert so die Reisemöglichkeiten der dort lebenden Frauen.

Faszination Australien. Atemberaubende Landschaften und einmalige Weite.
Für Cindy Ruch ein Sehnsuchtsland, ein wahr gewordener Traum.

Daumen raus und los! Morten Hübbe ist mit seiner Freundin Rochssare Neromand-Soma seit neun Jahren auf einem einzigartigen Roadtrip rund um die Welt.

Nadine Pungs reist zurück in den Iran. Dieses Mal, um zu heiraten. Aber was hat es dabei mit tausend Orangenblüten und Nasenbluten auf sich?

Tierisch entschleunigt: Dank Esel Jonny wandert Lotta Lubkoll mit entspannten drei Stundenkilometern von München bis ans Mittelmeer.

Zu zweit auf vier Quadratmetern leben? Fredy Gareis und seine Freundin Patrizia ziehen aus der Altbauwohnung in eine auberginenfarbene Familienkutsche.

Um den Mars zu besuchen, muss man gar nicht ganz so weit fliegen: Bernadette Olderdissen ist von einem Foto der kasachischen Mangistau-Region so begeistert, dass sie gleich dorthin reisen muss.

Karin Lochners Besuch in Thailand steht ganz im Zeichen der Elefanten – und des Plastikmülls. Sie erzählt von alten Elefantendamen und groß angelegten Müllsammelaktionen.

Trotz Teilreisewarnungen des Auswärtigen Amtes besucht Jennifer McCann zu Silvester Beirut. Sie ist überwältigt von der grenzenlosen Gastfreundschaft und den feierwütigen Menschen in einer Stadt, die von Protesten und Kriegen geprägt ist.

Markus Steiner läuft von Spanien nach Marokko. Na ja. Ein Stück jedenfalls: Von Melilla aus, der einzigen Stadt Spaniens auf dem afrikanischen Kontinent, sind es knapp vier Kilometer.

Ich stehe immer noch oben und beobachte, wie sich die Sonne langsam am Horizont verabschiedet. Ich lasse die letzten beiden Monate Revue passieren. Ich bin stolz auf mich. Auch wenn ich anfangs kleine Schwierigkeiten hatte, am Steuer den Kurs zu halten, ich bin wahnsinnig stolz, dass ich mir die Antarktis richtig erarbeitet habe, dass ich bei Wind und Wetter einsatzbereit war, obwohl es mich manchmal Überwindung kostete, dass ich trotz aller Strapazen positiv blieb und meine gute Laune meist bewahrt habe.

Ich denke zurück ans ewige Eis. An diesen Zauber, der es umgab, an diese Magie und atemberaubende Schönheit. Ich denke an den südlichen Ozean zurück. An dessen unendliche Weite und wie ich stundenlang einfach nur in die Ferne blickte. Ich denke an Tage, an denen sich die Sonne kinoreif von uns verabschiedete, und die frühen Stunden an Deck, in denen wir sehnlichst auf ihre warmen Strahlen warteten. An Nächte, in denen wir am Ausguck unter klarem Sternenhimmel wetteiferten, wer die meisten Sternschnuppen am Himmel zählt.

Selten habe ich mich so frei gefühlt, und das, obwohl ich in einem Gefährt »gefangen« war und nicht flüchten konnte.

Ich fühle Demut. Demut vor unserer Natur und wie klein und zerbrechlich wir doch darin sind. Ich denke an die Kraft der Wellen und des Eises. Und ich fühle Respekt gegenüber all den Seefahrern und Entdeckern, deren Überfahrten weit weniger luxuriös waren als unsere.

Ich fühle aber auch etwas Angst und Sorge. Angst, dass diese wilden Orte bald nicht mehr so wild sein könnten, und Sorge, dass wir alles kaputt machen. Immer mehr Kreuzfahrtschiffe laufen die Antarktis an. Und leider auch immer mehr Flugzeuge. Auf St. Helena wurde kürzlich ein Flughafen gebaut. Sicher ist es nur eine Frage der Zeit, bis Tristan nachzieht. Ich weiß, dass mein ökologischer Fußabdruck auch nicht gerade klein ist. Ich bemühe mich um Besserung. Aber ich hoffe und wünsche mir, dass wir mit diesen letzten wilden Flecken nicht denselben Fehler machen wie mit vielen anderen Orten, die einst mal Paradiese waren.

Vor allen Dingen bin ich dankbar. Ich bin von ganzem Herzen dankbar dafür, dass ich das erleben durfte. Mir kamen die Tränen, manchmal vor Erschöpfung, aber viel öfter vor tiefster Freude. Selten hat mich ein Reiseerlebnis so intensiv und emotional mitgenommen und gleichzeitig so zufriedengestellt wie die Tage auf offener See. Es ist fast so, als wäre ein Teil von mir dortgeblieben. Liebe *Europa,* ich danke dir dafür.

Bangladesch

UNITED WE TRAVEL – WIE FRAUEN ANDEREN FRAUEN ZUM REISEN VERHELFEN

Stell dir vor, du bist 24 Jahre alt und möchtest reisen. Aber alle, deine Eltern, deine Freunde und die gesamte Gesellschaft, sind dagegen. Du bist eine Frau und lebst in Bangladesch. Was also kannst du tun?

Von Corina Tomaschett

Alles brannte. Der Mund stand in Flammen. Ich spürte, wie mir im ganzen Gesicht heiß wurde, die Augen füllten sich mit Tränen, und ich konnte nur noch husten. Meine Tischnachbarn sahen mich leicht entsetzt an. Sakia, meine bangladeschische Reisepartnerin, schaute besorgt und leicht alarmiert zu mir herüber.

»It's okay. Really. The food is wonderful«, hustete ich. »It's a bit hot for someone, who's not used to it«, setzte ich nach.

Die Bangladescher schauten mich immer noch mit großen Augen an. »Corina, how can you CHANGE THE COLOR OF YOUR FACE?!«, platzte es aus Pinky, Sakias Freundin, heraus. Ich stutzte kurz und lachte dann lauthals, was sich wieder mit einem Hustenanfall mischte.

Wir spulen fünf Monate zurück. Ich befand mich inmitten der Lernphase für meine Abschlussprüfung in Medizin. Wie so oft in zähen Zeiten surft man dabei viel im Internet und bei Facebook. Ich hatte eine viermonatige Reise nach Sri Lanka, Indien und Nepal im Sinn und recherchierte dazu, anstatt zu lernen. Dafür war ich Mitglied bei den Travelettes, einer Facebook-Gruppe für alleinreisende Frauen. Die aktuellsten Informationen zu Reisezielen findet man oftmals in solchen Gruppen, wo sich Gleichgesinnte tummeln. Man tauscht sich über Destinationen, Sicherheit für Frauen und Verhaltenstipps aus. Eines Tages postete eine junge Frau aus Bangladesch ein Foto mit dem Text: »Hey, I am Sakia from Bangladesh. My country is beautiful! Has anyone visited Bangladesh? Are any Bangladeshis in the group?«

»Bangla... was?«, war mein erster Gedanke. Geografisch gesehen wusste ich, dass sich das kleine Land rechts von Indien befindet. Aber mehr als Überbevölkerung, Fluten und H&M-Kleiderfabriken fiel mir dazu nicht ein.

Wenn man nichts über einen Ort weiß,
ist es eine gute Idee, genau dorthin zu reisen.

So meldete ich mich auf Sakias Post. Zu dem Zeitpunkt wussten wir beide noch nicht, wie sehr das uns und eine ganze Generation von Frauen in Bangladesch verändern würde.

Sakia auf der anderen Seite des Globus war eine 26-jährige Medizinstudentin, welche ganz andere Probleme hatte. Sie wollte unbedingt ihr Land bereisen. Die Bangladescher bringen ihren Söhnen und Töchtern bei, ihr Land mit all seinen Naturschätzen zu lieben. Zu Recht, das kleine Land besitzt eines der weltweit größten Flussdeltas, in dem sich der Ganges aus Indien, der Brahmaputra und der Meghna treffen. Hinzu kommen der größte Mangrovenwald der Welt mit dem berühmten bengalischen Tiger und Cox's Bazar, der längste ununterbrochene Strand der Welt.

Die Liebe für ihr Land wird ihnen in die Wiege und ins Herz gelegt. Jedoch ist es unüblich, es zu bereisen. Insbesondere als Frau.

In der konservativen Gesellschaft sind die Rollen der Geschlechter eindeutig verteilt. Töchter werden wie Schätze gehütet, aus Angst, ihnen könnte etwas zustoßen.

Frauen beurteilt man in Bangladesch oft nach ihrem Verhalten. Verhält sich eine Frau wie eine ehrbare Frau, dann wird sie respektiert. Verhält sie sich nicht wie eine ehrbare Frau, dann ist sie keine. Eine ehrbare Frau zieht nicht allein um die Häuser und erst recht nicht durchs Land. Deswegen ist es für Frauen gefährlich, allein zu reisen. Sie würden als vogelfrei angesehen werden. Eine Möglichkeit wäre, mit einem Mann zu reisen. Jedoch müsste dieser entweder mit der Frau verwandt oder verheiratet sein.

Für Sakia, die ihren Vater bereits verloren hatte, unverheiratet und Einzelkind war, bestand diese Möglichkeit nicht. Blieben nur noch andere Frauen als Reisepartnerinnen. Aber alle ihre Freundinnen wollten oder durften nicht reisen.

Was tut ein Millennial in dieser Situation? Er geht auf Facebook! So kam sie eines Tages in die Travelettes-Gruppe und startete einen Versuch, eine Reisepartnerin zu finden.

Fünf Monate später saß ich nervös im Restaurant meines Hotels in Dhaka. Mangels aktueller Reiseführer hatte ich mich an eine englische Reisebloggerin gewandt, die ein paar Monate vorher in der Hauptstadt Bangladeschs gewesen war, und nach einer Hotelempfehlung gefragt. Ich trug einen knallgelben Salwar Kamiz mit Goldstreifen und Glitzer. Sakia und ich hatten bis jetzt nur per Facebook kommuniziert, und ich wollte einen guten ersten Eindruck machen. Von früheren Reisen in konservative Länder wusste ich, dass westliche Frauen durch Hollywoodfilme teils als »lockerer« und von schlechter Moral angesehen werden. Das wollte ich unbedingt vermeiden!

Als aber Sakia in Jeans und Holzfällerhemd zur Tür hereinkam, prusteten wir beide los. Sie hatte sich genau die gleichen Sorgen gemacht. Sie wollte nicht zu konservativ rüberkommen und weltoffen erscheinen. Das Eis war gebrochen.

Mein Visum war dreißig Tage gültig. Somit hatte Sakia dreißig Tage Zeit, um alles von ihrem Land zu sehen, was sie schon immer sehen wollte. Wir fuhren mit einer alten Fähre von Dhaka nach Barisar und weiter auf dem Dach eines Busses nach Khulna, der Heimatstadt von Sakias Vater. Dort konnten wir uns vor Essenseinladungen kaum retten. Jede Tante, Cousine und Nachbarin wollte uns bewirten.

»How is Switzerland?«, übersetzte Sakia die Frage ihres ehemaligen Lehrers.

»In summer it's hot, but there are many lakes and rivers to cool down. In winter it's cold. The temperatures fall below zero and there is snow.«

»Aha«, murmelte der alte Mann und kraulte sich den mit Henna gefärbten Bart. »So when it's so cold in winter people go to other, warmer places? For example Singapore? Singapore has really nice weather!«

Ich musste mir ein Lachen verkneifen. Die Logik war bestechend! Dennoch erklärte ich, dass wir Schweizer keine Zugvögel und unsere Häuser genügend isoliert seien, um die Kälte draußen zu halten.

Der Motor des Schiffes knatterte. Der Kamin puffte graue Rußschwaden in die Luft. Junge Studenten blinzelten verstohlen zu den Studentinnen hinüber, und Mütter, welche als Anstandsdamen mitgekommen waren, schwatzten zusammen beim Tee. Ich lag auf dem leicht vibrierenden Deck des Schiffes und lachte zufrieden in mich hinein. »We will never see a tiger«, stieß ich in Sakias Richtung hervor.

Da Sakia nun eine Frau an der Seite hatte, konnte sie auch an organisierten Gruppenfahrten teilnehmen. Ihre Universität schrieb einen Ausflug in die Sundarbans aus, besagten Mangrovenwald, welcher von Bangladesch und Indien geteilt wird. Sie meldete uns beide sogleich an. Die Organisatoren wollten mich aber nicht mitnehmen. Sie befürchteten, dass die Behörden die gesamte Reisegruppe aufhalten würden, wenn eine *Bindeshi,* eine Ausländerin, an Bord sei.

Wir hörten zwischen den Zeilen heraus, dass das Problem mein Status als Touristin war. Deswegen machten wir das, was jede 26-Jährige in dieser Situation tun würde: Wir fälschten einen Universitätsausweis. Innerhalb von fünfzehn Minuten wurde ich Medizinstudentin des DMC, des Dhaka Medical College. Die Organisatoren des Ausfluges halfen uns sogar dabei.

So schipperten wir zusammen mit 120 weiteren Personen auf einem ausrangierten Schiff durch die Mangrovenwälder. Das Geschnatter, Geknatter und Geheule von Mensch und Maschine machten jede Chance, einen der seltenen bengalischen Tiger zu Gesicht zu bekommen, zunichte. Aber das schien niemanden zu stören. Auf dem donnernden Skelett des Schiffes schlief ich in der Sonne friedlich ein.

Ein anderes Mal setzten wir uns in den Süden des Landes nach Cox's Bazar ab, diesen Strand von 150 Kilometern Länge. Die Bangladescher picknicken dort, spielen mit ihren Kindern, lassen Drachen fliegen und baden im Meer. Es kommt mir fast so vor, als ob man in Spanien Badeurlaub machen würde, prostete ich Sakia zu. Wir saßen am Strand und warteten, dass Barsha und Ahnaf unser Hotelzimmer wieder freigeben würden.

Auf diesen Ausflug war ein befreundetes Paar von Sakia mitgekommen. Barsha und Ahnaf waren bereits seit drei Jahren zusammen. Die Eltern waren mit der Verbindung einverstanden und die Hochzeit sollte nach dem Abschluss des Studiums stattfinden. Bis dahin dauerte es aber noch anderthalb Jahre! Wie alle verliebten Paare in den Zwanzigern hatten sie genug von Händchen halten und sich verliebt in die Augen schauen. Sie wollten mehr. In Bangladesch ist jedoch vorehelicher Geschlechtsverkehr verboten. Nur zwielichtige Hotels drücken ein Auge zu und überlassen Paaren ohne Heiratsurkunde ein Zimmer. Doch als Barsha eine einigermaßen vertrauenswürdige Gaststätte gefunden hatte, druckste Ahnaf herum. »Weißt du, ich will genauso gern mit dir allein sein wie du mit mir. Aber … Allah würde ja wissen, dass wir nicht verheiratet sind!« Die Lösung sah dann so aus, dass Barsha und Ahnaf sich im Geheimen von einem Imam trauen ließen. Bei der offiziellen Hochzeit in eineinhalb Jahren würden sie das Ganze einfach unter den Augen aller wiederholen. So wäre es in Ordnung. Da die beiden nun aber vor Allah Mann und Frau waren, stellten sich ganz neue Herausforderungen. Jetzt waren sie in der Pflicht, regelmäßig die Ehe zu vollziehen. »Das brachte für sie einen ganz neuen Stress!«, flüsterte Sakia mir mit einem Augenzwinkern zu.

Als sich mein Visum dem Ende zuneigte, wurde Sakia stiller. Wir hatten in kurzer Zeit vieles bereist, das sie schon immer sehen wollte. Aber wenn ich fort sein würde, säße sie wieder fest ohne Reisepartner. Schlimmer noch, sie war nun mit dem Reisefieber infiziert worden!

Nach einigen Wochen Trübsalblasen reichte es ihr. Sakia hatte auf unseren Reisen gesehen, dass die Frauen interessiert waren und rauswollten. Sie unter den 160 Millionen Menschen in Bangladesch aufzuspüren war jedoch sehr schwierig.

Deswegen gründete sie mit einer Freundin die Facebook-Gruppe Travelettes of Bangladesh. Sie stellte sich eine kleine Gemeinschaft von Frauen vor, mit denen sie sich treffen und reisen konnte. An die dreißig oder vielleicht fünfzig Frauen.

Die Facebook-Gruppe hatte innerhalb eines Monats 3000 Mitglieder, nach drei Monaten 5000 und heute, nach vier Jahren sind es über 40 000 Mitglieder. Weder Sakia noch ihre Freundin Manoshi hatten mit diesem Zuspruch gerechnet.

Bangladeschs Frauen wollten reisen, wollten ihr Land erkunden und wollten etwas erleben!

Nach und nach begannen Sakia und Manoshi, Reisen für die Frauen zu organisieren. Sie legten Destinationen fest, spürten für Frauen geeignete Hotels auf und riefen die dortigen Behörden an.

Viele Mädchen der Gruppen baten meine Freundin, mit ihren Eltern zu sprechen, damit sie die Erlaubnis zur Teilnahme gaben. Sakia telefonierte mit Brüdern, stellte sich bei Eltern in deren Wohnzimmer vor und erklärte den Ablauf der Reisen, die Unterkünfte und welche Behörden informiert seien. Sie versicherte mehrfach, dass es sich um eine reine Frauenreisegruppe handelte. Dies war wichtig, da manch streng konservative Familie ihren Töchtern jeglichen Kontakt zu Männern verbietet. Insbesondere wenn die Töchter außerhalb des Familienradius unterwegs sein würden.

Aber nicht nur junge Frauen kamen auf Sakia zu. Auch ältere Frauen erfuhren von den Reisen und schrieben ihr.

Sie erzählte mir von Sanjana, einer 65-jährigen Witwe: »Sanjana wollte wie ich bereits als Zwanzigjährige ihr Land sehen. Immer nur in der Küche zu stehen erschien ihr langweilig. Ihre Eltern gaben ihrem Wunsch aber nicht statt, sondern vertrösteten sie auf nach der Hochzeit. ›Wenn du verheiratet bist, kannst du mit deinem Mann reisen‹, wurde sie hingehalten. Leider stellte sich nach besagter Heirat heraus, dass ihr Mann nicht am Reisen interessiert war und noch weniger Interesse daran hatte, sie irgendwohin mitzunehmen. Als ihr Mann starb, fiel die Aufsichtspflicht an ihren ältesten Sohn. Dieser verbot ihr das Reisen ebenfalls. Doch nun, in Begleitung so vieler Frauen, braucht sie ihren Sohn nicht mehr fürs Reisen!«

Die Neugierde auf die Welt ist nicht altersgebunden.

Sakia und Manoshi reichte es nicht, nur auf Facebook aktiv zu sein. Um immer mehr Frauen und auch Männer zum Reisen zu inspirieren, veranstalteten sie den ersten nationalen Reisefotowettbewerb des Landes. Jeder und jede konnte Fotos einsenden, und eine Jury prämierte die besten Bilder.

Zudem wollte Sakia mehr für die Aufklärung der Mädchen im Land tun. Gemeinsam mit Manoshi bereiste sie als erste Frau auf einem Motorroller alle 64 Distrikte Bangladeschs. Und überall gab sie in einer Schule Unterricht über Hygiene, Menstruation, Selbstverteidigung und natürlich das Reisen.

Mittlerweile wurde sie auch nach Malaysia eingeladen, wo sie Vorträge hielt zur Frage »Wie man Frauen in konservativen Kulturen zum Reisen verhelfen kann«.

Es erscheint uns immer noch etwas surreal, dass sich aus unserer zufälligen Begegnung so viel ergeben hat. Viele Frauen in Bangladesch haben nun eine Möglichkeit, unabhängig in Gruppen zu reisen. Ein Privileg, das wir aus dem Westen als so selbstverständlich hinnehmen. Es ist in anderen Ländern mit anderen kulturellen Rahmenbedingungen um einiges schwieriger.

Trotz des vielen Trubels und des großen Erfolges von Travelettes of Bangladesh finden Sakia und ich immer noch Zeit füreinander. Über WhatsApp rücken die Schweiz und Bangladesch deutlich näher zusammen. 2019 haben wir es sogar geschafft, für Sakia ein Schengenvisum zu bekommen. Da die Behörden kategorisch davon ausgehen, dass junge Leute von dort in Europa bleiben möchten, mussten wir beweisen, dass Sakia ein Leben in Bangladesch hat, für welches es sich lohnt zurückzukehren. Mit Travelettes of Bangladesh ließen sie sich überzeugen.

Nepal

KATHMANDU UND DER FORTSCHRITT

Ich folge dem mythischen Ruf Kathmandus. Doch Vorstellung und Realität klaffen weit auseinander. Unterwegs erlebe ich Einsamkeit und Freundschaft, Schmerz und Frieden, grausamen Kommerz und erhabene Berglandschaften.

Von Oleander Auffarth

Die Ankunft am Flughafen von Kathmandu war merkwürdig. Ich brauchte einen Geldautomaten, um mein Visum bezahlen zu können, fand aber keinen. Ein Mitarbeiter schickte mich nach draußen. Mein Rucksack rollte gerade über das Band, ich nahm ihn auf und spazierte ohne Visum und Passkontrolle aus dem Gebäude. Beim Blick auf die zerfledderten Geldscheine befielen mich Zweifel an der Seriosität der Bank. Einige Scheine waren mit Klebestreifen zusammengeklebt. Um zum Immigration Office zurückzugelangen, blieb mir nichts anderes übrig, als – zur Belustigung der Umstehenden – die Rolltreppe entgegen der Fahrtrichtung mit dem Rucksack auf dem Rücken nach oben zu rennen.

Nachdem ich nun auch offiziell in Nepal angekommen war, lungerte ich vor dem Flughafen herum und trank Tee. Dabei kam ich mit Raj ins Gespräch, der mir ein Gasthaus empfahl. Bald fuhren wir in einem Oldtimer, der eher von Patina als von Schrauben zusammengehalten wurde, in eine andere Welt: Die mittelalterliche Architektur macht Kathmandu zu einem Freilichtmuseum.

Auf den einspurigen Straßen wimmelt es von Motorrädern und -rollern, Fahrrädern, Autos, Rikschas, Fußgängern und Kühen. Jeder bahnt sich seinen Weg. Hupen ersetzen Verkehrsschilder. Das Kabelgewirr, das von den Strommasten hängt, sieht aus wie das Webwerk einer schizophrenen Spinne.

Mein Gasthaus konnte mit einem Balkon zum Innenhof punkten, die Oasen Kathmandus. Raj und ich saßen noch lange draußen. Feines Haschisch half unserem Humor auf die Sprünge, und wir überwanden die Kulturgrenzen im Handumdrehen.

Mein Plan sah vor, meinen Freund Noah in seinem Heimatdorf zu besuchen, um ein authentisches Bild von Nepal zu gewinnen. Dort hatte Geld erst vor einem Jahrzehnt den Tauschhandel abgelöst. Leider war Noah erkrankt.

Am zweiten Tag fuhr ich auf dem Rücksitz von Rajs Motorrad zum Swayambhunath. Raj war mächtig stolz auf sein Gefährt. Die Faszination der jungen Nepalesen für Motorräder spiegelt die Verheißung der Moderne wider: Freiheit, Mobilität und Geschwindigkeit – Statussymbole des sozialen Aufstiegs. Leider war er genauso stolz auf seinen psychopathischen Fahrstil. Strahlend und wild hupend bretterte er durch die engen Gassen. Er vertraute darauf, dass alle ausweichen würden.

Swayambhunath ist ein hinduistisch-buddhistisches Heiligtum auf einer bewaldeten Anhöhe. Die Anlage ist von Tempeln und einem mächtigen Stupa gekrönt. Von dort bietet sich ein guter Blick über Kathmandu. Eines sah ich sofort: Die Kleinstadt, die die Hippies vorgefunden hatten, existiert nicht mehr. Die Bevölkerung der Stadt ist seitdem explodiert und von 150 000 auf eine Million angeschwollen. Betonklötze sind wie Pilze aus dem Boden geschossen. Ich fühlte einen Stich. Die reiche Tradition Nepals hatte mich angezogen. Und die war nicht verschwunden, wie die Erkundungen der nächsten Wochen zeigten: Die Tempelplätze in der Altstadt haben trotz des Verkehrs kaum an Faszination eingebüßt. Die bunten Feste Nepals stellen noch immer jeden anderen Festkalender in den Schatten. Tagsüber prägen pulsierende Märkte die Altstadt.

In ihren Gassen erlebte ich Zeitreisen.
Aber die nepalesische Kultur gerät vermehrt
unter den Druck der Moderne.

Während viele traditionelle Gebäude verfallen, wachsen die Neubauten in den Himmel und verschlucken das Tageslicht. Kathmandu und Patan, einst rivalisierende Königreiche, sind zum Moloch verschmolzen. In den Außenbezirken frisst sich die Stadt in die Hänge der Wälder. Durch das Fehlen industrieller Filteranlagen, wachsenden Verkehr und den geringen Luftaustausch im schmalen Talkessel reichern sich die Abgase zu erschreckenden Konzentrationen an. Atemschutzmasken sind omnipräsent. Kathmandu droht im Smog zu ersticken. Die Stadt wird in Studien in einem Atemzug mit Delhi und Peking genannt. Zwei Wochen in Kathmandu setzten meinen Atemwegen stark zu. Wie ergeht es erst den Bewohnern, die den Giften ständig ausgeliefert sind?

Apokalyptische Gefühle

Abends ließ ich mich durch die Straßen treiben. Am Straßenrand brannten Müllhaufen. Ich hielt nach einem ruhigen Platz zum Verweilen Ausschau. Und so stieß ich auf den Bagmati, den größten Fluss der Stadt. Hier fand ich ein Bild des Grauens vor: Der Fluss war mit Bergen von Plastikmüll verschmutzt und stank wie eine Kloake. Abwässer der Kanalisation und Industrie wurden über offene Kanäle in den Fluss geleitet. Ich rang nach Luft. Wie hatte es so weit kommen können? Der Bagmati gehört zu den wichtigsten Zuflüssen des Ganges, an seinen Ufern liegt die Kultstätte Pashupatinath, in der die Toten verbrannt werden.

Mein Freund Roshan hatte mir erzählt, dass der Fluss in seiner Kindheit sauber gewesen war. Jeden Tag war er darin geschwommen, das lag keine fünfzehn Jahre zurück. Das Verhalten vieler Stadtbewohner hat sich seitdem wenig verändert. Doch wo sich früher die Gefäße aus Glas oder Ton einfach zersetzten, türmt sich heute Plastik. Ein echtes Recyclingsystem existiert nicht, und vielen ist die Problematik nur unzureichend bewusst. Zynisch, dem fragilen nepalesischen Staat allein die Verantwortung dafür aufzubürden. Müsste sie nicht bei den Produzenten liegen? Sie haben Plastikverpackungen eingeführt und erzielen hohe Profite. Oft versteckt sich unter dem Deckmäntelchen des Fortschritts die Gier der Konzerne und ihrer Großaktionäre.

Das Umweltbewusstsein ist auch in den westlichen Staaten erst langsam gewachsen. Rhein, Ruhr und Wupper waren um 1970 verseucht durch die Schwerindustrie. Durch das Fischsterben wurde das Problem überdeutlich, und man begann gegenzusteuern. Doch wir produzieren weiter viel zu viel Müll. Der Müllkontinent im Pazifik ist eine Schande! Dort schwimmt auch unser Müll, der über die Flüsse und den Wind in die Ozeane gelangt oder in Staaten exportiert wird, die das Problem nicht bewältigen können.

Die westliche Konsumkultur ist dem Wahn verfallen, alles müsse in Plastik verpackt werden. Von dort müssen auch die Lösungen kommen. In Nepal sind viele Menschen existenziell durch Umweltverschmutzung bedroht. Ich hatte diesen Horror in Indien gesehen, später holten mich wuchernde Industriegebiete, Elendsviertel und verdreckte Flüsse und Strände in Südostasien ein. Die Probleme liegen radikal vor Augen. Angesichts dieser Realität kann man die Folgen unserer Lebensweise nicht länger ignorieren. Im Westen wollen wir nicht von ihr abrücken, in den Entwicklungsländern ist unser Modell die große Sehnsucht. Natürlich wünsche ich den Nepalesen gute Lebensbedingungen: bessere sanitäre Einrichtungen, medizinische Versorgung und Arbeitsbedingungen. Doch in ihrer Hoffnung auf ein würdiges Leben ziehen immer mehr Menschen in die Städte, die Dorfgemeinschaften erodieren.In Kathmandu finden sich viele in neuem Elend wieder.

Am gegenüberliegenden Flussufer reihen sich armselige Wellblechhütten aneinander. Die Schattenseiten der rücksichtslosen Industrialisierung werden immer deutlicher. Zu allem Überfluss spielen uns globale Konzerne gegeneinander aus. Sie drücken Lohnkosten und Steuern und drohen abzuwandern. Arbeitnehmerrechte werden überall ausgehöhlt.

Das Wasser des Bagmati ist heute ungenießbar. Jede Nacht treffen in Kathmandu Lastwagenkolonnen mit Trinkwasser aus den Bergen ein – nur so kann die Versorgung aufrechterhalten werden. Der Zugang zu sauberem Trinkwasser und die Reinigung der Flüsse müssen zentrale Anliegen für die Zukunft sein! Ich war entsetzlich betrübt und grübelte über den Zustand unseres Planeten. Wir entfernen uns immer mehr von der Natur. Wie lange kann dieser Raubbau noch gut gehen? Können wir ernsthaft darauf setzen, dass der Fortschritt die selbst geschaffenen Probleme wieder in den Griff bekommt? Wir sind dabei, die Wurzeln unseres Lebens zu zerstören!

Die sozialen Probleme Kathmandus sind unübersehbar. Noch immer sind viele Nepalesen Analphabeten, und die Korruption lähmt die Entwicklung. Schätzungen zufolge leben im Land über 5000 Straßenkinder. Bittere Armut, Gewalt oder die krude Vorstellung, dass behinderte Menschen ihr Schicksal als Folge eines schlechten Karmas selbst verschuldet haben, sodass sie aus Scham verstoßen werden, zwingen die Kinder auf die Straße. Sie leiden an Kälte und Hunger und verfallen dem Klebstoffschnüffeln, Alkohol oder Marihuana, was den Hunger vertreibt und hilft, ihre Situation zu verdrängen. Ihnen bleibt nur Betteln. Die Kinder sind traurige Überlebenskünstler. Ein furchtbares Schicksal erleben die über 10 000 Mädchen und Frauen, die jedes Jahr ins Ausland verkauft werden – viele enden in indischen Bordellen. Manche »Waisenhäuser« spielen dabei mit.

Nach einigen Tagen zog ich in das Hotel von Noahs Onkel in Thamel. Das Viertel ist das Epizentrum des modernen Kathmandu, das Mekka der Touristen, Bergsteiger und Wanderer, geprägt von Reisebüros, Ausrüstungsläden, Kneipen, Restaurants, Cafés, Schneidereien, Souvenirläden, Massagesalons und Bordellen. Das Paralleluniversum wird neben den Einheimischen von einer wilden Mischung aus Touristen, Händlern, Schleppern, Dealern, Althippies und abgestürzten Freaks bevölkert.

Mich beeindruckten die Kunsthandwerke: Holzschnitzereien, Schmuck, Bronze- und Steinskulpturen, tibetische Teppiche und Thankas – Rollbilder mit religiösen Motiven.

Andere Produkte finden sich inzwischen überall. Auf Bangkoks Touristenmärkten, an Goas Stränden oder in Balis Einkaufsstraßen gibt es dieselben T-Shirts, Accessoires und Souvenirs, gefertigt in China. Der Siegeszug der globalen Konsumgesellschaft.

Die Straßen Thamels sind hoffnungslos verstopft. Oft fühlte ich mich von den Eindrücken überrollt. Andererseits war die Reizüberflutung faszinierend. Das Leben steht nie still. Kathmandu ist eine reizvolle und spannungsgeladene Stadt, meine Fußmärsche waren voller Entdeckungen. Dennoch wünschte ich mich oft in die Vergangenheit. Denn eines wurde offensichtlich: Meine Suche nach alternativen Lebensweisen würde schwierig werden.

In Wahrheit strebte alle Welt nach dem,
was ich hinter mir lassen wollte.

Die Atmosphäre meines düsteren Zimmers trug zu meiner aufkommenden Schwermut bei: Ein lauter Generator aus vorsintflutlicher Zeit raubte mir den Schlaf. Der Luftaustausch fand über den finsteren Innenhof statt, auf den das einzige Fenster wies. Gerüche drangen ein, deren Quelle ich nicht erkunden wollte. Das gelbliche Wasser in der Dusche hielt mich vom Singen ab. Die Wände des Zimmers waren vom Nikotin vergilbt. Es standen mehrere Aschenbecher parat, um den Prozess fortzusetzen. Bald verbrachte ich halbe Tage im Bett und glitt ab in trübe Gedanken. Ständig fiel der Strom aus. Zunächst vermutete ich Schwankungen im Stromnetz. Doch tatsächlich verkauft Nepal einen Teil seines Stroms nach Indien. Bis zu zwölf Stunden fehlt daher die Elektrizität. Während ich sonst den Schein von Kerzenlicht liebe, kam mir das Halbdunkel noch trostloser vor.

Lichtblick war der kleine Garten. Noahs Onkel weigerte sich, seine Oase als teuren Baugrund zu verkaufen. Das Gartenhäuschen beherbergte eine kleine Gastronomie. Im Garten saßen junge Nepalesen, die ihre Zeit mit Plaudern und Joints totschlugen. Ich liebte es, nach ausgedehnten Streifzügen in den Garten zurückzukehren.

Hippies und die Freak Street

Ich flanierte über die Freak Street. Hier wurde zu Hippiezeiten offen Haschisch verkauft. Von dieser legendären Vergangenheit war jedoch wenig übrig. Ich hätte sie gern miterlebt. Allerdings hat die Ankunft der Hippies viele bedauerliche Entwicklungen beschleunigt.

Auf die Nepalesen muss die Invasion der Blumenkinder wie die Ankunft von Außerirdischen gewirkt haben.

Sie hatten sich lange gegen äußere Einflüsse gewehrt und Nepal erst in den 1950er-Jahren für westliche Besucher geöffnet. Selbst die erste befestigte Straße nach Indien wurde erst 1956 gebaut. Den Kolonisierungsversuch der Briten hatten kampferprobte Gurkha und Malariamücken im Verbund abgewehrt.

Nach der Öffnung erlebte Nepal einen rasanten Wandel. Eigentlich waren die Hippies losgezogen, um ihrer rationellen Welt zu entfliehen. Sie hatten begriffen, dass etwas mit dem Fortschrittsversprechen nicht stimmte. Sie waren auf der Suche nach Spiritualität und Weisheiten, angelockt vom mystischen Ruf Kathmandus als Shangri-La, das Symbol für den Selbstfindungstrip. Durch den (unfreiwilligen) Import von westlicher Lebensart förderten sie materielles Denken – Ironie der Geschichte. Allein die Tatsache, dass die Hippies hierher reisen konnten, war ungeheuerlich.

Ich teilte ihren Wunsch nach einem radikalen Hinterfragen des Fortschritts. Ich war ausgestiegen, hatte Wohnung und Arbeit aufgegeben. Auch ich war auf der Suche nach einem einfachen, aber erfüllten Leben jenseits von Gesellschaftskonventionen. Gleichzeitig spürte ich ein Unbehagen. Die altruistischen Motive vieler Hippies hatten sich im Rausch einer moralischen Überlegenheit in Hedonismus verwandelt, der das Ego aufblähte und zu neuem Starrsinn führte.

Noch immer zieht Asien Menschen an, die nach neuen Wegen suchen. Umso wichtiger ist es, diese Suche in Einklang mit den Bedürfnissen der Einheimischen und den eigenen ökologischen Vorstellungen zu bringen. Es gibt Wege, nachhaltig zu reisen. Das Fliegen bleibt das größte Problem. Ich konnte es nur halbwegs rechtfertigen, indem ich möglichst lange reiste und Reportagen mitbrachte, und weil mein ökologischer Fußabdruck zu Hause klein blieb. Dennoch versuchte ich, das Fliegen zu vermeiden, wo immer möglich. Unterwegs konnte ich entscheiden, wen ich unterstützte. Doch auch wer nie reist, hat mit seinem Konsumverhalten Einfluss auf die Menschen in den Entwicklungsländern.

Die Veränderung der Lebensumstände in den letzten Jahrzehnten hat in den Industrienationen große gesellschaftliche Spannungen erzeugt. In Nepal verläuft dieser Prozess noch rasanter. Innerhalb von drei Generationen haben sich ganze Zeitalter entwickelt, die heute nebeneinander bestehen und immer weniger Berührungspunkte haben. Viele junge Nepalesen verlieren den Kontakt zur eigenen Kultur. Westliche Lebensart übt eine magische Faszination aus.

Ein Leben wie das ihrer Eltern können sich die wenigsten vorstellen. Fernsehen, Handys und Nachrichten von denen, die es im Ausland zu Wohlstand gebracht haben, wirken wie ein Magnet. Seitdem es schwierig geworden ist, in Kathmandu, Pokhara oder entlang der beliebten Wanderrouten ein Auskommen zu finden, erlebt das Land einen wahren Exodus. Arbeitskräfte aus Nepal sind in Indien, Südostasien oder den Golfstaaten heiß begehrt. Sie werden mit falschen Versprechungen geködert. Viele Träume enden in den Fängen von Menschenhändlern in den Massenunterkünften von Kuala Lumpur, Dubai oder Katar bei miesem Lohn. Jene, die mit hart Erspartem zurückkehren, befeuern die Illusion und beschleunigen den Kulturwandel. Der amerikanische Traum hat sich wie eine Krebszelle in die Welt gefressen. Trotz der schillernden Fassade sind wir längst in einem Albtraum aufgewacht.

Frieden, Schmerz und Freundschaft

Frühmorgens lag Frieden über Kathmandu. Vor den Tempeln verrichteten die Gläubigen andächtig ihr Morgengebet. Räucherstäbchen verbreiteten würzigen Sandelholzduft in den Gassen. Dieser Frieden war am Busbahnhof jäh zu Ende. Hier herrschte Hochbetrieb. Im Stimmengewirr und unter ohrenbetäubendem Lärm irrte ich umher. Nur mit Hilfe fand ich das altersschwache Ungetüm, das den Fahrgästen nach Jiri zugedacht war: der Super Expressbus, ein Euphemismus der Extraklasse. Die kurvenreiche Fahrt entlang abgrundtiefer Schluchten war nichts für schwache Nerven. Ich hatte mich gegen den Strudel der Zukunftsängste gestemmt und war endlich dem Ruf der Berge gefolgt.

Jiri liegt auf knapp 2000 Metern am Rande des Hochgebirges und war Startpunkt von Everest-Expeditionen, bis in Lukla 1964 ein Flugfeld gebaut wurde. Ohne die tückische Landebahn wäre der heutige Massentourismus undenkbar. Seitdem erspart sich der Wanderer die halbe Wegstrecke, und nur noch wenige wählen die klassische Route. Mich reizen die kaum frequentierten Wege, und ich wollte mir die vielfältige Landschaft nicht entgehen lassen. So würde ich mir die Berge Stück für Stück erobern.

Vom höher gelegenen Kloster aus hatte ich einen Ausblick auf die Nadelwälder und sanften Hügel rundherum. Nichts deutete auf den nahen Everest hin. Ich kam mit zwei Nepalesen ins Gespräch. Der Vater hatte seinen Sohn zu einer Wanderung überredet, um ihm die Bedeutung ihrer Tradition näherzubringen und ihm seine Heimat zu zeigen.

Voller Vorfreude machte ich mich auf das erste Teilstück. Sechs Stunden lief ich durch duftende Tannenwälder, an kleinen Weilern vorbei und machte mich mit den ersten Anstiegen vertraut. An das Gewicht des Rucksacks musste ich mich erst noch gewöhnen.

Ein kleiner Junge hängte sich an meine Fersen. Er hatte schon Erfahrungen mit der rätselhaften Spezies gesammelt, die ohne Not durch seine Heimat wanderte. Warum diese Privilegierten sich solche Strapazen zumuten, bleibt vielen Nepalesen ein Rätsel.

Was mochten die Touristen in den kargen Bergen suchen, wo sie doch ein Leben ohne Anstrengungen genießen konnten?

Begierig fragte der Junge nach einem Präsent. Nach einigen realistischen Ideen versteifte er sich auf ein Handy, das ich gar nicht besaß. Das Klischee vom armen Nepalesen und dem wohlhabenden Touristen stimmt nur relativ. Der Fernseher zeichnet ein schwarz-weißes Bild. Es ist unmöglich, das zurechtzurücken.

Am Abend begegneten mir Wanderer aus der Gegenrichtung. Mit leuchtenden Augen erzählten sie vom Hochgebirge. Jetzt waren sie vom Abwechslungsreichtum dieser Landschaft mit ihren Tannen- und den farbig leuchtenden Rhododendronwäldern begeistert. In den subtropischen Tälern wachsen Bananenstauden, und die Terrassenfelder sind fruchtbar, sodass hier vielfältiges Gemüse gedeiht.

In der Stille und Abgeschiedenheit wurden meine Gefühle und Gedanken intensiver. Ich fühlte mich verletzlich wie selten, alle Sinne waren geschärft. Der erste Anstieg führte tausend Höhenmeter hinauf. Als ich drei Stunden später den Pass erreichte, war ich völlig erschöpft. Danach schleppte ich mich auf einem Höhenweg entlang und fühlte mich den Sherpas näher. Die hätten allerdings über das Gewicht meines Rucksacks herzlich gelacht.

Am nächsten Tag wartete ein endloser Aufstieg. Mit zusammengebissenen Zähnen lief ich stoisch bergan. Bald setzte ich nur noch mechanisch einen Fuß vor den anderen, bis ich im letzten Weiler vor dem Pass beschloss, mich keinen Millimeter weiterzubewegen. Doch zunächst erschienen die Gehöfte verlassen. Schließlich fand ich eine

Frau, und wir kommunizierten notdürftig mit Händen und Grimassen. Ihr Mann hatte Arbeit als Träger gefunden. Nachdem sie mir einen Schlafplatz zugewiesen hatte, setzte ich mich mit einem Pfefferminztee in den Garten und genoss den Sonnenuntergang.

Mit der Dämmerung kam eisiger Wind auf. Ich gesellte mich in die Wohnstube und wärmte mich am Feuer, über dem mir die Hausherrin Suppe und ein Nudelgericht zubereitete. Das scharfe Essen und der würzige Tee waren eine Wohltat, und ihre Gastfreundschaft war echt. Die Kinder waren neugierig, aber schüchtern. Ihr Fremdeln wich nach einigen Scherzen ausgelassenem Lachen. Ich fragte mich, ob ich in dieser Abgeschiedenheit leben könnte, vor allem im Winter. Gleichzeitig beneidete ich die Familie um ihr naturnahes Leben. Doch die Kinder würden bald erfahren, was sich außerhalb ihrer sichtbaren Welt abspielte. Ihre Träume von einem »besseren Leben« würden sie wohl früher oder später in die Städte ziehen.

Am nächsten Morgen sah ich erstmals kurz den Mount Everest aus den Wolken auftauchen. Gebannt blickte ich auf den Horizont. Er schien zum Greifen nah und gleichzeitig unendlich weit entfernt! Ich ging weiter. Kurzzeitig schloss ich mich einem heiteren Duo an. Doch bald zwangen mich Schmerzen im Knie, es ziehen zu lassen. Bereits jetzt forderte das ewige Auf und Ab seinen Tribut. Ich erklomm die letzten Meter zur vegetationslosen Passhöhe. Ein großer Kontrast zu den fruchtbaren Tälern und ein Vorgeschmack auf das, was noch folgen sollte.

Mir war klar, dass ich nicht mehr zügig vorankommen würde, doch während des folgenden Abstiegs wurden die Schmerzen unerträglich. Es fühlte sich an, als würde eine Messerklinge in meinem Knie umgedreht. Ich fand einen Stock und humpelte wie ein Tattergreis den Berg hinab. Ein frühes Ende meiner Wanderung drohte. Beim Blick auf den zauberhaften Bergwald mit seinen gelb, rot und violett blühenden Rhododendren wurde ich wehmütig. Ob ich weiter nach Lukla ging oder umdrehte, machte von der Entfernung her keinen Unterschied. Zu allem Überfluss zog ein Gewitter auf, und gewaltige Hagelkörner prasselten auf mich ein. Tiefer Nebel legte sich über die Landschaft und verlieh ihr etwas Trostloses. Durchnässt und demoralisiert erreichte ich Junbesi. Am Abend entschied ich mich, meinen Weg nach Lukla fortzusetzen.

Die nächsten Tage das gleiche Spiel, immer bergauf und bergab. Schon jetzt wurde die Tour zu einer Frage des Willens. Musste ich so viel Demut auf einmal lernen?

Das Wetter hatte keinerlei Einsehen. Regelmäßig regnete es in Strömen, und die Majestät der Berge war ständig von dichten Wolken verhüllt. Meine Hoffnung auf ein Ende der Schmerzen erfüllte sich nicht. Nur die Art des Schmerzes variierte: mal stärker, mal schwächer, mal fortwährend pochend, dann in stechenden Schüben. Über Paracetamol amüsierte er sich höhnisch. Ich war auf mich selbst zurückgeworfen. Umso mehr freuten mich die kleinen Gesten, wenn ich abends auf einen freundlichen Menschen traf, der mir ein Dach über dem Kopf und eine Mahlzeit anbot. Neben dem intensiven Naturerlebnis und meinem Stolz waren es diese Erfahrungen, die mich immer weiterlaufen ließen.

Während eines Wolkenbruchs suchte ich Zuflucht in einer Teestube. Drinnen saß ein weiteres Gespann aus Vater und Sohn. Als es aufklarte, machten wir uns gemeinsam auf den Weg. Es gelang mir, ein höheres Tempo anzuschlagen. Der Vater war ein Gurkha – einer der Soldaten, die bis heute in der indischen und britischen Armee dienen, berüchtigt für ihren Kampfesmut. Sie kämpften in beiden Weltkriegen und vielen internationalen Konflikten. Aufgrund der Reputation und des sicheren Gehalts war verständlich, dass der Sohn seinem Vater nacheifern wollte.

Am nächsten Morgen war ich wieder allein unterwegs und mühte mich den nächsten Pass hinauf.

Die Schmerzen steigerten sich wieder. Ähnlich stark quälte mich die Einsamkeit. Ich konnte mich kaum noch ablenken, die Umgebung verkam zur Kulisse.

Ich dachte an meinen Opa, der meine Faszination für die Welt geweckt hatte. Früh hatten mich meine Eltern und Großeltern auf Reisen mitgenommen, nach Griechenland oder Sizilien. Sein Interesse für die Welt hatte nie nachgelassen. Bis zu seinem Tod beschäftigte er sich mit fremden Kulturen und hörte nie damit auf, Sprachen zu lernen. Ob er stolz wäre, wenn er sehen könnte, dass ich in seinen Spuren ging?

Ich kehrte in einem Gasthaus ein und aß Bratkartoffeln. Ein junger Mann lief flotten Schrittes vorbei. Wie gerne hätte ich sein Tempo angeschlagen! Ich zwang mich, noch bis zur nächsten Ortschaft durchzuhalten. Vor einer Herberge traf ich den Wanderer wieder. Johannes und ich waren auf derselben Wellenlänge. Wir hatten beide seit Tagen kaum Gespräche geführt und schnatterten bald wie die Weltmeister. Auch wenn den Nepalesen die deutsche Analogie ihres Ortsnamens S(c)hurke sicher nicht geläufig ist, so nutzten wir den Anlass, um den hiesigen Alkohol zu testen: Rakshi. Das Höllenzeug befindet sich je nach Intention und Zustand des Schwarzbrenners zwischen Branntwein und Reisschnaps. Es wurde ein feuchtfröhlicher Abend.

Johannes befand sich am Beginn einer großen Reise, die ihn bald nach Indien führen würde. Er war auf einem Selbstversorger-Bauernhof aufgewachsen, voller Energie und Abenteuerlust. Er besaß ein feines Gespür für die Einheimischen und kam leicht in Kontakt. Es war spannend, unsere Erfahrungen zu vergleichen. Vor Jahren hatte er Sri Lanka bereist, wusste also ungefähr, was ihn in Indien erwartete. Wir konnten uns gut in die Geschichten des anderen hineinversetzen. Unser Humor schwankte zwischen Lakonie, Schmäh und Abgrund.

Abends tranken wir im Gasthaus mit der versammelten Dorfjugend auf das S(c)hurkentum. Es war der 1. Mai, der Tag der internationalen Arbeiterbewegung wurde gefeiert. Wir hatten keine Ahnung, dass zur gleichen Zeit 150 000 Menschen in Kathmandu einem Aufruf der maoistischen Partei zu einer Großdemonstration gefolgt waren. Der anschließende Generalstreik würde Nepal zwei Wochen lang lahmlegen. Unbeschwert von diesen Ereignissen weilten wir in dem Bergdorf unter hemmungslos betrunkenen Menschen. Zwischenzeitlich wurde uns Chhaang kredenzt, das warme tibetische Bier, dann ein halb vergorener Rakshi, den unsere Mägen mit feindlich klingendem Gluckern quittierten.

Nachts saßen wir mit der Familie des Gasthauses zusammen. Der Hausherr schätzte mich auf fünfzig Lenze. Seine Fehleinschätzung erklärte er mit der Differenz zwischen meinem dichten Bart und den kümmerlichen Härchen, die er sich mit großer Mühe hatte sprießen lassen, wie er eindringlich versicherte. Außerdem hätte ich eine verblüffende Ähnlichkeit mit dem zahnlosen alten Mann neben ihm. Ich wiederum hatte ihn auf vierzig Jahre geschätzt, er war 25. Die gelebte Völkerverständigung dieser Nacht würde uns in Erinnerung bleiben.

Ins Hochgebirge

Eigentlich wollte Johannes früh am nächsten Morgen aufbrechen. Aber der Rakshi tat seine Wirkung, und so stapften wir am Vormittag mit schweren Köpfen los. Die Schmerzen in meinem Knie blieben, doch die Gesellschaft gab mir einen Motivationsschub. Bald betraten wir die Hauptroute zum Everest Base Camp.

Schockartig war es mit dem himmlischen Frieden zu Ende. Es schien, als wären wir auf einem Rummelplatz gelandet. Stimmen schnatterten durcheinander, grelles Lachen ertönte, die unvermeidlichen Teleskopstangen klackerten im Takt, aus dem Gasthaus an der

Wegkreuzung dröhnte grausige Popmusik. Drinnen saß ein Mann von solch voluminösem Körperumfang, dass wir uns boshaft fragten, ob man die Hütte errichtet hatte, als er schon drinsaß.

Ein Blick auf die Speisetafel verriet, dass sich die Preise innerhalb weniger Hundert Meter verdoppelt hatten. Von nun an stiegen sie mit jedem Kilometer.

Wir erblickten Wanderer, die in ihrer Funktionskleidung aussahen, als stünden sie im Begriff, eine Marsmission in Angriff zu nehmen. Träger schleppten Unmengen Gepäckstücke hinterher. Einige Touristen mühten sich redlich, mit der Videokamera nur ja keinen Schritt für die Nachwelt undokumentiert zu lassen. Wir waren nur eine Woche am Rande der Zivilisation gewandert und fühlten uns inmitten des plötzlich über uns hereingebrochenen Trubels vollkommen reizüberflutet. Wie hatten erst die Synapsen getanzt, als Mogli die Lichter der Stadt erblickt hatte?

Im nächsten Ort wurde Poolbillard gespielt. Seit einer Woche hatten wir keinen Kühlschrank gesehen, das Luxusangebot hatte sich allenfalls auf eine Handvoll verstaubter Coladosen beschränkt. Nun waren die Läden prall gefüllt mit den Verheißungen der Nahrungsindustrie – Softdrinks und Schokoriegel in allen Variationen. Ich hatte einmal gelesen, welch großer Unterschied zwischen Verzicht und einem erloschenen Verlangen besteht. Das traf es: Die Snacks reizten uns weiterhin, und wir delirierten scherzhaft über einen Überfall. Erst jetzt erfassten wir vollständig, welcher Genuss in der bisherigen Stille gelegen hatte. Wir hatten uns auf unser Innerstes konzentrieren können.

> Wir beschlossen, uns weiter in Verzicht zu üben und die blinkenden Lichter der modernen Zivilisation zu ignorieren.

Wir wollten der Gier, die uns die Werbeindustrie eintrichterte, auf dieser Wanderung bewusst entsagen. Wir schöpften Trinkwasser aus den Flüssen. Das war besser als drei Plastikflaschen am Tag, die überall herumlagen.

Unsere Ernährung bestand aus Variationen von Kartoffeln, Reis, Gemüse, Eiern und Schwarz-, Ingwer- oder Pfefferminztee. Am Abend fanden wir ein Gasthaus mit einem Kamin. Endlich wurden unsere Knochen wieder warm. Das war echter Luxus!

Der Anstieg nach Namche war anspruchsvoll. Ich musste kämpfen, doch Johannes drosselte sein Tempo, sodass ich Schritt halten konnte. Unterwegs hatten wir eine Erscheinung. Schwer atmend liefen wir den Berg hinauf, und plötzlich schwebte eine entrückt erscheinende junge Frau an uns vorbei. Am nächsten Rastplatz vollführte sie ein Aerobicprogramm, das mich an unsägliche Achtzigerjahrevideos erinnerte. Trotz der Kälte trug sie ein bauchfreies Top. Wir bemerkten sarkastisch, dass ihr Gepäck aus einem unerschöpflichen Vorrat Lippenstift bestehen musste, den sie zentimeterdick auftrug. Sie hätte gut an einen Partystrand gepasst. Hier wirkte sie wie von einem anderen Stern.

Kurz vor Namche hatten wir eine weitere Vision: Wie aus dem Nichts tauchte John auf, ein amüsanter Bursche in Badehose, Badelatschen und Zipfelmütze.

Namche liegt auf 3400 Metern und ist wie ein Amphitheater in den Hang gebaut. Diese Lage verleiht dem Ort Charme. Gleichzeitig bestätigte sich, was wir gelesen hatten. Der Ort war auf grausame Art kommerzialisiert. Neben zahllosen Ausrüstungsläden, Restaurants und riesigen Lodges irritierten uns vor allem die Supermärkte mit ihrem beachtlichen Angebot. Schließlich musste alles mühsam hier hochgetragen werden.

Wer konnte nicht wenigstens hier auf den Quatsch verzichten? Viele wollten offenbar nicht begreifen, wie fragil das lokale Ökosystem ist. Sie erleben ein Abenteuer ohne Verantwortung. Jede Verhältnismäßigkeit ist ihnen abhandengekommen.

Ab Namche mussten wir zur Höhenanpassung langsamer werden. Dennoch wollten wir hier keinen Rasttag einlegen – wir wollten so schnell wie möglich wieder weg.

Am nächsten Morgen stapften wir unter finsterem Himmel bergan. Prasselnder Regen setzte ein. Wir retteten uns in eine Lodge. Bald darauf trat ein abgehetzter Mann herein. Wir waren gerade über eine Karte gebeugt, und er zeigte uns, welch riesige Strecken er in den letzten Tagen absolviert hatte. An Höhenakklimatisation hatte er kaum einen Gedanken verschwendet. Er setzte auf die Einnahme von Diamox – eines Medikaments, das die Produktion von roten Blutkörperchen beschleunigt. Es blieb ein Spiel mit dem Feuer. Die Höhenkrankheit kann von Schwindel, Übelkeit und Gleichgewichtsstörungen über schwere Verwirrtheit bis zum Tod durch ein Hirnödem führen. Die Symptome treten mit Verzögerung auf, und wenn man sie bemerkt, ist es manchmal schon zu spät. Wir hörten Geschichten von Touristen, die mit dem Hubschrauber nach Namche flogen, um sich sofort auf einem Pferd noch höher tragen zu lassen. Jeden Tag hörten wir Helikopter, die Touristen in tiefere Lagen ausflogen.

> Die Gesetze der Leistungsgesellschaft waren bis in den letzten Winkel der Welt vorgedrungen. Höher, schneller, weiter, bis zum Exitus.

Der Besitzer der Lodge drängte uns, hier die Nacht zu verbringen. Dann erfuhren wir von der baldigen Ankunft einer größeren Gruppe. Die Angestellten begannen Schirme aufzuspannen und Souvenirs auszulegen. Die Truppe war uns bereits begegnet und filmte ununterbrochen. Wir ergriffen die Flucht.

Im anhaltenden Regen stiegen wir bei dichter Bewölkung nach Tengboche auf. In endlosen Serpentinen schraubte sich der Pfad nach oben. Ich fühlte mich wie eine altersschwache Dampflok. Unterwegs begegneten wir einem wortkargen Mann, der uns schon zuvor aufgefallen war. Bewaffnet mit einer Videokamera war er in Privathäuser hineingestolpert, um alles zu filmen, was nicht bei drei auf den Bäumen war. Er wähnte sich in seiner Ignoranz in einer Fassadenstadt, offenbar unfähig zu begreifen, dass hier Menschen wohnten, so als hielte er sich mit der Kamera die Realität auf Distanz. Als er außer Hörweite war, klagte uns sein Führer sein Leid. Es war kein Zuckerschlecken mit dem kantigen Brummbären. Ihm zufolge besaß er die Empathie eines Stahlrohrs. Als wir ihn wiedertrafen, hatte er seinen ungeliebten Auftraggeber unter einem Vorwand stehen gelassen. Er verzichtete lieber auf Geld, als in den Wahnsinn getrieben zu werden.

Plötzlich riss die Wolkendecke auf, die Sonne brach durch und gab binnen weniger Augenblicke die Sicht frei. Staunend betrachteten wir das sich öffnende Panorama.

Die Zeit stand still. Der Versuch,
Worte für die kolossale Berglandschaft zu finden,
versandete in dümmlichem Geplapper.

Nachdem wir die letzten Meter des Aufstiegs hinter uns gebracht hatten, war es endgültig um uns geschehen. Der Wind hatte die Wolken davongeblasen. Vom Plateau, auf dem das buddhistische Kloster Tengboche liegt, bot sich uns ein Rundumblick. Zum ersten Mal lag die ganze Majestät der Berge vor uns. Der Ama Dablam glänzte silbrig und gleißend weiß im Abendlicht vor dem strahlend blauen Himmel. Wir schwelgten in dem Anblick, bis die Kälte mit dem Sonnenuntergang unerträglich wurde.

In Tengboche mussten wir endgültig eine Pause zur Höhenanpassung einlegen. Inzwischen war ich zwölf Tage am Stück gelaufen, Johannes zehn. Wir freuten uns auf die verdiente Pause. Nachts saßen wir oberhalb eines jähen Abgrunds und betrachteten die vom Mondlicht silbrig erleuchteten Berge, die in ihrer konturenhaften Zeichnung noch eindrücklicher wirkten. Über uns offenbarte sich das Sternenzelt in seiner ganzen Pracht. Die Milchstraße war klar zu erkennen. Selten schien uns der Himmel so nah.

Unser Hippieleben hatte auch Schattenseiten. Heißes Wasser für eine Dusche kostete hier oben drei Dollar, kaltes Wasser war umsonst. Amüsiert brachte uns der Hausherr einen Bottich mit eiskaltem Wasser. Ich bestieg den klapprigen Bretterverschlag, in dem es genauso arschkalt war, und jagte mir Becher für Becher über den Körper. Ich spürte ein fürchterliches Ziehen am Hinterkopf, mein Körper versuchte verzweifelt, die Körperoberfläche zu verringern. Johannes begnügte sich mit drei Litern und lachte vergnügt. Als wir uns in der wohltuenden Höhensonne aufwärmten, traf John ein. Er würde uns in den nächsten Tagen begleiten.

Wir mussten dringend waschen, unser Zimmer roch nach Erstickungstod. Wir stiegen ein Stück den Berg hinab zu einer Wasserleitung. Die Nepalesen feixten über uns »Waschweiber«. In den organisierten Trecks mussten sich die Touristen um nichts kümmern, und Wäsche waschende Männer sind in Nepal immer noch ein ungewöhnlicher Anblick. Aber wir waren emanzipiert genug und ertrugen das Amüsement mit Würde.

Am nächsten Morgen passierten wir die Baumgrenze. Schließlich ging die Landschaft in Geröll über. Dichter Nebel zog auf. Wir konnten kaum die Hand vor Augen erkennen. Wir fühlten uns, als tasteten wir uns auf einem Terrain jenseits dieser Welt vor. Langsam klarte es wieder auf, und wir erreichten Dingboche auf 4400 Metern. Dort mussten wir einen weiteren Ruhetag einlegen. Wir spielten schließlich nicht russisches Roulette.

Inzwischen fiel es mir schwer, etwas Vernünftiges niederzuschreiben. Ich fühlte mich benommen. Das war nicht unangenehm, eher wie ein sanfter Rausch. Ich fühlte mich immer stärker in der Natur verwurzelt und nutzte den freien Tag, um ein gutes Buch zu lesen und im Anblick des über mir thronenden Ama Dablam zu schwelgen. Hughan schloss sich unserer Gruppe an.

Johannes und ich aßen abends immer Dal Bhat – das Nationalgericht aus Reis und Linsen. Oft gehören auch Kartoffeln und/oder Gemüse dazu. Wir verbrannten Unmengen an Energie – entsprechend groß war unser Hunger nach Kalorien und wir verschlangen das Essen regelrecht. John hatte eine andere Taktik und eine Großpackung Schokoriegel in Namche gekauft. Sofort war er der Sucht verfallen.

Johannes trieben große Pläne an: Er wollte den Chukung Ri besteigen, dann über eine Querung auf die Everest-Route zurückgelangen und nach dem Besuch des Base Camps über einen anspruchsvollen Pass zu den Seen von Gokyo vordringen. Ich hätte ihn gerne begleitet, aber das war mit dem lädierten Knie völlig utopisch. Ich war zu langsam, und ohne Hightechausrüstung war eine drohende Übernachtung auf einem Pass lebensgefährlich. Wir waren uns in der Kürze der Zeit ans Herz gewachsen, hatten viel gelacht und besondere Momente geteilt.

Als er weiterzog, waren wir ein Trio: John war zuvor durch Südostasien gereist und ein unbekümmerter Geselle. Hughan war ernsthafter, aber genauso abenteuerlustig.

Nachdem wir am nächsten Morgen den Grat jenseits von Dingboche erklommen hatten, bot sich ein imposanter Blick auf den Ama Dablam, für mich der schönste Berg.

Nach einem flacheren Abschnitt wurde der Weg sehr steil. Wir erreichten einen Pass, an dem aufgetürmte Steine und ein Mahnmal an die Verunglückten erinnern. Im dichten Nebel wirkten die Gebetsfahnen über den Geröllfeldern gespenstisch, so als wolle das Wetter unterstreichen, wie ungeeignet dieser Ort für Menschen war. Manchmal kam ich mir inmitten der übermächtigen Natur wie ein winziger Eindringling vor. Das hatte etwas Furchteinflößendes und zugleich zutiefst Tröstliches.

> Diesen Ort würden wir uns niemals untertan machen. Hier kann man Demut lernen, Hochmut wird bitter bestraft.

Einige versuchen dennoch, die Natur zu bezwingen. Die Besteigung des Mount Everest gilt als ultimative Heldentat. Die Kommerzialisierung zerstört die Magie des Bergsteigens. Staus gehören inzwischen zum Alltag bei der Gipfeltour. Jeder, der die rund 60 000 Euro für die Besteigung aufbringt, kann es nach oben schaffen. Es bleibt eine riesige körperliche Anstrengung, aber den Großteil der Arbeit machen die Sherpas.

Beim letzten Aufstieg nach Lobuche wurde die Luft mit jedem Schritt dünner, das Herz schlug mir bis zum Hals. Auf 5000 Metern wird der Sauerstoff mit halbem Druck in die Lungenbläschen gepresst. Man braucht mehr Atemzüge, um die gleiche Menge Sauerstoff aufzunehmen. Die Sherpas sind an die Höhe angepasst und produzieren von Geburt an mehr rote Blutkörperchen. Fasziniert beobachtete ich, wie sie schwere Holzelemente hochwuchteten. Die Sherpas befestigen die Lasten mit Stirngurten am Kopf und beherrschen eine Tragetechnik, die ein hohes Maß an Gleichgewicht voraussetzt. Sie sind zäh, ihre Sehnen wie aus Stahl. Viele tragen Schemel bei sich, um sich kurz ausruhen zu können, während sie ihre Last an einer Wand abstützen. Sie marschieren den ganzen Tag. Konzentration und Anstrengung stehen ihnen ins Gesicht geschrieben. Sie werden anhand des Gewichts ihrer Last bezahlt. Das sind manchmal über hundert Kilogramm. Einmal trug ich das Gepäck eines Sherpas einige Meter. Unglaublich, dass sie solch ein Gewicht dauerhaft stemmen können.

Längst liefen wir durch eine Steinwüste. Wir erreichten Lobuche auf 4900 Metern. Der Ort bestand aus zwei riesigen Lodges. Ich bekam Schädeldröhnen, so als hätte sich eine eisige Kralle in mein Hirn gebohrt. Ich nahm vorsichtshalber ein Medikament aus Hughans Notfallration, das Linderung brachte. Nachteil war, dass ich nachts noch öfter in die Eiseskälte hinausmusste. Ich fühlte mich angesichts der notwendigen Flüssigkeitszufuhr ohnehin wie ein nierenkrankes Pferd.

Am Morgen ging es mir besser, dafür war John kurzatmig und bekam Kopfschmerzen. Von den Kuppen der auf- und absteigenden Geröllfelder sahen wir die mächtigen Berge, wegen denen wir aufgebrochen waren. Dann erreichten wir Gorak Shep, auf etwa 5100 Metern. Es herrschte klare Sicht, wir deponierten unsere Rucksäcke und machten uns gleich daran, den Kala Pattar zu besteigen. Aus der Ferne erscheint er nur wie ein Hügel vor dem gewaltigen Pumo Ri.

John fühlte sich mies. Hughan machte die Höhe weniger aus, ich war am Limit. Mir schien, als wäre aller Sauerstoff aus der Luft gewichen. Es gelang mir nur mit Mühe, mich auf den Weg zu konzentrieren. Doch mit jedem Meter wurde die Kulisse eindrücklicher. Endlich erreichten wir den Gipfel auf 5675 Metern. All die Strapazen waren sofort vergessen. Die Aussicht auf die in gleißendes Sonnenlicht getauchten Berge war atemberaubend. Eine halbe Stunde lang genossen wir einen ungetrübten Blick auf den Everest und die umgebenden Berge. Wir waren so hoch gestiegen und hatten noch immer Respekt einflößende Giganten vor uns, die sich wie Wände auftürmten. Wir konnten leicht nachvollziehen, warum diese Berge Nepalesen und Tibetern als Wohnsitz der Götter gelten. Die Nepalesen nennen den Everest Sagarmatha – »Stirn des Himmels«, die Tibeter Qomolangma – »Heilige Mutter«.

Leider ist Respekt nicht selbstverständlich. Trotz der Gebetsfahnen lichtete ein Mann seine junge Freundin oben ohne ab. Er erklärte mir stolz, sie hätten solche Fotos auf allen Kontinenten gemacht. Manche wissen wirklich nicht, wohin mit sich und ihrem Geld.

In Gorak Shep gibt es sogar ein Internetcafé. Welch geltungssüchtige Affen mussten hier der Welt verkünden, dass sie gerade den Everest sehen konnten? In Tengboche hatte gar ein »Business Conference Center« seine Dienste angeboten. Warum nutzten so wenige die einmalige Gelegenheit, eine Pause von der Hektik der modernen Zivilisation zu genießen?

Ich war glücklich, durchgehalten zu haben. Ich schaute in beängstigende Abgründe hinab, sah Gletscher und Seen unter mir liegen und hob meinen Blick zu Berggiganten hinauf. Berauscht sog ich die Atmosphäre tief in mich ein. Die Wetterküche war ein weiteres Schauspiel. Die Wolken zogen langsam aus dem Tal auf und verhüllten die Berge wie ein Theatervorhang. Bergab schwebte ich.

Hughan und John brachen zum Everest Base Camp auf. Ich ruhte mich aus und zog später los, um einen Blick auf den Khumbu-Gletscher zu erhaschen, der sich vom Everest hinabzieht. Einige Seen hatten sich gebildet. Das schimmernde Türkisblau des Eises war betörend. Noch eindrucksvoller war der tosende Lärm von abbrechenden Gletscherteilen. Einige Hundert Meter vor dem Base Camp machte ich kehrt. Im magischen Mondschein ging ich todmüde, aber glücklich zurück.

Am Morgen strahlte die Sonne. Nach der bitteren Kälte der Nacht, in der sich Eis im Bart festgesetzt hatte, heizte uns die Höhensonne auf, und wir ließen den Blick schweifen.

Dann machten wir uns an den Abstieg. Schon nach wenigen Kilometern konnte ich den beiden nicht mehr folgen. Wir verabschiedeten uns herzlich voneinander. Kurz war ich betrübt. Doch bald überwog die Erleichterung darüber, niemandem mehr hinterherhecheln zu müssen. Es war unsinnig zu hetzen angesichts dieses Panoramas. Ich wollte die Wanderung würdig ausklingen lassen.

Mit jedem Kilometer strömte mehr Luft in meine Lungen. Das Kämpferherz hatte gesiegt.

Im International Mountain Museum in Pokhara betrachtete ich später Aufnahmen von Gletschern von vor vierzig Jahren und heute. Der

Kumbhu-Gletscher hat seitdem die Hälfte seiner Größe eingebüßt. Es ist eine der Katastrophen unserer Zeit. Die Gletscher des Himalaja sind Lebensgrundlage für über eine Milliarde Menschen. Allein in Tibet entspringen vier der wichtigsten Ströme Asiens: Indus, Brahmaputra, Mekong und Jangtsekiang. Im Himalaja kann man die Klimaveränderungen besonders deutlich erkennen, die sich gerade vollziehen. Die Temperatur steigt hier besonders schnell, ähnlich wie an den Polen. Das ist besonders bitter für seine Bewohner, tragen sie doch mit ihrer Lebensweise wenig zum Klimawandel bei. Wir haben uns über die Natur erhoben und geglaubt, damit durchzukommen. Doch nur, wenn wir das Bewusstsein erneuern, dass wir ein Teil der Natur sind, werden auch zukünftige Generationen ihre Wunder erleben.

Australien

ANNÄHERUNG AN EIN LAND

Vielleicht braucht jeder ein Sehnsuchtsland. Eines, das verführt, neue Seiten zeigt, uns erweitert und herausfordert – das Tagebücher und Landkarten füllt. Ein Land, das wir immer wieder verlassen, um zurückzukommen. Mein Sehnsuchtsland ist Australien.

Von Cindy Ruch

Nachts um zwei Uhr lande ich das erste Mal in Perth in Westaustralien. In den letzten siebzehn Stunden sah ich Sterne über den Wolken, eine ewige Wüstenlandschaft mit einzelnen Straßenlinien, gepunktete Inselgruppen vor Dubai, das weite Meer. Auf meinem Fenstersitzplatz habe ich halb schlafend, halb schauend die Welt umrundet wie in einem Traum.

Dann komme ich an, stehe gedrängt mit anderen Reisenden in der Schlange der Passkontrolle, am Gepäckband und in der Eingangshalle. Als ich hinaus in die kühle Septemberluft trete, verschwinden alle in den Taxen und Autos, die sie abholen. Ich bleibe übrig. Die Straße ist beleuchtet, dahinter ist es still, dunkel und unbekannt. Zwölf Kilometer sind es bis ins Stadtzentrum. Es soll einen günstigen Shuttle geben, den man anrufen kann. Ich sehe kein Telefon. Und keine andere Person, die nicht weiß, wohin.

Ich laufe herum, meinen schweren Rucksack auf dem Rücken, bis ich das Telefon an der Wand bei der Bushaltestelle finde. Als ich den Hörer abnehme, spricht ein Mann sofort los. Ich verstehe ihn kaum. Meine Abiturnote in Englisch: befriedigend. Ich stottere Wörter in den Hörer: Airport, Bus, Hostel. Lege auf und hoffe, dass jemand kommen wird. Ich warte.

Australien war immer mein Traum. Ich sparte das Geld meiner Ferienjobs dafür, hatte nur diesen einen Plan nach dem Abitur und keinen weiteren. Den wollte ich verwirklichen. Womöglich wollte ich mir beweisen, dass ich alles schaffen konnte, wenn ich es nur wollte. Dass ich mehr als nur eine Tagträumerin war.

Der weiße Bus biegt um die Ecke. Als ich einsteige, fühle ich mich wie zuvor im Flugzeug, beruhigt, unterwegs zu sein, fast schwerelos wie unter Wasser, als hätte ich mich mit beiden Beinen vom Beckenrand abgestoßen und würde nun wieder einer Wasserströmung folgen. Ich muss mich nur treiben lassen, ganz frei. So bewegen wir uns durch die Dunkelheit zum Lichtpulk am Horizont, wo Perth sein muss.

Der Schlüssel soll im Briefkasten sein, habe ich mit dem Hostelbesitzer zuvor per E-Mail vereinbart. Der Bus fährt davon. Ich greife durch den Briefschlitz. Da ist nichts. Ich drücke die Klingel. Einmal. Zweimal. Dreimal. Jemand fummelt am Schloss herum, öffnet die Tür, betrunken. »Hey, welcome!« Ich bin müde, suche mir ein Bett im ersten Zimmer rechts, krame im Dunkeln meinen Schlafanzug und meine Zahnbürste aus dem Rucksack, krieche unter die Bettdecke und schließe die Augen. Es ist keine Strömung mehr da, das fremde Straßenlicht flackert durch die Gardine. Ich fühle mich zu weit weg von zu Hause und warte darauf, aufzuwachen.

An meinem ersten Tag in Perth regnet es. Ich laufe durch das Zentrum, flüchte mich nachmittags in eine Telefonzelle, rufe in Deutschland an, wo meine Eltern gerade frühstücken. Lege den Hörer auf, laufe weiter herum, durch Malls, an Cafés vorbei, zum Fluss, und finde nichts, was mich interessiert. Ich frage mich, ob ich die nächsten sechs Monate immer allein im Regen herumlaufen werde.

Zukünftig werde ich immer diese Mischung aus Ungläubigkeit, Freiheit und Traurigkeit am ersten Reisetag verspüren, wenn ich allein losziehe.

Zukünftig werde ich oft mitweinen, wenn ich Verabschiedungen an Flughäfen sehe. Zukünftig weiß ich, dass ich abwarten muss, bis etwas passiert und funktioniert.

Ich laufe nicht lange allein herum, schon gar nicht im Regen. Am Swan River lerne ich Susanne kennen und spaziere mit ihr durch die Eukalyptusallee des Kings Parks, in ihrem Hostel treffe ich Sarah, mit der ich zum Cottlesloe Beach gehe, und am Schwarzen Brett finde ich den Zettel von Janosch, der einen Roadtrip in den Norden plant. Ich verabrede mich mit ihm.

»Du wirst mich erkennen«, schreibt Janosch, bevor wir uns treffen. Ich sitze im Zug nach Fremantle und schaue mich um. Wie könnte er aussehen? Der mit den strohblonden Haaren in der Ecke? Der mit dem fast auseinanderfallenden Rucksack? Ich steige aus, die Sonne blendet, da steht er vor mir: ein Viertel größer als ich, mit braunen Haaren, die sich wild in alle Richtungen locken. Ganz wie sein Reisefieber, das ihn stetig in alle Ecken der Welt lockt.

»Wie stellst du dir so einen Roadtrip vor?«, fragt er mich. In Deutschland studiert er Geografie und macht grad eine Auszeit.

Es ist unser erster Roadtrip. Wir wollen zelten, Lagerfeuer machen, Neues entdecken, Richtung Norden fahren. Einen Monat lang. In einem Hostel mit Wellblechhütten finden wir André und Sven, die nach dem Zivi und vor dem Studium hier gelandet sind. Sie haben die gleiche Idee und das Auto. Der Plan steht: Anfang Oktober werden wir von Perth nach Port Hedland fahren.

Westaustralien ist wilder und abgelegener als die anderen fünf Bundesstaaten des Kontinents. Es ist wie ein eigenes Land, zu dessen Hauptstadt Perth die Züge aus dem Osten mindestens drei Tage brauchen. Auf Weltkarten ist Platz genug, um 300-Einwohner-Städte an der Küste zu verzeichnen. Sonst würde der Küstenstreifen leer aussehen. Jeder Einwohner hat theoretisch einen Quadratkilometer nur für sich – in Deutschland müssen sich 240 Menschen diesen Platz teilen. Zwischen den Orten ist es menschenleer und naturreich, und es ist diese Wildnis, die wir suchen. Das tägliche Entdecken von neuen Landschaften und Orten, das zeitlose Weiterfahren.

»Guckt mal!«, rufen wir hin und wieder, wenn ein Känguru am Auto vorbeispringt oder ein Koala faul im Yanchep-Nationalpark herumhängt. Wir fahren an Orten ohne Häuser vorbei. Straßenlaternen, Gartenmauern und Briefkästen markieren die Grundstücke. In das Auto quetschen wir vier Rucksäcke, Andrés Gitarre, Janoschs Campingstuhl und immer einen Pappkarton voller Bierdosen. Abends lassen wir die Tage am Lagerfeuer Revue passieren. Erinnern uns an die Pinnacles in der sandigen Steinlandschaft, an die Seesterne, die in einer Lagune schwimmen. Wir beginnen, Westaustralien zu sehen und uns zu erzählen.

Je weiter nördlich wir kommen, desto karger wird die Landschaft. Rechts und links nur roter Sand, trockene Sträucher und ein paar Ziegen.

Ein mutiger Emu hechtet zwischen unserem Auto und dem entgegenkommenden Lkw hindurch, als wir merken, dass die Tanknadel gewagt nah bei null steht. Die Tankstellen können hundert Kilometer voneinander entfernt sein.

»Ist auf der Karte keine Tankstelle eingezeichnet?«, fragt André.

»Weißt du denn, wo genau wir sind?«, erwidert Sven.

Wir fahren im fünften Gang und rollen, wann immer es möglich ist.

Wir hatten die Tankanzeige ganz vergessen. Waren so beeindruckt vom Kalbarri-Nationalpark, schauten vom Aussichtspunkt bei Hawk's Head von weit oben über das Land in die Schlucht und kühlten unten am Fluss unsere Füße.

Nun schwitzen wir wieder.

»Wie viele Kilometer kann man noch fahren, wenn die Nadel bei null steht?«, frage ich.

»Vierzig vielleicht«, antwortet Sven.

Schweigen. Kein Auto kommt uns mehr entgegen.

»Seit wie vielen Kilometern ist die Nadel bei null?«, frage ich.

Die Sonne sinkt tiefer über die Ebene. In unserem Auto sind wir nur ein kleiner, dahinrollender grauer Strich in dieser mächtigen, weiten Landschaft. Keine gelben Ortseingangs- oder Ortsausgangsschilder wie in Deutschland, bei denen man zwischen fünfzig und hundert Stundenkilometern wechselt, bei denen man auf andere Autofahrer, Fußgänger und Fahrradfahrer reagieren muss. Hier ist nichts los.

Die Tanknadel ist im Minusbereich. Bald wird es kühler, und die Kängurus werden die Wärme der aufgeheizten Straße suchen. Dann sollten wir nicht mehr fahren. Ein Zusammenstoß mit einem Känguru kann für beide Parteien böse enden. Im Kofferraum haben wir noch Nudeln, Soßen, Wasser.

Wir schweigen, als würden auch Wörter Benzin verbrauchen.

Dann taucht in der Ferne ein Schild auf. Dahinter ein flaches Gebäude.

»Na, endlich!«, seufzt Sven, als hätte sich unsere Verabredung verspätet.

Wir rollen ein wie die Helden einer Outbackexkursion und lachen erleichtert. Sven füllt den Tank, André kauft sich eine Cola, Janosch fragt den Tankwart nach einem Übernachtungsplatz.

»Fahrt doch dort drüben rein«, schlägt er uns vor und zeigt auf die andere Straßenseite, wo struppige Büsche und kurze Bäume lange Schatten in den roten Sand werfen. Sie stehen weit genug auseinander, um im Slalom um sie herumzufahren. Hinter uns stiebt roter Sand auf, wir halten an, als wir die Straße und das Billabong Roadhouse nicht mehr sehen können.

Es ist still, wir hören nur uns selbst, wie wir die Türen des Autos zuschlagen, die Heringe in den Sand klopfen, das Nudelwasser auf dem knisternden Feuer zum Blubbern bringen. Eine rote Sandschicht legt sich schnell über unsere Schuhe, Füße, Zelte und die Motorhaube.

Zwischen den Sträuchern und Steinen liegen Knochen im Sand.

»Müssen Schafe sein«, meint André.

Das Licht des Lagerfeuers flackert gegen die kahlen Bäume. Wir trinken aus der Vierliterweinbox, holen die Schlafsäcke und Isomatten aus dem Zelt, legen uns unter den großen Sternenhimmel, der so hell ist, als hinge eine Großstadt über uns. Irgendwo muss das Southern Cross sein, Teil der australischen Flagge und nur in der südlichen Hemisphäre zu sehen. Schon Mark Twain suchte es auf seiner Reise

1895 nach Australien und dachte, es würde den ganzen Himmel einnehmen, so berühmt, wie es sei. Ich suche es, während André neue Lieder auf seiner Gitarre übt, und finde viele mögliche Kreuze des Südens in winzigen und himmelüberspannenden Sternbildern.

Wir kapseln uns ab von der restlichen Welt und gewöhnen uns schnell daran. Nur selten kommt eine SMS aus Deutschland durch. Alle paar Tage halten wir an einer orangefarbenen Telstra-Telefonzelle oder einem Internetcafé, um uns zu Hause zu melden. Dann gehen wir wieder verloren, zelten am Ende von Feldwegen am Strand oder auf roter Erde. Es gibt nur uns, das Meer im Westen und die ewig lange Straße gen Norden. Erst heißt sie Brand Highway, dann North West Coastal Highway, ist immer Teil des National Highway 1. Wir müssen ihr nur folgen und warten, was als Nächstes passiert.

»Sollen wir wirklich weiter?«, fragt Sven schon bald mit zweifelndem Blick, als wir mit dem Auto über die Schotterpiste des François-Péron-Nationalparks holpern. Janosch drückt sich das Lenkrad an die Brust, klebt mit der Nase fast an der Windschutzscheibe, um jedes tiefe Loch, jeden spitzen Stein und jede ausufernde Sandstelle vor der Motorhaube zu erspähen.

Ein Auto überholt uns. Mit dicken, hohen Reifen. Das Wort Four-Wheel-Drive benutze ich erstmals in Australien, in Deutschland habe ich selten Allradfahrzeuge gesehen.

Es scheppert unter meinem rechten Fuß.

Wir haben nicht genug Geld, um uns Werkstattreparaturen zu leisten. Oder uns hier rausziehen zu lassen.

Janosch hält auf der linken Straßenseite an.

»Und nun?«

Es ist schon Nachmittag. Geplant war ein Tagesausflug an die Lagune. Doch am Vormittag haben wir uns vom weißen Strand und dem türkisblauen Wasser in Denham blenden lassen und zu viel Zeit dort verbracht.

»Sollen wir laufen?«, schlage ich vor.

Wir haben ja sonst nichts zu tun. Fahren das Auto zum Parkplatz zurück, ziehen unsere Wanderschuhe an, schultern die Rucksäcke mit sechs Litern Wasser. Beginnen den roten, holprigen, staubigen Weg entlangzulaufen.

»Wisst ihr noch, wie weit es war?«

»Ich glaube, zwanzig Kilometer hin und zurück.« Janosch rechnet. »Das sollten wir schaffen.«

Wir können uns nicht verlaufen.
Es gibt keine Abzweigung nach rechts oder links.

Nur die zwei Spuren in der roten Sandlinie, denen wir zweieinhalb Stunden folgen. Die Sonne prasselt auf uns ohne einen Hauch von Wind.

»Wer hatte eigentlich diese Idee?«, fragt André, und ich laufe schweigend weiter.

Als wir die Lagune erreichen, rechnen wir neu. Sonnenuntergang ist in zweieinhalb Stunden. Wir müssen sofort zurück, sonst wird es dunkel.

Und so drehen wir um, werfen nur einen kurzen Blick auf die Lagune, und laufen den gleichen Weg zurück. Vor, neben und hinter uns trockene Büsche, wie flach gedrückt vom breiten Himmel. Irgendwann schauen wir uns nicht mehr um, sondern nur noch auf den roten Sand zu unseren Füßen. Es dauert länger als gedacht, mein Knie beginnt wehzutun. Ich wünsche mir Wasser, Nudeln, eine Dusche oder eine Hängematte. Als die Sonne untergeht, leuchtet die Sandspur glutrot. Mein Kamera-Akku ist leer. Es bleibt nur das Weiterlaufen. Plötzlich ist es dunkel, als hätte jemand die Tür zum erleuchteten Flur zugemacht. Die Sonne ist weitergewandert, über uns tauchen die Sterne auf. Immer zu zweit laufen wir im Lichtkegel einer Stirnlampe, es ist still bis auf unsere Schritte.

»Meint ihr, das ist das Southern Cross?«, frage ich und zeichne ein Viereck über den gesamten Himmel.

Niemand antwortet.

Eine halbe Stunde später erreichen wir den Parkplatz, öffnen die Autotüren, setzen uns hinein, kurbeln die Fensterscheiben runter und reichen die warm gewordene Wasserflasche herum.

Ich löse mich gedanklich aus der Gruppe, aus dem Wir, starre hinaus in die Dunkelheit und fühle mich plötzlich müde und wach zugleich. Etwas hat mich aufgeweckt, inspiriert, eine Sehnsucht entfacht. Ich kurbele das Fenster ganz herunter, als wir losfahren, sauge die kalte, sandige Luft ein und fahre mir mit der Zunge über die trockenen Lippen.

Das ist es: das Outback. Diese verlässlich immer weite, endlose, sandige, gleichmäßige Landschaft.

Ich möchte sie am liebsten verinnerlichen.

In der australischen Literatur gibt es Methoden der Landschaftsverinnerlichung. Ich könnte roten Sand essen, frisch oder zugeschickt in einem Briefumschlag, um den Ort zu verinnerlichen wie Geordie in Tim Wintons *Der singende Baum*. Oder Gedichte lesen über das mutige und traurige Australien, um der eigenen Perspektive noch weitere hinzuzufügen wie Rob in Randolph Stows *The Merry-Go-Round in the Sea*. Oder einen Tag lang die Sonne aus einem Ledersessel beobachten, um die platte Landschaft mit Bedeutung aufzuladen wie der Erzähler in Gerald Murnanes *Die Ebenen*. Oder einmal quer durch das Outback mit vier Kamelen und einem Hund laufen wie Robyn Davidson.

Ich mache von allem etwas: atme den Sandstaub ein, lese australische Bücher, beobachte die Wanderung der Sonne über den Himmel, der hier viel mehr Platz einnimmt als anderswo, und bewege mich immer wieder in das Outback hinein. Nichts Extremes. Sondern eine langsame, sichere Annäherung an ein Land, bei der sich roter Sand unter den Fingernägeln festsetzt.

Wir bleiben zweieinhalb Wochen an der Küste, das Meer stetig im Westen und das Outback im Osten. Bei Exmouth verlassen wir den Highway 1, lassen das klare Wasser mit den bunten Korallen und Fischen hinter uns. Die Haarspitzen sind noch salzig vom Indischen Ozean. Es wird heißer, je weiter wir ins Landesinnere Richtung Tom Price fahren. Die Schweißtropfen stehen uns auf der Stirn, die Klimaanlage funktioniert nicht. Xavier Rudd tönt aus den Lautsprechern. Wenn wir das Fenster herunterkurbeln, kommt ein Schwall Luft herein, dick wie ein Kopfkissen.

Meine Hände werden zittrig, als würden sie einschlafen. Ich kann die Grenze zwischen meinem Körper und der Luft nicht mehr ausmachen. Die Landschaft verschwimmt schneller, als wir fahren. Sie scheint mich zu verinnerlichen – nicht andersherum.

Wir halten an.

Die Hitze verschluckt alle Töne, als wäre ich unter Wasser. Ich verstehe nicht, was die Jungs sagen. Sie reichen mir die Wasserflasche, legen mir ein feuchtes Handtuch auf die Stirn. Ich schließe die Augen und trinke, bis ich meine Hände wieder spüre.

Als ich die Augen öffne, verorte ich mich. Auf der Rücksitzbank. Beide Beine hängen aus der offenen Tür, erreichen den Boden nicht. Die Jungs stehen in der prallen Sonne, beobachten mich. Ich beobachte die unglaubliche Weite hinter ihnen, die wieder zum Stillstand gekommen ist. Es fühlt sich an wie ein Test, ob ich bereit für mehr Outback bin.

»Geht's wieder?«, fragt Janosch. »Sollen wir weiter?«

Ich nicke.

Wir fahren weiter geradeaus, trinken eine Limonade am einzigen Roadhouse auf der Strecke, fahren immer weiter.

»Das inspiriert dich bestimmt zum Schreiben, oder?«, fragt mich Sven zwischendurch.

Er hat recht, doch ich bin zu überwältigt, um dafür Sätze zu finden. Starre nur hinaus. Wie kann ich eine Landschaft beschreiben, die ich noch nie zuvor gesehen habe? Die Farbsättigung, die Dehnbarkeit und der leere Raum sind zu groß.

Ich schreibe Geschichten, seit ich acht Jahre alt bin, fotografiere, seit ich zehn bin. Ich habe Sätze, Plots, Dialoge und Überschriften geübt, Winkel, Perspektiven, Goldene Schnitte und Sonnenuntergänge. Doch hier kommen meine Worte und Bilder nicht an die Wirklichkeit heran. Mir fehlt das Grundvokabular einer fremden Sprache und eines neuen Landes. Als könnte ich die Zutaten eines Gerichts nicht benennen.

Als würde ich die Farben und Formen falsch sehen, ganz wie die ersten britischen Künstler, die sich Ende des 18. Jahrhunderts mit dem anderen Licht, der fremden Landschaft und den neuen Tieren vertraut machen mussten. So schickte John Hunter, zweiter Kapitän der First Fleet, später Gouverneur von New South Wales und zwischendurch auch Zeichner von Vögeln und Blumen, Skizzen nach England, auf denen ein Emu eher einer niedlichen Gans ähnelt als dem knapp zwei Meter großen Vogel, der ein paar Tage zuvor fast in unser Auto gerannt wäre.

In diesen Momenten jedoch, als ich dachte, ich könne nichts in Worten festhalten, kriecht Australien langsam und sicher in mich hinein.

Ich fange an, die vielen Farbschattierungen des Outback zu bemerken, wie sich die Erde und die Büsche zu unterschiedlichen Tageszeiten verändern, am Morgen und am Spätnachmittag kräftig und lebendig, zur Mittagszeit blass und trüb. Höre den Wind in der Stille und die Papageien in den Bäumen. Australien wird zu meiner Grundlage, mit der ich zukünftige Reiseziele vergleiche. Australien wird zu meinem Sehnsuchtsland. Ich sauge alles auf, ich sammle.

Und ich lerne, wie schnell sich die Landschaft ändern kann. Wenn ein Gewitter niederprasselt, wird die Halbwüste zum Regenmeer. Der

Regen fällt dicht und plötzlich, noch bevor wir Tom Price erreichen. Die Windschutzscheibe ist voller Wasser. Blitze leuchten auf. Kein Gedanke mehr an Schönheit, Worte, Fotos.

Wir fühlen uns wie in einer Taucherglocke.

Unsere Schreie, »Anhalten!«, »Weiterfahren!«, gehen im lauten, blechernen Regentrommeln auf dem Autodach unter.

Langsam fährt André an den Straßenrand, bis nur noch ein Viertel des Autos auf der Straße steht. Hoffentlich prallt keiner dieser langen, schweren Lkws von hinten auf uns drauf. Wenn wir nichts sehen, sieht uns auch niemand. André schaltet den Warnblinker an, dann die Nebelschlussleuchte.

Wir haben uns über gefährliche Tiere informiert, wissen, dass man mit festen, lauten Schritten durch das Gebüsch laufen muss, um Schlangen zu vertreiben; wissen, dass man nicht in dunkle Ecken greifen sollte, wo Spinnen hausen.

Wir wissen nicht, was bei solch einem Wetter zu machen ist.

Hagelkörner prallen wie wild auf das Dach, als würden Kieselsteine aus den Wolken fallen.

Wir warten.

Blitze schießen umher.

Warten.

Bis sich die Blitze entfernen. Bis die Hagelkörner zu Regen werden. Der Regen in einzelnen Tropfen fällt. Das Trommeln verstummt.

André umfährt die großen, funkelnden Pfützen. Die Erde ist nun tiefbraunrot, die grünen Büsche leuchten saftig. Wie neu, wie erwacht.

Das Gewitter wiederholt sich täglich um sechzehn Uhr im Karijini-Nationalpark. Bis dahin laufen wir auf Naturtreppen zur Senke der Dales Gorge und schwimmen im Circular Pool, der Himmel weit über uns. Zur Gewitterstunde sitzen wir im Auto, und wenn es aufhört, wird das Autodach zum Tisch, auf dem wir in den Fensterrahmen sitzend Nudeln mit Soße essen, der Mond ist unsere Wohnzimmerlampe. Ein Dingo rennt davon in den Busch.

In Tom Price taucht erstmals ein Gedanke auf: Wie wäre es wohl, hier zu wohnen?

Durch die Straßen an den hohen Eukalyptusbäumen vorbei zum Coles zu laufen, um SmartBuy Chocolate Scotch Fingers, Domino Tomatensoße und drei Mangos für den Preis von zwei zu kaufen; ein paar der 2700 Einwohner zu grüßen: How are you? – Fine, how are you?; die Wochenenden bis sechzehn Uhr im Karijini-Nationalpark zu verbringen und an langen Wochenenden 250 Kilometer durch die Ebene zum Meer zu fahren, um im türkisfarbenen Wasser zu schnorcheln – wie wäre es wohl, ein anderes Leben?

Diesen Gedanken werde ich noch oft wiederholen. In Broome, Byron Bay, Broken Hill, Bondi Beach, Charleville, North Stradbroke Island, Brisbane.

Und manchmal werde ich eine Weile bleiben.

Die ganze Welt

PER ANHALTER AM STRASSENRAND

Warten ist eine sorgfältig antrainierte Fähigkeit des Anhalters, ein Universalgut. Den wartenden Anhalter kann nichts erschüttern. Seit Jahren stehe ich bereits am Straßenrand, strecke den Daumen in die Luft, reise hin und her zwischen Feuerland und der Karibik und von Hamburg bis nach Singapur. Jeder neue Schritt führt ins Ungewisse, und es ist nie klar, ob hinter der nächsten Kurve das Paradies oder ein Albtraum lauert.

Von Morten Hübbe

Reisen ist in meinem Leben immer präsent gewesen. Ich wuchs in einem Elternhaus auf, das von Hochseefischerei und Archäologie geprägt wurde. Der eine zog Fische aus den Weltmeeren, die andere grub in staubiger Erde nach mittelalterlichem Zeug. Und während meine Eltern jeder für sich in Raum und Zeit unterwegs waren, saß ich in einem Wohnzimmer, in dem eine präparierte Riesenlanguste aus afrikanischen Küstengewässern in einem Schaukasten hing. Darunter stand ein Globus, der die Welt noch in West- und Ostmächte teilte und Jugoslawien für ein Land hielt. Das war, als die Mauer noch stand, von der auch heute noch ab und an gesprochen wird. Die Mauer, die auch irgendwie mit dem Reisen oder Nichtreisen zu tun hatte.

Das alles ist vorbei, verboten, nicht mehr zeitgemäß. Nur das Reisen ist mir geblieben. Mein Tanz um die Welt geht nun ins neunte Jahr. Und ich bin mir oft nicht sicher, wer in diesem Pas de deux der Führende ist. Viele wundervolle Dinge sind geschehen. Ich habe mich weit entfernt von der Riesenlanguste im Schaukasten. Ich war an Orten, über die ich als Kind nur mit den Fingern auf der Erdkugel wandern konnte. Feuerland. Pazifik. Indischer Ozean. Unvorstellbar. Ich habe Freundschaften geschlossen, die Kontinente übergreifen.

Reisen ist schön, so richtig schön. Es wird in leuchtenden Farben gepriesen. Alles funkelt und strahlt und ist so überwältigend, dass einem der Atem stockt. Menschen finden sich plötzlich selbst in einsamen Gegenden. Sie setzen einen Fuß auf unbekanntes Terrain, und schon strömt ungeahntes, verdrängtes Leben durch ihre Adern, pulsiert magisch zwischen Hirnrinde und Schädeldecke. Schmetterlinge im Bauch. Floskeln.

Vom ganzen Mist, der unterwegs über einen hereinbricht, sprechen dagegen wenige. Vom Nervenkitzel des freien Falls, wenn man noch nicht genau weiß, wie hart der Aufschlag werden wird. Was passiert, wenn ich kurz nicht aufpasse oder zu naiv bin oder zu stolz? Was passiert, wenn ich denke, dass die Welt ein guter Ort ist und sie mir ihre hässliche Fratze entgegenreckt? Was macht das mit mir, wenn plötzlich der Boden unter den Füßen verschwindet und der Blick auf die Welt bricht?

Vorweg: Ich bin nicht wagemutig, und ich brauche keine Adrenalinkicks. Ich habe auch kein Bedürfnis, mich neu zu verorten. Ich möchte stattdessen wissen, wie die Welt funktioniert. Also die Welt, nicht die Wirtschaft oder Deutschland oder Disneyland. Und weil es kein allgemeingültiges Welt-Einmaleins gibt, besuche ich Land für Land, um wenigstens einen groben Überblick zu erhaschen. Am liebsten mache ich das zu zweit.

Es ist ein Privileg, einfach losziehen zu können. Ohne Not die Welt bestaunen.

Wir reisen per Anhalter, wollen die Distanzen spüren. Ökologische Gründe gehören natürlich dazu. Trampen ist nachhaltig. Wir stehen am Straßenrand, die Rucksäcke zu unseren Füßen, einen Zettel mit unserem Zielort in der Hand. So kommen wir von Hamburg nach Dresden, von Dresden nach Prag, nach Budapest, nach Belgrad, nach Istanbul, Izmir, Antalya.

An einem dieser Tage, an denen wir bereits Hunderte Kilometer auf türkischen Fernstraßen unterwegs sind, sitzen wir auf dem Beifahrersitz eines Vierzigtonners. Es ist bereits tiefschwarze Nacht, als wir unter einer Autobahnbrücke halten und der Fahrer uns plötzlich mit einer schweren Taschenlampe bedroht. Er verlangt Geld.

Unsere Reaktion ist instinktiv. Wir zwängen uns aus dem Lkw, der so nah an der Leitplanke hält, dass wir die Tür nur einen Spaltbreit öffnen können. Kaum sind wir draußen, hören wir Stimmen. Drei Männer eilen die Böschung der Autobahnbrücke hinunter. Ein Hinterhalt. Schlampig geplant, denn offenbar hatte niemand damit gerechnet, dass wir nicht kooperieren.

Nun stehen wir uns mitten in der Nacht gegenüber. Wir panisch, die Männer planlos. Sie schreien, wir schreien, niemand versteht den anderen. Adrenalin. Meine Wahrnehmung dehnt die Zeit. Wir funktionieren. Mit wilden Gesten und Geschrei wollen wir die Aufmerksamkeit anderer Autofahrer erregen und außerdem den Fahrer und seine Komplizen auf Abstand halten. Unser Gepäck befindet sich noch immer im Lkw, und ich kann es nur mühsam aus der Fahrerkabine ziehen. *»Para, Para«* – »Geld, Geld«, schreien mir die Komplizen immer wieder ins Gesicht, trauen sich aber nicht, handgreiflich zu werden.

Das ganze Geschehen dauert nur ein paar Minuten, dann stehen wir mit unseren Rucksäcken im Lichtkegel der Lkw-Scheinwerfer am Straßenrand. Der Fahrer, der eben noch mit seiner Taschenlampe drohte, kapituliert. So schnell, wie er unter der Autobahnbrücke hielt, so schnell macht er sich wieder auf den Weg. Auch die drei Komplizen schleichen zurück. Sie schimpfen ein letztes Mal von der Autobahnbrücke auf uns herab, dann sind sie verschwunden.

Wir bleiben auf der dunklen Autobahn zurück. Pkws schießen an uns vorbei. Ich zittere am ganzen Leib. Was zum Teufel war das gerade? Das Adrenalin bewegt meinen Körper. Unruhig laufe ich auf dem Standstreifen auf und ab, winke in den Verkehr. Ein Lkw hält. O Mann, bitte nicht.

> Plötzlich habe ich Angst, zu einem Fremden ins Auto zu steigen. Dabei habe ich es bisher so genossen.

Hundertmal spontane Gastfreundschaft, tolle Gespräche, nette Menschen – und ein Typ versaut mir alles! Was für ein Arsch. Die Beifahrertür des Lkw steht offen. Wir haben Skrupel einzusteigen; aber allein auf der Autobahn zu bleiben wirkt noch gefährlicher. Wie wahrscheinlich ist es eigentlich, zweimal nacheinander an die falsche Person zu geraten?

Unsere Reise geht weiter. Das schlechte Gefühl bleibt. Doch es wird schwächer. Mit jeder neuen Mitfahrgelegenheit gewinne ich ein Stück meines Glaubens an die Menschen zurück. Nach einer Woche bin ich befreit. Die Straße hat uns wieder. Dann stehen wir im Iran, und erneut ist es Nacht.

An der Küste des Persischen Golfs warten wir auf eine Mitfahrgelegenheit. Es ist schon spät, die Sterne hängen längst am dunklen Himmel. Wir stehen nur noch am Straßenrand, weil wir zu stolz sind, vor unserem selbst gesteckten Tagesziel Bandar Abbas aufzugeben. Tatsächlich hält ein Pkw. Drinnen sitzen zwei junge Männer in Jogginganzügen und Anglerhüten. Sie hätten uns hier bereits länger stehen sehen, erzählen sie euphorisch. Nun möchten sie uns gerne an unser Ziel bringen. Etwas zögerlich verfrachten wir die Rucksäcke in den Kofferraum. Beim Einsteigen dann der Schock. Dort, wo eigentlich die Rückbank sein sollte, klafft eine Lücke. Auslegware liegt im Innenraum der Karosserie. Das war's: keine Sitze, keine Gurte. Wäre es helllichter Tag, würden wir niemals einsteigen. Doch in der Nacht sind Mitfahrgelegenheiten rar, und unser Stolz erhebt sich über die Vernunft.

Die beiden Jungs sind aufgeschlossen und redselig. So erfahren wir, dass eine Schiffsladung Handys aus Dubai nach Bandar Abbas unterwegs ist, die heute Nacht noch nach Schiras gelangen muss. Wir sitzen in einer Schmugglerkarre. Verdammt!

Ein paar Minuten später sind wir auf dem Highway, und plötzlich fühle ich mich wie auf dem Beifahrersitz von Tarantinos Stuntman Mike.

Mit beinahe 200 Stundenkilometern schießen wir über den Asphalt, drängen uns durch jede Lücke, überholen im Gegenverkehr, bis schließlich ein weißer Hyundai vor uns auftaucht, an dessen Heck wir mit Tempo 140 kleben. Im Rückspiegel sehe ich mein Gesicht. Ein stiller, panischer Schrei. Dann berühren sich die Stoßstangen beider

Autos. Zwei weitere Male schubsen wir den Hyundai an, bevor dieser in den Gegenverkehr ausschert und beide Fahrer ein Rennen über die Fernstraße beginnen.

Ich rechne jeden Moment mit dem Tod. »Weißt du, was ich mir von meiner Mama anhören muss, wenn ich wegen so einer Scheiße draufgehe?« – zack, das hat gesessen. Augenblicklich verlangsamt der Fahrer das Tempo auf eine Geschwindigkeit, die noch immer weit über der erlaubten liegt, mir aber nicht mehr den Angstschweiß auf die Stirn treibt.

Dann klingelt das Telefon. Der Fahrer des weißen Hyundai will wissen, was passiert sei? Warum wir das Rennen abgebrochen hätten? Unsere Panik ist ihm unbegreiflich. Wir halten an einer Tankstelle. Die Schmuggler spendieren uns Eis am Stiel. Meine Nerven beruhigen sich.

Wochen später sitzen wir zwischen schwer bewaffneten Milizen, fahren durch die Wüste Belutschistans – geradewegs durchs Einzugsgebiet der Taliban – und stehen in den Straßen des Molochs Karatschi. Die pakistanische Metropole am Arabischen Meer ist ein Monster. Mitten in der Stadt herrscht undurchschaubares Gewusel. Autos, Motorräder, Motorrikschas und Eselskarren drängen über den Asphalt. Unter bunt bemalten Bussen kriechen dicke schwarze Abgasschwaden hervor. Mobile Verkaufsstände verengen die Gehwege. Leuchtreklame hängt an kolonialen Gebäuden. Bärtige Männer in ihrem luftigen Salwar Kamiz lächeln uns freundlich zu, laden uns zum Chai ein.

Der süße Milchtee ist ein Grundnahrungsmittel in Pakistan. Ein Heißgetränk, mit dem sowohl Geschäfte als auch Freundschaften geschlossen werden. Die Männer mustern uns mit ernsten Blicken: »Wir laden euch ein, weil wir zeigen wollen, dass wir Muslime, aber keine Terroristen sind. Wir sind gute Menschen.« Mir zieht es das Herz zusammen. WTF. Die Menschen in Pakistan sind schlau. Sie wissen um das Image ihres Landes, und das macht die Situation für mich noch trauriger. Ich schäme mich dafür, dass der billige Trick des Sündenbocks so viele Menschen stigmatisiert. Ich schäme mich, weil ich ohne mein Dazutun Teil eines sogenannten Wertesystems bin, in dem es okay ist, die Probleme der Welt einer einzelnen Religion in die Schuhe zu schieben.

Karatschi fesselt, ganz wortwörtlich. Es passiert mehr als einmal, dass wir von Polizei oder Militär festgenommen und verhört werden. Es geht ausschließlich um Kleinigkeiten. Meist haben wir angeblich das falsche Motiv abgelichtet oder zumindest in der Nähe des falschen Gebäudes mit unserer Kamera agiert. Die Staatsdiener sind irritierend unhöflich, grob und mit einem Hang zur Arroganz. Sie führen sich auf, als ob die Uniform ihnen irgendwelche Superkräfte verleihen würde. Ihr Machtmonopol ist ihnen Grund genug, Zivilisten als Menschen zweiter Klasse zu behandeln.

Die Autoritäten nehmen sich das Recht zur Willkür und haben stets ein offenes Händchen für Bestechungsgeld. Ihre Arbeit durch ein simples »Warum« infrage zu stellen fassen sie als persönliche Beleidigung auf, was unsere Situation mehrfach verschlechtert.

Immer wieder werden wir für Spione gehalten.

Die Autoritäten auf Pakistans Straßen besitzen nicht die Vorstellungskraft, dass ein Tourist aus freien Stücken ihr Land besuchen könnte. Ich verstehe wenig von dem, was uns ständig vorgeworfen wird. So dauert es nie lange, bis wir wieder in irgendeinem Büro, in irgendeiner Polizeiwache sitzen und uns erklären müssen.

Eine handgezeichnete Landkarte, die ich aus Mangel an Alternativen selbst angefertigt habe, macht mich potenziell verdächtig. Dass ich die Hauptstadt Islamabad mit einem Stern markiert habe, ist für die Polizisten ein ausreichendes Indiz, um mir zukünftige Terrorattacken vorzuwerfen.

So geht es immer weiter. Eine Schikane hier, eine Schikane dort. Weil niemand Bock auf unsere Anwesenheit hat, werden wir in einer Nacht-und-Nebelaktion nach Islamabad abgeschoben. Für die 560 Kilometer lange Strecke benötigen wir die ganze Nacht. Insgesamt fünfzehnmal wechseln wir dabei das Fahrzeug.

Wir werden wie Verbrecher behandelt und sind so müde, dass wir nicht einen klaren Gedanken fassen können. Wegdämmern, hochschrecken, aussteigen, ein paar Schritte durch Nieselregen, einsteigen, wegdämmern. Immer und immer wieder. Wenige Kilometer vor der Hauptstadt geht dem letzten Polizeifahrzeug das Benzin aus. Tragikomisch.

Ein paar Tage später sitzen wir mit Mafiabossen am Tisch. Keine Ahnung, wie das zustande gekommen ist. Und wir treffen Drogendealer. Schon im Iran waren wir bei ihnen zu Hause. Eine Vierer-WG mit Marihuana, Kokain, Opium und LSD. Dann, in Indien, sitzen wir plötzlich auf der Rückbank eines Pkws im kurvigen Vorgebirge des Himalajas. Gerade haben Fahrer und Beifahrer einen Drogendeal durchgezogen. Nun fahren wir durch die Nacht, und die beiden Jungs vor uns schießen mit ihren Pistolen zum Spaß in die Dunkelheit. Ernsthaft? Mit Pistolen? Es ist das erste Mal, dass ich diese Dinger in den Händen von Privatpersonen sehen, und das beunruhigt mich. Euphorisiert vom Deal beginnt der Beifahrer zu erzählen: »In Indien gibt es keine Gesetze«, sagt er. »Wenn du Geld hast, kommst du mit allem durch«, sagt er.

»Ich könnte euch hier erschießen,
und niemand würde mich dafür belangen«, sagt er und
fuchtelt mit seiner blöden Knarre rum.

Ich spüre, wie sämtliche Farbe aus meinem Gesicht weicht, und hoffe, dass davon im Dunkel der Nacht nichts zu sehen ist. Ich stammele irgendetwas und lächle dümmlich, als ob das mein Leben retten könnte. Die nächsten Stunden sind die Hölle. Nicht, dass ich tatsächlich damit rechne, erschossen zu werden, aber es gibt auch keine Gründe, warum es nicht passieren sollte. Wir sind ausgeliefert.

Aber es sind nicht nur extreme Situationen, in die wir hineingeraten. Es sind auch extreme Gespräche. Für manche Menschen ist die Erwähnung unseres Heimatlandes so etwas wie eine Aufforderung zu einem freudestrahlenden Gespräch über Hitler. Je weiter wir uns von Europa entfernen, desto größer scheint die Faszination für den kleinen Mann aus Braunau. Gleichzeitig verhält sich das geschichtliche Wissen zur Entfernung umgekehrt proportional, was dem Gesprächsverlauf nicht zugutekommt. Da wird von einer beeindruckenden Stimme geschwärmt und von Führerqualitäten und wie großartig es doch wäre, selbst einen so starken Diktator zu haben. Im Iran sind wir frühzeitig aus dem Auto einer Mitfahrgelegenheit ausgestiegen, weil die Überzeugungen des Fahrers so abstrus waren, dass wir das Gespräch nicht länger ertragen konnten. In Pakistan gibt es ein Klamottengeschäft, das den Namen Hitler Reloaded trägt. In Indien sind wir mit einem Mann durch die Wüste Rajasthans gefahren, dessen größte Idole Hitler und Che Guevara waren. Von beiden hatte er ein Bild in seinem Portemonnaie.

Niemand von diesen Personen ist vermutlich tatsächlich rechtsextrem oder faschistisch. Ihnen fehlt geschichtliches Wissen. Historische Zusammenhänge sind nicht klar. Ignoranz führt zu schleierhaften Überzeugungen, die in Deutschland den Verfassungsschutz alarmieren würden.

Ich fasse an dieser Stelle zusammen: versuchter Raub, Ausblick auf die eigene Ermordung, Polizeiwillkür, Mafia, Drogendealer, Schmuggler, Hitlerverehrung, Volksverhetzung, Rassismusscheiße. Reisen bildet. Ich möchte keine dieser Situationen missen. Natürlich ist nichts davon erstrebenswert. Hätten wir sehen können, was jedes Mal auf uns zukam, wären wir immer anders abgebogen.

Aber genau das ist der Reiz einer Reise. Sie führt ins Ungewisse. Wer einmal die Komfortzone verlassen hat, schwimmt in einem Meer voller Unwägbarkeiten. Die Welt zu Hause ist klar definiert. Es gibt Regeln und Richtlinien. Man kennt sich aus. Alles wie immer. Das gibt Sicherheit.

Und Sicherheit blockiert. Der Blick nach links und rechts wird erschwert. Andere Wege gehen? Etwas ändern, was schon immer so gemacht wurde? Ach, nö.

Wir sind unterwegs. Manche Wege führen ins Paradies, andere fordern heraus. Ich habe gelernt, Dinge zu tolerieren, von denen ich mich mit jeder Faser meines Körpers distanziere. Ich habe gelernt, Ungerechtigkeit auszuhalten. Ich wurde von den Guten schikaniert, während die Bösen mich als Mensch respektierten. Das verändert die Perspektive.

Festgefahrene Gleichungen in meinem Kopf lösen sich auf. Vorurteile bröckeln.

Dafür wird der Kern meiner Grundüberzeugungen geschärft. Ich kenne Drogendealer und Schmuggler, die ich zu einem Kindergeburtstag einladen würde, weil ich sie für soziale, freundliche und hilfsbereite Menschen halte. Und ich habe Beamte in Uniform erlebt, denen ich niemals den Rücken zudrehen würde.

Meine Reisen haben mich gestärkt – meine Gedanken, meine Handlungen, meinen Charakter. Ich bin bereit, Lebensentwürfe und Vorstellungen zu akzeptieren, die nicht meine sind. Ich kann akzeptieren, dass Umstände Menschen formen, und ich weiß, dass die Umstände niemanden per se definieren. Ich habe Menschen kennengelernt, deren Lebensläufe mir Angst machen und die mich in ihrer Familie willkommen hießen.

Ich habe gelernt, dass sich Glaubenssätze verändern lassen. Ich habe gelernt, dass Gruppenurteile nicht funktionieren, weil sie nichts über das Individuum aussagen. Ich bin offener, weltzugewandter, respektvoller und freundlicher geworden, als ich es vorher war. Maßgeblichen Anteil daran trägt all das, was nicht hätte passieren sollen. All die negativen Augenblicke, die gefährlichen Momente, die unbedachten Handlungen, die bedrohlichen Begegnungen, die brenzligen Situationen.

Sie haben mich Demut gelehrt und mir die Kunst gezeigt, Kleinigkeiten zu schätzen. In jedem Lächeln liegt ein Wert, jede freundliche Geste berührt ein Herz, jedes ehrliche Wort streichelt die Seele. Ich wurde, wer ich bin, und mein Weg ist noch nicht zu Ende.

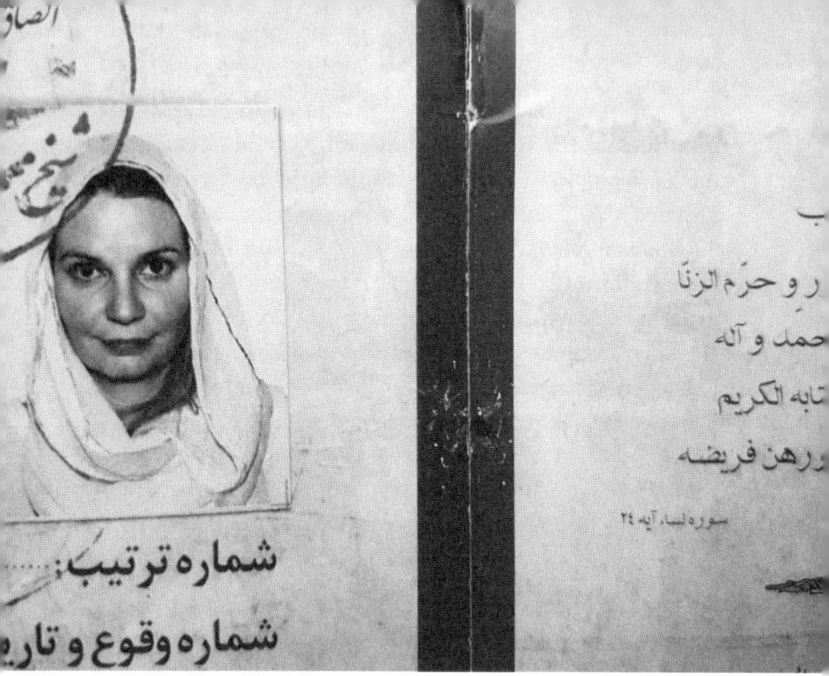

Iran

EHE AUF ZEIT

Auf meiner ersten Reise in den Iran verliebe ich mich, auf meiner zweiten Reise in den Iran heirate ich, ein Mullah spricht den Segen, und am Ende wird es peinlich. Eine kleine Geschichte über Liebe, Leid und Nasenbluten.

Von Nadine Pungs

Heute heirate ich. Und noch immer rotze ich Blut. Seit Teheran geht das so. Der Blutschnupfen kommt vom Smog. Das ist normal und hört nicht auf.

»Good morning, German girl.« Kourosh lehnt an der Badezimmertür und grinst mich an. In der einen Hand hält er ein hellblaues Hemd, in der anderen ein dunkelblaues. Ich presse das Taschentuch an meine Nase und zeige auf das hellblaue. Kourosh nickt und drückt mir einen Kuss auf die Wange.

Wir haben uns vor eineinhalb Jahren kennengelernt. Damals reiste ich vier Wochen lang durch dieses Land, das mich bestürzt und berührt und das mich seitdem nicht mehr losgelassen hat. Ich verliebte mich in den Iran, und ich verliebte mich in Kourosh. In die Lachfalten, die sich um seine Augen kräuseln, in seine Herzensgüte. Heute feiern wir Hochzeit. Die weder ihm noch mir etwas bedeutet.

Kouroshs Schwester Tanaz leiht mir einen weißen Manteau und ein weißes Kopftuch. Mein Brautkleid. Sie freut sich schon den ganzen Morgen auf die Trauung, hüpft durchs Haus, summt ein Lied, holt einen Kuchen aus dem Eisfach und packt den Fotoapparat ins Handtäschchen. Als sie den Schleier über mein Haar legt und ich mich im Spiegel betrachte, zieht sich mein Magen zusammen, und meine Hände werden kalt.

Ich wollte niemals heiraten. Auch Kourosh wollte nicht. Aber wir müssen. Damit wir gemeinsam durch die Islamische Republik reisen können, ohne dass uns Sittenwächter hinterherschnüffeln. Damit wir uns ein Hotelzimmer teilen dürfen, ohne in Schwierigkeiten zu geraten. Denn im Iran ist Intimität zwischen unverheirateten Paaren offiziell verboten, hundert Peitschenhiebe drohen. Bloß Eheleuten ist Eros erlaubt.

Natürlich sind die Gesetze den meisten Iranern schnurzpiepegal und selbst das Regime interessiert sich heutzutage nur selten für das

Liebesleben seiner Untertanen, doch der heilige Monat Muharram hat begonnen, ein Trauermonat im Iran. Polizei und Revolutionsgardisten gerieren sich jetzt besonders grimmig, und wir möchten nicht auffallen.

> Der Trauschein macht Kouroshs Leben sicherer. Darum heiraten wir. Auf Zeit.

»Genussehe« nennen Muslime diese auf islamischem Recht beruhende Verbindung, die nur vor Gott zählt und ohne amtliche Registrierung auskommt. *Sighe* heißt die temporäre Beziehung in Farsi, und sie ist eine Art außereheliche Ehe. Zwischen 30 Minuten und 99 Jahren kann sie dauern, ein Mullah spricht den Segen, selbstverständlich gegen Cash. Der Ringtausch ist unüblich, aber der Frau steht nach der Trauung eine Brautgabe zu, sodass sie auskömmlich versorgt ist. Der Mann darf neben seinen vier regulären Ehen so viele Zeitehen führen, wie er bezahlen kann. Der Frau ist das nicht gestattet, aber sie hat immerhin die Möglichkeit, die Mehrehe vertraglich zu untersagen. Sogar die Anzahl der sexuellen Begegnungen kann vorab festgelegt werden.

Nach Ablauf der Frist endet die Partnerschaft automatisch, falls das Paar nicht verlängert. Eine Ehe mit Verfallsdatum also. Die Frau muss zwei Menstruationszyklen abwarten, bis sie erneut heiraten darf, damit dem nächsten Gatten kein Kind untergeschoben wird.

Was für westliche Ohren bizarr klingen mag, ist fest in der schiitischen Tradition verankert und der Versuch, Liebe und Pragmatismus unter einen Turban zu bringen. Junge Menschen begreifen die *sighe* als Schlupfloch, um der Unfreiheit zu entfliehen, und in konservativen Familien nutzen die Heiratskandidaten die Zeitehe bisweilen als Testphase, dann aber ohne Sex. Ähnliche Modelle der »Probeehe« gab es vor Jahrhunderten auch in Schottland, Japan und in Deutschland.

Doch da sind Schattenseiten. Etliche Iranerinnen gehen die *sighe* ein, weil sie an finanzieller Ausweglosigkeit leiden. So sind geschiedene oder verwitwete Frauen häufig auf einen Zeit-Ehemann angewiesen, andernfalls verarmen sie. Viele Paare verheimlichen aus Scham ihre Genussehe, und die meisten Sunniten lehnen sie komplett ab. Kritiker bezeichnen die *sighe* gar als Prostitution. In Deutschland ist die Zeitehe rechtsungültig. Keine einzige Behörde erkennt sie dort an.

Tanaz schießt ein Foto von mir. Ich lächle und versuche, glücklich auszusehen. Auf der Couch sitzt Mommy, die Matriarchin der Familie. Sie ist 93 Jahre alt, trägt weiße Löckchen und roten Lippenstift, und sie wispert meinem zukünftigen Gemahl ein paar Worte ins Ohr. »Sie wünscht uns Glück«, übersetzt er.

Der Heiratsclub liegt versteckt in einem Hinterhof. Das Eingangstor quietscht, eine Katze sonnt sich auf einem Mäuerchen. Wir nehmen die Treppe in den ersten Stock, die Bürotür ist angelehnt, Kourosh betritt den Raum, er will den Mullah abchecken und um den Preis feilschen. Tanaz und ich warten im Flur, wir linsen durch den Türspalt. Hinter einem Schreibtisch thront der dicke Mullah und tippt in sein iPhone. Sein Bart ist so grau wie die Abgaswolke eines Verbrennungsmotors. Über ihm an der Wand hängt ein Teppich, auf den eine Koransure gestickt ist. Eine Sekretärin kopiert Papiere.

»Die Trauung kostet eine Million Toman aufwärts«, verkündet der Geistliche. Das entspricht 250 Euro.

»Aufwärts?«, staunt Kourosh.

»Ja, der Preis hängt vom Alter der Frau ab«, meint der Mullah, kratzt sich unter dem Turban und erklärt: »Sie wollen doch lieber eine Zwanzigjährige heiraten als eine Sechzigjährige.« Er feixt, zieht einen Katalog aus der Schublade und schiebt ihn über den Schreibtisch. Kourosh blättert kurz darin, schlägt ihn zu und sagt dann: »Nein, danke, ich suche keine Frau. Ich bringe meine eigene Freundin mit.« Er deutet auf den Flur. Ich winke durch den Türspalt.

»Ach so«, murmelt der Geistliche enttäuscht und räumt den Katalog zurück in die Schublade, »das macht dann 200 000 Toman.« Also fünfzig Euro.

Ich darf eintreten und setze mich auf einen Stuhl, der mit Plastikfolie überzogen ist. Tanaz bleibt im Türrahmen stehen, und ich höre, wie sie in ihrer Handtasche nach dem Fotoapparat kramt. Der Mullah fischt jetzt einen Füller und eine Heiratsurkunde aus der Schublade, seine Siegelringe sind zu eng für die fleischigen Finger. Die Sekretärin lächelt mich an, neben ihr brummt ein Getränkeautomat, in einer Vase welkt eine Rose. Ich schwitze unter dem Tuch, doch meine Hände sind immer noch kalt. Der Geistliche richtet seinen Turban, räuspert sich, fragt nach unseren Namen und kritzelt sie in das Dokument. Nachdem Kourosh ihm unsere Passfotos überreicht hat, geht's ans Eingemachte.

»Wie lange möchten Sie verheiratet sein?«, will der Mullah wissen.

»Drei Monate«, antwortet Kourosh.

Der Mullah notiert, blickt zu mir.

»Ist die Braut einverstanden?«

Ich hole Luft und sage Ja. Der Mullah vermerkt meine Zustimmung.

»Wie hoch ist die Brautgabe, die der Bräutigam an die Braut auszahlen wird?«

»Tausend Orangenblüten«, erwidert Kourosh.

Das war meine Idee. Im Frühling riecht die ganze Stadt nach Orangenblüten, und unter dieser Duftglocke haben wir uns vor eineinhalb Jahren kennengelernt. Für gewöhnlich vereinbart das Hochzeitspaar eine stattliche Geldsumme, manchmal sogar Gold, aber ich heirate nicht aus finanziellen Gründen.

Der Mullah streicht durch seinen Bart, denkt nach und fragt die Sekretärin, wie viel Toman tausend Orangenblüten wert seien. Die Sekretärin tippt ein paar Ziffern in den Taschenrechner, ihre Nägel sind rosa lackiert. »25 000 Toman«, antwortet sie. Umgerechnet sechs Euro. »25 000 Toman«, wiederholt der Mullah und runzelt die Stirn, »stimmen Sie dem Betrag zu?« Er schaut mich an, macht ein besorgtes Gesicht. Ich nicke, und er schreibt die Summe in die Heiratsurkunde. Tanaz kichert leise.

Nach den Formalitäten wird es religiös. Der Geistliche zitiert eine Sure aus dem Koran. Mitten im Vers bimmelt sein iPhone. Er hebt ab, plaudert zwei Minuten, legt auf und zitiert weiter. Nach Gott folgt das Stempelkissen. Mein Fingerabdruck ist meine Unterschrift, Kourosh bezahlt den Mullah, und der übergibt uns die Urkunde. Damit ist die Zeremonie abgeschlossen, wir sind verheiratet. Doch Tanaz meldet sich vom Türrahmen aus zu Wort. »Könnt ihr euch küssen?«, fragt sie, den Fotoapparat gezückt. Ihr Wunsch ist grotesk, ausgerechnet hier, in der Islamischen Republik Iran, in Gesellschaft eines Mullahs. Aber das stört weder Tanaz noch Kourosh, der erhebt sich bereits. Und weil ich überzeugt bin, aufgrund der Situation käme nur ein Wangenkuss in Betracht, drehe ich den Kopf nach links. Kourosh aber peilt meinen Mund an – und so verfehlen wir uns.

»Nein, noch mal«, ruft Tanaz, und ich bin verwirrt, drehe den Kopf jetzt nach rechts, und erneut busserln wir aneinander vorbei.

»Noch einmal, ich hab zu früh abgedrückt«, sagt Tanaz, und ich will im Boden versinken. Der Mullah grinst, die Sekretärin grinst, und das Rot meines Gesichts passt nicht zum Weiß meines Tuchs.

Wieder zu Hause lese ich die Heiratsurkunde und bemerke, dass der Geistliche meinen Namen falsch geschrieben hat. Ich heiße jetzt »Nadia«. Unter dem Punkt »Religionszugehörigkeit« hat er »Schia« eingetragen. Offenbar bin ich zum Islam übergetreten, ohne es zu wissen.

Im Fernsehen läuft eine Folge *Löwenzahn*. Peter Lustig überlegt, wie die Löcher in den Käse kommen. Kourosh trinkt Kirschsaft, die Eiswürfel klimpern im Glas. Ich schaue ihn an, mein Blick vergräbt sich in seinem schönen Gesicht. Er lächelt und nennt mich scherzhaft *zanam* – meine Ehefrau. Ich antworte mit *shoharam* – mein Ehemann. Wir gickeln und halten Händchen. Morgen werden wir in die Flitterwochen aufbrechen, nach Osten, in die Provinz Sistan und Belutschistan, im Grenzgebiet zu Pakistan und Afghanistan. Eine Gegend, in der Schmuggler und Extremisten unterwegs sein sollen. Eine Region, vor der das Auswärtige Amt warnt und in die westliche Touristen ohne Polizeieskorte nicht reisen dürfen. Aber ich bin keine Touristin mehr. Ich bin jetzt mit einem Iraner verheiratet. Ich darf.

Es klingelt an der Tür, Kouroshs Bruder, seine Neffen und Nichten möchten uns gratulieren, und das tun sie so überschwänglich, als hätten wir tatsächlich den Bund fürs Leben geschlossen und keine Zeitehe für drei Monate. Sie umarmen uns, mampfen Kekse, klemmen das Handy an die Stereoanlage, und persischer Elektropop wummert aus den Boxen. Tanaz schaufelt den Kuchen auf die Teller, Nachbarn bringen Wein, Freunde rufen an und beglückwünschen uns, meine Nase blutet immer noch. Nur Mommy sitzt still auf ihrer Couch, küsst die Heiratsurkunde und drückt sie an ihr Herz.

Italien

EIN ESEL ZUM PFERDESTEHLEN

Schon seit ich als Kind den Film Shrek gesehen habe, wünschte ich mir einen genauso liebenswürdigen und tollpatschigen Esel als Begleiter für eine Wanderung. Lange schob ich diesen Traum vor mir her, doch als mein Vater plötzlich an Krebs erkrankte und kurz darauf starb, wurde mir klar, wie schnell sich das Leben ändern kann. Jetzt oder nie, sagte ich mir und setzte meinen Plan in die Tat um.

Von Lotta Lubkoll

Und nun stehe ich hier – ein knappes Jahr später, nach 500 zurückgelegten Kilometern und rund sechzig Tagen Abenteuer einmal quer durch die Alpen – mitten auf einem Trampelpfad neben dem Fluss Brenta in Veneto, Italien. Hinter mir mein treuer Begleiter und mittlerweile bester Esel-Kumpel Jonny.

Es ist bereits später Nachmittag. Die Sonne steht tief und wirft lange Schatten auf die trockene Wiese. In der Ferne kann ich noch die Alpen sehen, die im graublauen Dunst hinter dem Gebüsch am Ufer hervorragen.

Es kommt mir vor, als wäre es erst vor wenigen Minuten gewesen, dass sich die Berge, die uns über zwei Monate den Weg gewiesen hatten, plötzlich vor uns öffneten. Wochenlang sind wir durch die Täler gezogen, immer in Begleitung einer steilen Bergkette zur Rechten und zur Linken. Noch ein letztes Mal bogen wir um eine Kurve, und da war es: das Ende der Alpen.

Wir hatten es tatsächlich geschafft! Wir hatten die Alpen überquert. Vor uns lag das große »Nichts«. Ich konnte mich nicht daran erinnern, jemals zuvor so viel Himmel gesehen zu haben.

Während Jonny stehen blieb und die Pause nutzte, um sich ein paar dicke Grasbüschel vom Wegrand zu schnappen, wurde ich von Glücksgefühlen überrannt. Nun waren es nur noch rund hundert Kilometer bis ans MEER – meinem heimlichen Ziel.

Davon erzählt hatte ich niemandem. Ich wollte jeden Tag dieser Reise genießen, ohne Plan, ohne Zeitdruck und vor allem ohne wirklich etwas erreichen zu müssen.

> In der heutigen Zeit muss alles immer »höher, schneller, weiter« sein. Ich wollte das Gegenteil lernen: Langsamkeit und Minimalismus.

Wochenlang haben Jonny und ich kaum Geld gebraucht; nur zweimal war ich in einem Supermarkt, denn in nahezu jedem Alpendörfchen ist uns ein freundlicher Einwohner mit einer Flasche Wasser oder einer belegten Semmel nachgelaufen, wir haben Äpfel, Wein, Brot, Kuchen und Saft geschenkt bekommen. Einen Platz für mein Zelt und Jonnys Weide zu finden stellte sich ebenfalls als nicht besonders schwierig heraus. Ob auf einem Campingplatz, auf einem Feld oder in einem privaten Garten – Jonny war bisher stets ein gern gesehener Gast und durfte Streicheleinheiten genießen ohne Ende. Hätte ich für jedes Foto, das die Menschen auf der Reise von Jonny knipsten, einen Euro verlangt, könnten wir uns jetzt wohl ein Häuschen kaufen. Gut, zugegeben, wir wurden auch mal verscheucht, verfolgt, und in einer Nacht ist Jonny sogar stiften gegangen, doch im Großen und Ganzen hatten wir bisher wahnsinniges Glück.

Und plötzlich ist es zur Adriaküste südlich von Venedig nicht mehr weit, und ich hoffe inständig, dass unsere Glückssträhne anhält. Aber wieso sollte sie nicht?

Während wir nun also auf dieser Anhöhe mit Fernblick auf die Alpen stehen und ich in Erinnerungen schwelge, drückt Jonny sich auf einmal nahe an mich heran.

»Was ist denn los, Jonny? Alles okay?«, frage ich ihn besorgt.

Irgendetwas scheint meinen kleinen grauen Esel zu stören. Ich schaue ihn aufmerksam an. Sein Gepäck sitzt perfekt, die Gurte haben kein Fell eingezwickt, seine Wanderschuhe, also die Hufschuhe, die er trägt, um seine Hufe zu schonen, hat er alle noch an – einmal hatte er sie nämlich in einer Abwasserrinne verloren –, und um uns herum kann ich auch nichts erkennen, das meinen eseligen Kumpel nervös machen könnte. Noch einmal drückt er seinen Kopf gegen meinen rechten Oberschenkel und macht dann einen Schritt nach vorn, wodurch sein Hals mit festem Druck an mir entlangstreift.

»Vorsicht, Jonny. Jetzt hättest du mich beinahe umgeworfen. Wie kann ich dir helfen?«

Jonny schaut mich vorwurfsvoll an. Habe ich es denn immer noch nicht begriffen? Noch einmal wiederholt er die Bewegung, und endlich checke ich es: Eine Bremse hat sich zwischen seinen beiden Vorderbeinen im weißen Bauchfellansatz festgekrallt und ihn wohl schon eine ganze Weile geärgert.

»Ach, jetzt verstehe ich. Entschuldige. Warte, Jonny! Halt still!«

Mit einer flinken Handbewegung wische ich das hartnäckige Tierchen aus seinem Fell. »Weg mit dir, du dummes Ding. Lass meinen Jonny in Ruhe!«, schimpfe ich dabei.

Dankbar und erleichtert lässt Jonnys Anspannung schlagartig nach, und er beginnt, direkt vor meinen Füßen ein paar trockene Grashalme zu stibitzen. Auch ich bin dafür, dass wir uns langsam zur Ruhe begeben: »So, Jonny, wir sollten uns demnächst einen Schlafplatz suchen. Die Sonne steht schon recht tief. Ich glaube, es wird Zeit.«

In der Ferne zu unserer Linken kann ich einen allein stehenden Hof erkennen. Er ist eingezäunt und mit hohen Sträuchern umwachsen. Drum herum befinden sich Wiesen und Felder. »Vielleicht dürfen wir ja dort übernachten. Komm, wir laufen hin und fragen«, schlage ich vor, während ich an Jonnys Führstrick zupfe.

Sofort hebt er seinen Kopf, und in unserem nun schon gewohnt gemütlichen Tempo von nur etwa zwei bis drei Stundenkilometern zuckeln wir in Richtung des Hofes. Als wir uns nähern, kann ich sogar Pferde wiehern hören. »Wir haben Glück, Jonny. Dort gibt es bestimmt auch Heu für dich.« Frohen Mutes steuern wir auf einem Feldweg geradewegs auf die wohl hintere Einfahrt des Anwesens zu. Doch kaum erreichen wir den Zaun des Grundstücks, springt plötzlich etwas mit voller Wucht dagegen und lässt ein wildes Gekläffe ertönen. Natürlich - ein Wachhund. Wer in Italien hat denn auch keinen Hund auf seinem Grundstück?

Tatsächlich waren Hunde auf unserer Reise eine große Hürde. Nicht nur für Jonny, sondern auch für mich. So herzlich und einladend die Italiener sind, so pflichtbewusst und ermahnend sind ihre Vierbeiner.

In Dörfern kam es nicht selten vor, dass wir ein wahres Bellkonzert auslösten. Wie bei einem Dominoday sprangen die Hunde, wenn wir an ihrem Grundstück vorbeiliefen, nacheinander an den Zaun und hörten nicht mehr auf zu kläffen, zu jaulen und zu knurren, bis wir endlich um die Ecke bogen. Allerdings wurden so auch immer wieder Menschen auf uns aufmerksam, und wir bekamen zum Beispiel Brot oder eine Karotte geschenkt - wenn Jonny nicht vorher Reißaus genommen hatte. Eigentlich sollte ich also den Hunden danken, dass sie Alarm schlugen und uns dadurch oftmals sogar einen Schlafplatz oder ein Abendessen bescherten.

Sicher wird es auch diesmal klappen, denn so laut, wie dieser Hund uns anbellt, muss ja irgendwann jemand auf uns aufmerksam werden. Doch statt eines Besitzers kommen erst mal zwei weitere Vierbeiner angerannt und springen abwechselnd knurrend und bellend gegen den - zum Glück hohen - Maschendrahtzaun.

»Ganz ruhig, Jonny. Dir passiert nichts«, versuche ich meinen nervös dreinblickenden Esel zu beruhigen. Jonny hat die Ohren gespitzt und schaut immer wieder zwischen mir und dem Zaun hin und her.

Entschlossen gehen wir auf das Gatter am Ende des Weges zu. Das scheint die zwölf Beine auf der anderen Seite des Zauns nur umso mehr aufzuregen. Sie werden immer lauter, und das zuerst nett ermahnende Bellen verwandelt sich in ein böses und warnendes Brüllen. Auf einmal höre ich aber noch jemanden brüllen - eine Frauenstimme: *»Pedro, a qui! Qui! Rudolfo, a qui! Subito!«*

Doch Pedro, Rudolfo und die anderen Kumpane scheint das nicht im Geringsten zu interessieren. Munter kläffen sie weiter und ignorieren ihr Frauchen. Noch während ich die rundliche Dame in grauen Leggins und weißem, schlabbrigem T-Shirt auf das Gatter zusteuern sehe, an dem Jonny und ich bereits angekommen sind, überlege ich, ob es überhaupt Sinn macht, hier nach einem Übernachtungsplatz zu fragen. Die Dame scheint absolut keine Kontrolle über ihre Mitbewohner zu haben. Sichtlich genervt von deren Lärm und verschwitzt von dem Schweinsgalopp quer über die Wiese erreicht die Arme das Gatter und schaut Jonny und mich fragend an.

Trotz des immer noch anhaltenden Lärms der Hunde versuche ich so sympathisch wie möglich zu wirken, ignoriere das Gebell, lächle freundlich und gebe meinen üblichen Satz von mir: *»Posso dormire qui con il mio asino, per favore? Dormo nella tenda e Jonny ha un recinto.«*

Das heißt übersetzt: »Darf ich hier mit meinem Esel übernachten, bitte? Ich schlafe im Zelt und Jonny hat einen Zaun.«

Doch vor lauter Gebell kann ich mein eigenes Wort nicht verstehen. Und die Dame erst recht nicht. Sie schaut mich noch fragender an als zuvor. Immer wieder ruft sie Pedro zu, dass er jetzt endlich still sein solle, und gibt ein paar Worte von sich, von denen ich nur etwa verstehe: »Was wollen Sie? Ich verstehe nicht. Pedro, sei endlich still!«

Ich wiederhole meinen Satz, doch auch diesmal kläffen Pedro und seine strubbeligen Freunde so laut dazwischen, dass ich nicht gegen den Lärm ankomme. Auch Jonny wird immer nervöser. »Ich verstehe Sie nicht. Tut mir leid. Was sagten Sie, wollen Sie?«

Noch einmal setze ich zu meinem auswendig gelernten Satz an. Diesmal komme ich allerdings nur bis *»dormire qui«*, denn einer der Hunde, es ist wohl Rudolfo, hat begonnen, die Dame anzuspringen. Sie schimpft heftig mit ihm und sieht nun sehr gestresst aus. Als ich zum vierten Mal ansetze, komme ich mir bereits ziemlich lästig vor, und als Pedro beginnt, Jonny durchs Gitter hinweg anzuknurren und die Zähne zu fletschen, muss ich einsehen, dass wir uns einen geeigneteren Ort suchen sollten.

»Grazie. Grazie. Ciao!«, rufe ich der Dame also zu, die mir einen kurzen, fragenden Blick zuwirft und gleich darauf schon wieder mit ihren »Schoßhündchen« alle Hände voll zu tun hat. Etwas niedergeschlagen drehen Jonny und ich um und gehen den langen Feldweg zurück auf den eigentlichen Pfad.

»Tja, Jonny, das war wohl nichts. Wir müssen weitersuchen.«

Bisher war es tatsächlich erst ein Mal vorgekommen, dass wir stundenlang nach einem Plätzchen zum Übernachten suchen mussten. An diesem einmaligen Abend war ausgerechnet meine Mama zu Besuch, und wir liefen und liefen, bis wir fast zusammenklappten. Es schüttete wie aus Eimern, wir waren klatschnass, durchgeschwitzt, unsere Füße schmerzten, und der Wind pfiff uns die Kapuzen vom Kopf. Doch zwischen den Apfelplantagen des Vinschgauer Tals war keine Grünfläche zu finden, die nicht entweder eingezäunt oder kameraüberwacht war und zu einem Plantagenfeld gehörte.

»Sogar an diesem verrückten Abend haben wir dann doch ein Plätzchen gefunden. Irgendwo mussten wir ja schlafen, also wird das heute schon nicht so schwer werden«, mache ich mir Mut, indem ich, wie so oft, mit Jonny spreche.

Wir folgen also dem zur Hälfte zugewucherten Trampelpfad an der Brenta entlang weiter in Richtung Süden. Die Abendsonne brennt noch vom Himmel, und ich wische mir den Schweiß von der Stirn. Ein kurzes Stück werden wir von einer dicken Hummel begleitet, die so laut vor uns summt, dass ich meine, nichts anderes mehr zu hören. Mein Blick folgt ihr, und auch Jonny ist auf sie aufmerksam geworden und spitzt die Ohren. Sie ist so dick und rund, dass ich kaum glauben kann, wie flink sie um uns herumkreist.

Plötzlich wird die schöne Idylle von krachendem Lärm durchbrochen. Jonny hebt den Kopf und stellt die Ohren auf. Etwa hundert Meter weiter ist ein Traktor auf ein Feld von Weinreben gebogen und beginnt nun tosend zwischen ihnen hindurchzufahren. Ich kann nicht erkennen, was genau der Bauer macht, doch dafür entdecke ich etwas anderes …

»Jonny, schau mal! Neben dem Feld gleich hinter den Büschen ist ein Stück Wiese, oder? Komm, wir fragen nach, ob wir dort übernachten dürfen.«

Schnurstracks lenken wir unsere Schritte auf das Feld mit dem herumzuckelnden Traktor zu. Es liegt ein paar Meter unterhalb des

Trampelpfades, der auf einem aufgeschütteten Erdwall verläuft. Da dieser sehr steil ist, müssen wir bis ans Ende des Feldes gehen, wo ein Pfad hinunterführt. Doch eine Schranke versperrt uns den Weg. Wäre ich allein, wäre das überhaupt kein Problem. Schließlich kann ich einfach darunter hindurchkriechen oder darüber hinwegklettern. Doch eines kann ich definitiv nicht: Jonny drüberheben. Schließlich bin ich nicht Pippi Langstrumpf, auch wenn ich so auf unserer Reise schon oft bezeichnet wurde. Zu gerne würde ich Jonny in solchen Momenten einfach schrumpfen, auf die Hand nehmen, rüberheben und auf der anderen Seite des Hindernisses wieder absetzen. Gäbe es diese Möglichkeit, hätte sie uns schon viele Umwege und Schwierigkeiten erspart. Doch Jonny ist nun mal ein ganz normaler Esel, und ich bin keine Zauberin.

Ich erinnere mich an eine Wegpassage, bei der wir gemeinsam den Fernpass überquerten und eine Schranke uns so unüberwindbar den Weg versperrte, dass ich das ganze Gepäck von Jonnys Rücken abladen, ihn an der Engstelle vorsichtig vorbeiführen, das Gepäck auf die andere Seite schleifen und schließlich alles wieder aufladen musste. Ein anderes Mal mussten wir stundenlang zurücklaufen, da der Wanderweg abgerutscht und für einen Esel kein Durchkommen mehr war.

Was für einen normalen Wanderer also keine Hürde bedeutet, kann für uns schon mal zur Tagesaufgabe werden.

Doch heute haben wir Glück. Diesmal müssen wir uns nichts Großartiges einfallen lassen, denn die Schranke lässt sich anheben. Ich stemme sie also mit dem rechten Arm nach oben, während ich versuche, Jonny mit dem linken Arm drunter durchzuschieben. Es klappt!

Wir folgen dem in hoher Wiese eingewachsenen Pfad bis zu der Grünfläche und dem danebenliegenden Feld. Ich lasse Jonny grasen und gehe mit großen Schritten auf den Bauern zu, der noch immer auf seinem Traktor sitzt und gerade eine Wasserflasche leert. Er sah von Weitem viel älter aus, doch je näher ich komme, umso jünger wirkt er. Tatsächlich ist er um einiges jünger als ich, vielleicht gerade mal achtzehn Jahre alt und schaut mich erstaunt mit gerunzelter Stirn von seinem Sitz aus an.

Ich hole tief Luft: *»Ciao! Posso dormire qui con il mio asino? Viaggiamo da Monaco di Baviera al mare a piedi. Dormo nella tenda e Jonny ha un recinto.«* Mein Italienisch wird immer fließender, je länger ich unterwegs bin, und ich bin stolz, dass mir auch jetzt alle wichtigen Sätze eingefallen sind. Diesmal habe ich noch »Wir reisen zu Fuß von München bis ans Meer« beigefügt. Auffordernd grinse ich den jungen Mann an.

Aus seinen fragenden Stirnfalten formt sich ein Lächeln. »Ja, ja, kein Problem. Das passt schon, denke ich. Brauchst du Wasser oder irgendetwas?«, kann ich aus seinem nuschelnden Italienisch heraushören.

»Grazie mille. Tutto bene.«

Ich grinse ihn an, halte den Daumen nach oben und springe freudig auf Jonny zu. »Hey, Jonny, wir dürfen hierbleiben. Wir haben unseren Übernachtungsplatz gefunden! Ist es nicht megaschön hier?«

Das Feld und auch unser Wiesenstück werden von der Abendsonne in einem warmen gelborangenen Licht angestrahlt. Die kniehohen Grashalme kitzeln mich an den Beinen, während ich Jonnys Gehege abstecke und mein Zelt aufbaue. Eine sanfte Brise streicht durch die Büsche am Feldrand. Der Mond ist bereits blass am Himmel zu sehen, und während ich mir ein Stück Baguette abbreche, zupft Jonny fleißig die Wiese kurz. Ich sitze im Zelt, habe den Eingang jedoch offen gelassen und strecke meine blanken Füße ins hohe Gras. Ich beobachte Jonny beim Schnabulieren und Herumwälzen. Schließlich bleibt er liegen und schaut mich lange an.

»Was für ein schöner und ruhiger Platz, was, Jonny?« Ich kauere mich neben meinen Esel und kraule ihm den Kopf und die Ohren.

Dabei setzt er sein Genießergesicht auf, indem er den Hals lang streckt, den Kopf auf meinem Knie ablegt, die Ohren locker zur Seite fallen und seine Unterlippe entspannt nach unten hängen lässt und genüsslich die Augen schließt. Ein solcher Augenblick ist etwas ganz Besonderes, denn er zeugt von großem Vertrauen zwischen uns, und ich würde am liebsten die Zeit anhalten.

Meine Angst vor der Dunkelheit ist zwar im Laufe der Reise weniger geworden, doch ein Fan der Nacht bin ich immer noch nicht. Ich krieche also bei Dämmerung ins Zelt und trinke am Abend so wenig, dass ich bloß nicht nachts rausmuss und mich erst ins Freie begeben kann, sobald die Sonne wieder scheint. Wirkliche Angstzustände wie zu Beginn der Reise habe ich aber zum Glück nicht mehr. Doch in dieser Nacht soll mich etwas anderes aus dem Zelt jagen.

Ich schlummere friedlich in meinem Schlafsack, als mich plötzlich ein ohrenbetäubender Lärm senkrecht im Zelt sitzen lässt. Jonnys hilferufendes Gewieher und lautes Hundegejaule haben mich aufgeschreckt. Hastig taste ich nach der Taschenlampe, reiße das Zelt auf und stürme wie eine Wildschweinmutter, die ihre Jungen beschützen muss, schreiend heraus. Ich entdecke einen dunklen Schatten in Jonnys Gehege. Ein Hund hat sich darin verirrt und läuft, genau wie Jonny, panisch im Kreis. Beide haben sich gegenseitig aufgescheucht, und der Hund hat Glück, dass Jonny ihm noch keinen Tritt mit den Hinterhufen versetzt hat, sondern mit angelegten Ohren und gequälten »Iiiiiih«-Rufen versucht, vor ihm davonzulaufen. Ich leuchte mit der Taschenlampe und brülle mit einer Inbrunst den Hund an, als ginge es um Leben und Tod. Ich wusste nicht, dass ich einen solchen Urschrei überhaupt draufhabe, und erschrecke kurz vor mir selbst. Aber es scheint zu wirken, denn der schwarze, strubbelige Hund macht einen mächtigen Satz zur Seite, schlüpft endlich unter Jonnys Zaun hindurch und ist sogleich verschwunden. Das ganze Spektakel ging nur wenige Sekunden, doch mir kam es viel länger vor.

Erleichtert klettere ich ins Gehege und streichle Jonny beruhigend: »Alles ist gut, Jonny. Keine Sorge. Ich beschütze dich. Das war nur ein dummer Hund. Du bist jetzt sicher. Ich pass auf dich auf.« Schlafen können wir nun beide nicht mehr.

Auch die kommende Nacht soll nicht entspannter werden. Da wir uns den gesamten Nachmittag auf den wohl zig verschiedenen Trampelpfaden an der Brenta entlang verlaufen haben, sind wir die letzten zwei Stunden lieber einer geteerten, aber kaum befahrenen Landstraße gefolgt. Heute ist es so heiß, dass ich mir schlichtweg wie in der Wüste vorkomme. Jonny trottet treuherzig neben mir her, ist aber auch froh, als wir eine Pause machen. Erschöpft werfe ich mich unter einen Baum in den Schatten.

Auf einmal kommt ein blau-weißer Wagen herangefahren, auf dem *Carabinieri* steht. Polizei? Was die wohl will? Vielleicht wird ja endlich mal nach Jonnys Papieren verlangt, für die ich in Deutschland ein gefühltes Vermögen hinblättern musste.

»Ciao! A dove vai?« Ein langer und schmaler Polizist, der mich auf Anhieb auf eine nette Art und Weise an »Doof« von »Dick und Doof« erinnert, steigt aus dem Wagen. Ich springe von meinem gemütlichen Schattenplatz hoch und schüttle ihm die Hand. Doch meinen Ausweis oder Jonnys Papiere möchte er nicht sehen. Er ist einfach nur interessiert und angetan von unserem Duo. Er habe auch zwei Esel zu Hause und wisse, was das für fabelhafte Freunde seien. Als ich ihm berichte, dass wir seit über zwei Monaten unterwegs und im Juli von München aus losgezogen sind, ist er sprachlos. Begeistert winkt er seine Kollegin aus dem Auto und bittet um ein gemeinsames Foto, das er unbedingt seinen Kindern zeigen möchte. »Meine Familie wird mir sonst niemals glauben, dass wir einen Esel gestoppt haben«, lacht er und wünscht uns eine gute Weiterreise, während er und seine Kollegin zum Wagen zurückkehren und dabei noch schnell ein paar weitere Bilder knipsen.

Auf der Suche nach einem Schlafplatz kommen wir heute an einem Pferdestall vorbei, der etwas abseits in der Nähe von Cittadella liegt.

Da Jonny und ich bereits die Erfahrung gemacht haben, dass sich Pferde durchaus vor meinem grauen Begleiter fürchten können und manchmal gar panisch die Flucht ergreifen, winke ich ein paar Leuten am Stall von Weitem zu. Eine Dame winkt ganz aufgeregt zurück: *»Vieni! Vieni!«*

Aber was soll das heißen? Da ich eigentlich kein Italienisch spreche, ploppt in meinem Kopf bei jedem neuen Wort erst einmal ein großes Fragenzeichen auf. Die blonde Frau winkt so hektisch zu uns herüber, dass ich mir nicht sicher bin, ob *Vieni* »Komm her« oder »Lauf weiter« bedeutet. Es könnte ja durchaus sein, dass ihre Pferde sich vor Jonny erschrecken und der schicke Haflinger, der gerade mit einem Reitschüler seine Runden über den Platz dreht, durchgehen würde. Verunsichert winke ich zurück und gehe weiter. Doch wieder und wieder ruft die Dame: *»Vieni! Vieni!«* Heißt es vielleicht doch, dass wir zu ihnen kommen sollen? »Ich hab keine Ahnung, was die Frau uns sagen möchte, Jonny. Aber wir können ja mal vorsichtig auf sie zugehen und schauen, was passiert, okay?« Jonny steht gelassen neben mir und scheint wohl derselben Meinung zu sein.

Auf dem Reiterhof werden wir herzlich empfangen, denn die Dame kennt Jonny und mich bereits. »*Ciao asino*, Jonny!«, lacht sie, als sie uns entgegenläuft. Schnell hat sich eine Menschentraube um uns gebildet, und ehe wir verstanden haben, was hier eigentlich vor sich geht, berichtet die Dame namens Claudia ihren Freunden von Jonny und meiner Reise. Sie habe uns bei Rai TV im Fernsehen gesehen und @eseljonny dann auf Instagram entdeckt: »*Asino* Jonny! Ich finde die Reise klasse. Ich bin euer größter Fan! Was für ein Zufall, dass ihr genau an meinem Reitstall vorbeiwandert! Toll!«, übersetzt mir ihr Mann ins Englische. Ich versuche, seinen Akzent zu verstehen, während ich mit Jonny in der Gruppe durcheinanderquatschender Italiener stehe, die begeistert seinen Hals tätscheln.

Heute Nacht dürfen wir auf Claudias Koppel übernachten, und am Abend, bevor die Reiter nach Hause fahren, bringt ihr Mann einen

Kofferraum voll Pizza für alle vorbei. Ich bekomme eine Pizza mit Schinken und einem Berg Pommes. Pizza mit Pommes? Das habe ich noch nie gegessen. Eine spannende Kombination. Dafür muss ich feststellen, dass die Italiener hier keine Pizza Hawaii kennen. Das Land der Pizza und keine Pizza Hawaii? Ich bin erstaunt. Doch meine »Pizza Pommes« schmeckt sagenhaft, denn egal was darauf ist, das Pizzabacken muss man den Italienern einfach lassen.

Die Nacht ist sehr unruhig, weil ich mein Zelt unwissentlich unter eine Laterne mit Bewegungsmelder gestellt habe. Immer wenn Jonny auch nur in die Nähe der Laterne kommt oder um mein Zelt streift, beleuchtet diese den ganzen Hof samt Zelt taghell. So kommen weder Jonny noch ich auf dem schönen Hof richtig zur Ruhe.

Als ich am Morgen barfuß aus dem Zelt steige, landet mein rechter Fuß – pflatsch – mitten in Jonnys Haufen, den er netterweise direkt vor meinem Eingang abgeladen hat.

»Na danke, Jonny! Guten Morgen. Da hast du mir ja was hingelegt. Ein Frühstück am Bett wäre netter gewesen.«

Woraufhin Jonny mich nur frech anprustet und sich demonstrativ vor mich stellt, was bedeutet, dass er sich über eine »Gutenmorgenmassage« sehr freuen würde. Also lehne ich mich mit einem ergebenen Seufzer gegen seine linke Seite und beginne mit der rechten Hand seine Hinterflanke und mit der linken sein Schulterblatt zu kraulen. Dabei lehnt Jonny sich ganz entspannt immer stärker gegen mich, und ich muss mit meinem gesamten Körpergewicht gegenhalten, sodass wir in eine derartige Schräglage kommen und beide umfallen würden, würde einer plötzlich nachlassen. Was für ein wunderbares Vertrauen wir doch zueinander gewonnen haben.

In den darauffolgenden Tagen und Nächten erleben wir noch viele weitere Abenteuer, und als Jonny und ich nach siebzig Tagen endlich das Meer erreichen, sind wir die Ehrengäste auf dem Campingplatz

Oasi. Wir dürfen dort so lange kostenlos wohnen, bis uns meine Familie mit dem Pferdehänger abholt und wieder mit zurück nach Deutschland nimmt.

Zum Sonnenaufgang laufen Jonny und ich aufgeregt zum ersten Mal an den Strand und stehen nun vor der großen, endlosen blauen Weite und bewundern den morgendlich schimmernden Himmel. Ein atemberaubender Moment.

Die Seebrise weht uns um die Ohren, die Wellen rauschen, und am Horizont erscheint langsam der gelbe Feuerball und leuchtet uns an, als würde er uns begrüßen wollen. Ich lächle. Sollte ich nicht jubeln, bis mir die Puste ausgeht? Sollte ich nicht zu weinen beginnen vor Erleichterung, weil wir es tatsächlich geschafft haben? Aber Jonny und ich stehen einfach nur da und lassen den Tag beginnen. Nach fast drei Monaten gemeinsamen Wanderns ist es ein seltsames Gefühl, dass nun alles vorbei ist. Wir sind angekommen. Ich atme tief durch und schaue beeindruckt zu meinem treuen Gefährten hinüber, der ruhig neben mir steht.

Doch in Wahrheit ist nicht alles vorbei; ich spüre, dass durch diese Reise noch einige wunderschöne Dinge auf mich zukommen und mein Leben verändern werden ... Ich freue mich schon jetzt darauf!

Eines jedoch wird sicher gleich bleiben: meine Liebe zum Leben und die ganz besondere Freundschaft zu Jonny, ohne den ich mir keinen Tag mehr vorstellen kann.

Deutschland

VIER RÄDER, KÜCHE, BAD

Patrizia und ich lebten in einer schönen Altbauwohnung in Hamburg und hatten alles, was man sich nur wünschen kann. Doch dann fragten wir uns: Wozu überhaupt? Brauchen wir das ganze Zeug wirklich, um glücklich zu sein? Es muss doch auch anders gehen – aber wie?

Von Fredy Gareis

»Du bist ja immer noch nicht fertig! In zwei Wochen ziehen wir ins Auto, und hier herrscht das reinste Tohuwabohu«, monierte Patrizia und zeigte auf die hüfthohen Stapel in meinem Arbeitszimmer in unserer siebzig Quadratmeter großen Altbauwohnung in Hamburg.

Mein Blick folgte ihrem Finger, und ich musste zugeben, dass sie recht hatte. Keinen Schritt konnte man hier vor den anderen tun, ohne zu stolpern. Aber ich wollte verdammt sein, das zuzugeben.

Ich schaute noch mal gründlich durch die Gegend, dann schaute ich meine Freundin an, während ich fieberhaft nach einer guten Antwort suchte. Da stand sie, mit ihren langen Beinen, den langen roten Haaren, deren Färbung sich bereits auswusch. Ich war mir nicht sicher, ob mich ihre grünen Augen böse anfunkelten oder nicht.

»Hm«, spielte ich auf Zeit und spürte dann, wie mir endlich eine Antwort einfiel, ausgerechnet aus einem Buch namens *Der erste Kreis der Hölle,* was bei genauerer Betrachtung der Umstände recht passend war. »Chaos ist einfach eine noch nicht verstandene Ordnung.«

Patrizia lachte laut auf. »Du denkst, du bist so clever.«

Tja. Ich lehnte mich zurück und schwieg wieder. Musste aber einräumen, dass sie ihren Bereich bereits so effizient ausgemistet hatte, als arbeitete sie bei einem Entsorgungsunternehmen.

Wo wir schon dabei sind, fügen wir doch noch ein paar Details hinzu. Meine Freundin war zu diesem Zeitpunkt 32 Jahre alt, sie stammt aus Bayern, hat Iranistik studiert, begibt sich mutig in brenzlige Situationen, hat eine Schwäche für Erdnüsse. Unordnung mag sie gar nicht. Und noch weniger mag sie Autofahren. Natürlich soll ich das nicht schreiben. Aber dies ist ein ehrliches Buch. Also.

»Hör mal«, sagte ich schließlich in einem letzten Versuch der Rechtfertigung, wenn der Nobelpreisträger Solschenizyn mich schon nicht retten konnte, »ich bin elf Jahre älter als du. Es ist doch ganz klar, dass ich mehr Zeug habe.«

»Geh. Weißt du, was du bist? Ein Messie, weiter nichts!«

Wir standen also kurz davor, fortan in einem Auto zu wohnen. Vier Wände gegen vier Räder zu tauschen. Und dazu mussten wir unseren Besitz so minimieren, dass er auf vier statt auf siebzig Quadratmeter passte.

Alles begann mit einer Reise in die USA. Im Jahr zuvor hatte ich mich in die Welt der amerikanischen Hobos aufgemacht, um ein Buch über sie zu schreiben. Hobos streifen auf Güterzügen durch das Land, pfeifen auf die Sicherheit einer bürgerlichen Existenz und haben nur das, was sie auf dem Rücken tragen. Ein anachronistisches Thema in unserer – und vor allem der amerikanischen – Konsum- und Erfolgswelt. Sicherheit im Tausch für Freiheit und Selbstbestimmung.

Einer der Hobos hieß Shoestring. Er war ein Vagabund, der draußen promoviert hatte. Ein meist schweigsamer, höflicher Einzelgänger. Aber in den Nächten, wenn wir irgendwo im Gebüsch oder unter einer Brücke auf einen Güterzug warteten, fing er an zu philosophieren: über die Natur der modernen Gesellschaft, über die ganze Verschwendung, die er auf seinen Reisen durch das Land gesehen hatte. Im Schneidersitz saß er da, neben sich seine ganze Habe in einem Armeerucksack, und fragte mehr den Mond als mich: »How much do you really need? After 25 years riding the rails, let me tell you: very little.«

Seit ich sechzehn war, bin ich auf Reisen. Zuerst, um dem Mief einer kleinen Arbeiterstadt zu entkommen. Dann, um neue Perspektiven zu gewinnen, und schließlich, um Bücher zu schreiben. Egal aus welchem Grund: Gleich blieb immer, dass ich mich unterwegs am stabilsten fühlte. So radikal wie die Hobos war ich dennoch nie. Ich wohnte mit meiner Freundin in einer Wohnung in Hamburg, ein Ort, der ständig Miete kostete und noch dazu eingerichtet, erhalten und gepflegt sein wollte.

Beseelt vom Evangelium der Bewegung kam ich aus den amerikanischen Weiten zurück und konnte ebenjene Wohnung, so schön sie auch war, nicht mehr ertragen.

Eigentlich ist das ja ein alter Hut: Nach jeder langen Reise ist es schwer, sich wieder im Alltag zurechtzufinden. Man verspricht sich jedes Mal aufs Neue, das Leben etwas anders zu gestalten, diesmal der Langeweile keine Chance mehr zu geben, das Beste aus beiden Welten zu machen. Doch ein paar Monate später hat man es leider schon wieder vergessen. Man wird aufgefressen von den kleinen Monstern des Alltags. Vom Gestalten gelangt man zum Verwalten, wieder knallen die Silvesterkorken, und ein weiteres Jahr ist auf immer verschwunden.

Doch diesmal war das Gefühl der Entfremdung deutlich stärker als je zuvor. Eine fast körperlich spürbare Dissonanz mit der restlichen Welt.

Diese gottverdammten Hobos – was hatten sie nur mit mir angestellt?

Offensichtlich hatten sie mich stark beeindruckt. Mit ihrer Genügsamkeit, ihrer Selbstgewissheit. Mit ihrem Vorwurf, dass wir alle, obwohl wir es schön trocken haben, uns alles Wichtige leisten können, ständig am Jammern und Meckern sind.

Nach den ganzen Entbehrungen unterwegs auf den Gleisen hatte ich damit gerechnet, mich wieder auf Komfort zu freuen: eine Toilette, die man nicht erst suchen muss. Eine Küche. Eine Unterkunft, die warm ist und bei der man vor allem die Tür zuziehen kann. In der man sich wohlig fühlt, sicher ist.

Stattdessen schaute ich in die Küchenschränke und sah überschüssiges Geschirr. Ich schaute in den Kleiderschrank und sah überflüssige Klamotten. Ich schaute in die Regale und sah unnützen Schnickschnack.

Ich schmiss Schranktüren und Schubladen zu und sagte zu Patrizia: »Wie viel brauchen wir wirklich? Die Mieten steigen höher und höher, und wir zahlen ja jetzt schon 10 000 im Jahr. Nur fürs Eingepökeltsein!

Dabei ist die Welt da draußen so groß, und wir sind, aller Wahrscheinlichkeit nach, nur einmal hier.«

Patrizia schaute mich verständnisvoll an. Sie nickte.

Dann machten wir weiter wie bisher.

***

Im Juni saßen wir im griechischen Thessaloniki an einem weiß gedeckten Tisch auf einem kleinen Platz neben einem Brunnen und feierten unseren Jahrestag.

Vor uns standen ein paar Vorspeisen, eine kleine Flasche Ouzo, dazu eine Schale Eiswürfel. Zwei Straßenkinder zogen umher und spielten auf einem abgewetzten Akkordeon ein Lied. Nach ein paar Klängen wurde mir klar, dass es sich dabei um »Katjuscha« handelte, ein melancholisches Lied aus der Zeit der Sowjetunion. Irgendwie passte es gar nicht zu dem Anlass - schließlich war es eine Weise aus dem Krieg, es ging um Abschied -, aber irgendwie auch doch.

Ich war nervös. Rutschte auf meinem Stuhl hin und her. Schenkte Patrizia einen Ouzo ein, schenkte mir selbst einen größeren ein, goss mit Wasser auf, gab Eiswürfel hinzu. Wir stießen auf alle gemeinsamen Jahre davor und natürlich auf unser nächstes an. Aber wie sollte es werden?

Ich hatte mir in den vergangenen Wochen viele Gedanken gemacht und sie in einem Liebesbrief niedergeschrieben, der mir jetzt in meiner Jackentasche die Brust verbrannte. Ich zog die Jacke aus und hängte sie über den Stuhl.

Als wir uns ein bisschen gestärkt hatten, mit gegrilltem Oktopus, Saganaki und griechischem Salat, überreichte ich Patrizia den Brief. Jedes Jahr schreibe ich ihr einen zu diesem Anlass. Doch diesmal ging es zum ersten Mal um unsere Zukunft.

Feierlich, als würde ich um ihre Hand anhalten, fragte ich sie darin: Mein Herz, willst du mit mir in ein Auto ziehen? Die Welt mit anderen

Augen sehen, etwas weniger ernst sein und dafür etwas mehr spielen? Natürlich hieße das, Sicherheiten aufzugeben, Routinen – alles, was das Leben leichter, aber auch langweiliger macht.

Und wenn wir unsere Karten richtig spielen, vielleicht gewinnen wir dann ein Stück Freiheit, vielleicht entdecken wir ständig Neues, stolpern an jeder Ecke über wilde Geschichten, und vielleicht werden wir zu anderen Menschen. Wer kann schon sagen, was bei einer so bescheuerten Idee hinten rauskommt?

Zumindest theoretisch können wir doch überall arbeiten. Du als Journalistin, ich schreibe an meinen Büchern.

Zwei gegen die Welt und das ganze Gelöt.

Ich weiß, die Sache ist riskant. Wenn es nicht klappt, dann müssen wir halt mal auf einem Bauernhof schuften oder in einer Fabrik, oder wir stellen uns an Straßenkreuzungen und putzen die Windschutzscheiben von gestressten Autofahrern.

Wir werden uns schon was einfallen lassen.

Oder stilvoll verarmen.

Ich wusste nicht, wie sie reagieren würde. Während es mir vertraut war, knietief durch den Dispo zu waten, war so ein unstetes Leben für Patrizia mit ihrem geradlinigen Lebenslauf Neuland. Später gestand sie mir, dass in ihrem Kopf die folgenden Gedanken aufgetaucht waren: Wie soll das bloß mit der Arbeit funktionieren? Was mache ich, wenn ich nachts nicht einfach ins Badezimmer tapsen kann? Muss ich die ganze Zeit Auto fahren?

Sie legte den Brief zur Seite und schaute mich mit ihren wildbachgrünen Augen an. Die Eiswürfel in ihrem Glas knackten. Das, dachte ich, das ist der Moment des Widerstands. Den braucht jede Geschichte. Man kann nicht mir nichts, dir nichts Altes zurücklassen und sich zu anderen Ufern begeben. Man muss zweifeln, mit sich hadern, nachts wach liegen, abwägen, Argumente für und wider führen, sich die Haare raufen, zu einer Entscheidung kommen, diese wieder verwerfen. Kurz: Man kann nicht einfach Ja sagen.

Patrizia sagte einfach Ja.
Und jetzt haben wir den Salat.

***

Etwa 10 000 Dinge besitzt der Durchschnittseuropäer, und was hatte ich mich darauf gefreut, zu entrümpeln. Fast vierzigmal war ich in meinem Leben umgezogen und hatte dennoch so viel Zeug angehäuft, dass ich inzwischen zu ersticken drohte. Ich sah keinen Besitz, der mein Leben schöner machte, ich sah Fesseln. Bevor es also vom Parkett auf den Asphalt ging, musste der ganze Kram weg. Um hochsteigen zu können, mussten wir Ballast abwerfen.

Zu diesem Zeitpunkt war es noch gar nicht so lange her, dass die Wohnung meiner Großmutter hatte geräumt werden müssen, weil sie in ein Altersheim zog. Großvater war bereits ein paar Jahre tot. Zuvor führten die beiden ein Eremitenleben. Sie fuhren nie in den Urlaub, ja, sie gingen sogar kaum aus dem Haus. Dennoch hatten sie es über die Jahre geschafft, so viele Dinge anzuhäufen, dass man damit einen Trödelladen hätte eröffnen können.

Großvater hatte zum Beispiel im Bastelkeller 36 Besenstiele gebunkert, fünf Kilo Vorhängeschlösser, 25 Schraubenzieher etc., etc.

Großmutter war in der Zwischenzeit auch nicht untätig gewesen. Jede noch so kleine Ritze der sowieso schon kleinen Zweizimmerwohnung war vollgestopft. Teilweise steckte der Kram noch in seiner Verpackung und hatte Preise aus D-Mark-Zeiten dran: Klamotten aus den Sechzigern und Siebzigern, Bettwäsche, Teeservice und massenhaft Konserven für den Fall, dass die Zeiten wieder schlechter werden würden.

Es dauerte Wochen, die Wohnung zu räumen. Verantwortlich dafür war mein Stiefvater, und ich kann mich noch gut daran erinnern, wie er zwischen all dem Zeug saß und nicht mehr weiterwusste, während ich mit nicht angebrachter Belustigung auf dieses Spektakel schaute.

Und jetzt ging's mir in Hamburg ganz genauso. Das nennt man Karma.

Das Bunkern und Horten meiner Großeltern war halbwegs verständlich. Die beiden gehörten zur Kriegsgeneration. Sie waren Vertriebene, hatten immer Angst, nicht genügend zu haben. Diese Sichtweise war uns natürlich völlig fremd.

Der amerikanische Komiker George Carlin sagte mal sehr passend, ein Haus sei ein Ort, wo man sein ganzes Zeug aufbewahre, während man rausgehe, um noch mehr Zeug ranzuschaffen.

Da hält man sich für einen Minimalisten, und dann so was. Es scheint ein Naturgesetz zu sein, dass sich der Mensch immer der Größe seiner Umgebung anpasst. Vielleicht ist es aber auch nur einfach so, dass meine Freundin recht hatte und ich tatsächlich ein Messie bin.

Die Möbel waren dabei das kleinste Problem. Bei Büchern wurde es schon viel schwieriger, aber so richtig knifflig war der Kleinkram, der am Ende vielleicht den Löwenanteil ausmacht. Der müllt die Wohnung zu mit lauter Wechseln auf die Zukunft, die nie eingelöst werden und einem gerade deswegen ein schlechtes Gewissen machen. Der Aquarellkasten, immer noch verpackt, mit dem man seit Jahren umzieht. Die Russischlehrbücher, die man endlich mal wieder angehen sollte. Die verstaubte Gitarre, an der doch möglicherweise noch eine Karriere als Rockstar hängt, auch wenn man nicht einen einzigen Akkord spielen kann.

Es ist unheimlich schwer loszulassen.
Es ist eine Kunst.

Man muss sich von Möglichkeiten verabschieden. Von diesen Dingen, über die man lieber nachdenkt, als sie tatsächlich in Angriff zu nehmen.

Und dann war da auch noch diese Peitsche, bestes Beispiel. Fast zwei Meter lang, aus Leder. Ich hatte sie in einem Souvenirshop in der ungarischen Puszta geklaut. Ich war sechzehn Jahre alt und betrunken vom hervorragenden Rotwein. Diese Peitsche schleppte ich nun also schon seit, Moment, 27 Jahren mit mir rum. Hatte ich in all den Jahren auch nur einen einzigen Menschen damit ausgepeitscht?

***

Immerhin, das Auto hatten wir bereits.

Wir wollten weder ein Wohnmobil (zu auffällig, zu teuer) noch einen bunten VW-Bus (nur zu teuer), sondern ein Auto, das so billig in der Anschaffung war, dass es sich tatsächlich lohnte, keine Miete zu zahlen. Auf eBay Kleinanzeigen suchte ich nach einem Minivan, sprich einem Kleinbus.

In den USA – wo sonst? – gibt es bereits ein ganzes Heer von Menschen, die in ihren Autos leben und arbeiten. Die einen machen das aus Not, weil die Mieten in den Großstädten explodieren; alleine in Los Angeles an der Westküste sollen 16 000 Menschen im Auto leben. Die anderen sind auf der Suche nach einem alternativen Lebensmodell. Sie nennen sich Rubber Tramps, Vanlifers oder Vandwellers. Es gibt sogar ein jährliches Treffen, organisiert von einem Mann in den Sechzigern, der im Netz die Vorzüge des mobilen Lebens predigt. 2010 fand das »Rubber Tramp Rendezvous« zum ersten Mal statt, mit gerade mal 45 Teilnehmern. Acht Jahre später, 2018, kamen in der Wüste von Arizona bereits 5000 moderne Vagabunden zusammen.

Also irgendwie passend, dass wir uns zuerst ein amerikanisches Auto anschauten, einen Chrysler Grand Voyager: sieben Sitze, Typ Familienkutsche, getönte Scheiben, 155 PS.

Der Wagen stand in Hamburg-Stellingen, und der Verkäufer war froh, endlich einen Interessenten zu haben, der nicht gleich mit »was letzte Preis?« um die Ecke kam.

Allerdings war das Auto bereits abgemeldet, eine Spritztour über die nahe Autobahn war leider nicht drin. Ich öffnete die Motorhaube, schaute rein. Legte mich unter das Auto und suchte nach Lecks. Nicht, dass ich wirklich Ahnung von Autos hätte, aber so was sieht gut aus. Anschließend drehten meine Geliebte und ich ein paar Runden durch die Nachbarschaft.

»Und«, fragte Patrizia, »wie fährt er sich?«

»Hervorragend. Übermotorisiert. Automatikgetriebe, schön erhöhte Position. Ich fühle mich wie ein amerikanischer Rentner.«

»Wahnsinnig bequeme Sitze«, lobte Patrizia.

»Und viele Fenster.«

»Das Lenkrad ist ja geil! Hast du das schon gesehen?«

Ich schaute, musste lachen. Das Steuer war mit einem schwarzen Lenkradschutz überzogen, der mit zwei goldenen Totenköpfen verziert war.

Zu Hause setzten wir uns auf den Balkon. Die Luft war lau, wir öffneten zwei Bier, schauten in den großen Innenhof. Ein Eichhörnchen lief hektisch über die Äste einer Kastanie. In hundert Metern Entfernung war bereits die nächste Häuserzeile zu sehen.

Wir diskutierten den Chrysler.

»Was ist dein Eindruck?«, fragte Patrizia.

»Als ich die Schiebetür aufgemacht hab, dachte ich mir, da kann man sehr gut drin schlafen. Platz genug.«

»Hast du angefangen zu träumen?«

»Ja.«

»Ich find es super, dass es ein altes Auto war. Ein neues fänd ich idiotisch, ist doch viel ökonomischer, eins zu nehmen, das schon 21 Jahre auf dem Buckel hat.«

Vor ein paar Jahren bin ich mit dem Fahrrad von Israel nach Berlin gefahren, vier Monate, 5000 Kilometer. Ein paar Hobbyradfahrer meinten zuvor, für so ein Rad musst du schon ein paar Tausender lockermachen, du musst trainieren. Ich kaufte mir ein Stahlrad, das noch in »Westdeutschland« hergestellt worden war, zahlte schlappe neunzig Euro und fuhr los.

Trotzdem kam der Widerstand jetzt von mir. So viel zum Thema aus der Vergangenheit lernen.

Der Chrysler war 21 Jahre alt, hatte 300 000 Kilometer auf der Uhr, und der Motor schwitzte Öl. Die Klimaanlage war kaputt, der Tempomat sowieso, und außerdem sollte man nie das Auto kaufen, das man sich zuerst anschaut.

Aber das waren alles Einwände, die meine Geliebte nicht im Geringsten interessierten. Mit einem ordentlichen Zug trank sie ihr Bier aus und stellte die leere Flasche auf den Tisch.

»Ich kann mir sehr gut vorstellen, mit dir rumzutuckern und Musik zu hören. Und dann hab ich mich erschreckt: Wenn es so einfach ist, etwas zu verändern, dann müsste man ja viel öfter was verändern. Aber gut, vielleicht kommt noch viel Scheiß auf uns zu. Die Autofrage macht es nur so merkwürdig real, dass ich mir gerade denke: krass.«

»Also machen oder sein lassen?«

»Ich trau mich fast nicht zu antworten,
aber ich würd sagen: machen.«

Was konnte schon schiefgehen, vor allem bei einem Kaufpreis von 650 Euro? Natürlich, wenn man anfängt nachzudenken, fallen einem hundert Sachen ein. Also: nicht nachdenken. Manchmal muss man sich einfach selbst überrumpeln, sonst hat man den Finger immer in der gleichen Soße.

***

Am Tag des Aufbruchs schüttete es. Ein gemeiner Wind peitschte den Regen bei dreizehn Grad schräg durch die Straße. Hamburger Schietwetter vom Feinsten.

Wir schmissen den Schlüssel wie vereinbart in den Briefkasten, die anderen hatten wir bereits beim Vermieter abgeliefert. Dann entfernten wir unsere Namen, taten das Gleiche am Klingelschild. Die Tür zu unserer sicheren und schönen Wohnung fiel unwiderruflich ins Schloss.

Patrizia und ich verstauten unsere Rucksäcke im Wagen, stiegen in die Fahrerkabine, spürten, wie sich das Leder der Sitze unserer Körperform anpasste.

Ich schaute noch mal hoch in den dritten Stock. Wir kamen, und wir gingen. Hatten gerade eine Wohnung aufgegeben, nach der Hunderte, wenn nicht Tausende zurzeit händeringend suchten. Hatten sie aufgegeben, ohne eine neue zu haben. Wieso hatten wir sie eigentlich nicht zwischenvermietet? Dann hätten wir die Option auf Rückkehr gehabt, falls alles in die Binsen ging.

Aber damit eine Tür aufgeht, muss eine andere geschlossen werden.

»Moment, Moment, Moment«, sagte ich zu Patrizia, die an ihrem Gurt rumfummelte.

»Was?«

»Noch nicht anschnallen. Ich hab was Kleines für dich.«

»O Gott, du bist ja süß!«

»Also, erst mal eine Kotztüte.«

»Haha, mir wird überhaupt nicht schlecht. Und Spielkarten? Bist du der Bube und ich die Dame? Und ein Brief dazu.«

»Ja, genau.«

»Uh, ein Riesenbrief!«

Sie zog ihn heraus. Las ihn. Sie las zehn Minuten.

Ich beobachtete sie, richtete den Rosenkranz am Rückspiegel. Sah, wie ein Mann in schweren Schuhen auf dem Bürgersteig direkt auf den Rollkoffer zuging, der vor der Tür stand und auf einen neuen Besitzer wartete. Er schaute ihn sich nicht lange an, fuhr das Gestell aus und trottete knatternd damit davon.

Patrizia faltete den Brief und steckte ihn wieder in seinen Umschlag. Sie war gerührt. Ich freute mich. »Danke, Süßer«, sagte sie, umarmte mich und küsste mich.

»Bereit?«, fragte ich meine Co-Pilotin.

Hinter uns auf der Ladefläche herrschte trotz der zwölf Bananenkisten noch das reinste Chaos. Aber wie gesagt, alles nur eine noch nicht verstandene Ordnung.

Patrizia antwortete mit einem wackeren »Aye, aye«.

Zündung. Der Motor sprang satt an, brummte ein Lied von Aufbruch und Freiheit.

Und dann ging er wieder aus.

***

Ich bin etwas traumatisiert, was Autos angeht. Vielleicht hatte ich deswegen auf dem Balkon in Hamburg so gezögert. Und als der Chrysler – oder die Aubergine, wie meine Geliebte den Wagen inzwischen aufgrund der Farbe und der bauchigen, ausladenden Form nannte – nicht ansprang, befürchtete ich sofort ein ähnliches Desaster. Mein Kopf sank auf das Lenkrad. Dabei hatte ich in der Aufregung des Aufbruchs einfach vergessen, die Wegfahrsperre zu entriegeln.

Gegen Abend fuhren wir von der Autobahn ab, bei einem dieser Orte, die man nur aus den Staumeldungen kennt: Hannoversch Münden, in der Nähe von Kassel. Eine Stadt, die am Zusammenfluss von Werra und Fulda liegt, mit einer so pittoresken Altstadt, dass Alexander von Humboldt sie einst als einen der schönsten Orte der Welt bezeichnet hat. Wir ließen diese schöne Fachwerkstadt links liegen. Die Nacht senkte sich bereits vom Himmel. Wir mussten uns einen

Schlafplatz suchen. Unseren ersten. Es war schlauer, das außerhalb von Menschenkonzentrationen zu erledigen.

Ich lenkte die Aubergine durch das Werratal. Unsere Augen waren weit aufgesperrt, beide waren wir noch unschlüssig, was ein guter, was ein schlechter Platz sein könnte.

Wo darf man sich überhaupt hinstellen? Zum Beispiel auf Wohnmobilstellplätze, klar. Aber schon mal so einen Platz gesehen? Die sind oft ziemlich traurig, ein Wohnmobil reibt sich am Hintern des anderen, alle dieselbe Farbe, das sieht aus, als wären die Vertreter von Alpina Weiß gemeinsam auf Reisen.

Aber dorthin mussten wir zum Glück gar nicht. Das Gute an unserer ausgedienten Familienkutsche war ja: Niemand denkt, dass da jemand drin wohnt.

Außerdem ist es in Deutschland im Gegensatz zu anderen Ländern wie Kroatien und den Niederlanden nicht verboten, im Auto zu übernachten. Wenn man allerdings Stühle rausstellt, einen Tisch noch dazu und gleich ein kleines Lager errichtet, sieht die Situation schon anders aus.

Wir parkten direkt an der Werra auf einem schönen Grünstreifen in der Nähe eines Landgasthofs. Im Zweifel würden wir einfach sagen: »Hey, was soll das? Kann man nicht mal mehr in Ruhe ein Schäferstündchen halten?«

Heckklappe auf, in die Landschaft geschaut: Der Fluss zog gemächlich durch das bewaldete Tal. Der erste Moment der Ruhe seit unserem Aufbruch, seit die Haustür ins Schloss gefallen war. Ein Schwarm Schwalben kreiste über dem Wasser, ebenso eine Wolke Insekten. Die einen sind die Jäger, die anderen die Beute.

»Auch Hunger?«, fragte ich Patrizia. Sie nickte. Sie hat sowieso immer Hunger.

Nächste Frage: »Wo ist die Küche jetzt noch mal?«

Unser Auto war folgendermaßen strukturiert: Hinten, an der Heckklappe, befanden sich Bad, Küche, Küche. In der ersten Küche lagerten Lebensmittel, Gewürze und dergleichen. In der zweiten Pfanne, Gaskocher, Espressokanne. Ganz links alles, was man fürs Bad braucht. Die Dreierreihe Kisten davor beherbergte Bücher. Dann eine Reihe mit Automaterial (Öl, Kühlmittel) und Bürokram (Umschläge, Festplatten, Manuskripte). Die letzte Reihe, also an der Rückseite der Fahrersitze, bestand aus dem Waschsalon und dem Kleiderschrank. Was bei den Klamotten auch nicht fehlen durfte: ein dunkelblauer Anzug, das kleine Schwarze und die dazugehörigen Schuhe.

Die Frage nach dem Essen erübrigte sich allerdings schon bald. Patrizias Telefon klingelte, es war ihr Vater. Sie legte sich auf die Matratze in die Aubergine, schaltete sich eine unserer beiden Campinglaternen an und telefonierte. Mit der poetischen Ruhe im Werratal war es vorbei. Der Vater war nicht glücklich.

Vor Kurzem hatte der Deutschlandfunk mich interviewt. Das Buch über die Hobos war erst seit ein paar Monaten draußen, und der Moderator und ich sprachen über diese Gesellen auf der anderen Seite des großen Teichs. Es war ein gutes Interview, ein langes. Wir kamen von den Hobos generell aufs Reisen, dann auf das Leben im Auto, und gegen Ende ging es um zukünftige Pläne. Das Schöne war, dass sich bald danach Hörer und Leser per Mail meldeten, die schrieben, sie fänden diese Sache mit dem Auto ganz toll, und uns eine Dusche anboten, einen Kaffee, Internet oder was auch immer, wenn Patrizia und ich mal in der Nähe sein sollten.

Auf der anderen Seite war unter den Zuhörern auch mein Schwiegervater in spe. Ich schaute Patrizia an, wie sie den Kopf auf das Kissen gebettet hatte, das Telefon am Ohr, und konnte gleichzeitig laut und deutlich die Stimme ihres Vaters hören: »DU GEHST NACH AFRIKA???«

Tatsächlich hatte ich wohl so was im Gespräch erwähnt. Ich träume ständig von abenteuerlichen Reisen, schmiede hundert Pläne, von denen viele unter »irgendwann« und »vielleicht« abgeheftet werden. War anscheinend etwas anders angekommen.

»Papa«, sagte Patrizia in den Hörer,
»Fredy labert doch nur rum.«

Das aus dem Weg geräumt, ging es wieder um die Entscheidung, das Leben auf vier Räder zu verlegen, mit der sich die Familie noch nicht angefreundet hatte. »Nein, nur weil ich ins Auto gezogen bin, heißt es doch nicht, dass ich mein Talent und mein Leben in den Straßengraben schmeiße! Ich finde, diese Schlussfolgerung, die du ziehst, dass ich damit alles kaputt mache, stimmt einfach nicht, das hab ich überhaupt nicht vor. Und das passiert auch nicht. Ich bin jetzt erwachsen, da musst du mir auch einfach mal vertrauen, Papa, anstatt deprimiert zu sein, weil deine Tochter ihr Leben angeblich an den Nagel hängt.«

Das Gespräch ging ziemlich lang. Dann war es dunkel. Wir legten uns schlafen. Unsere erste Nacht hatte ich mir anders vorgestellt.

***

Der Krupunder See liegt in Halstenbek, direkt an der westlichen Stadtgrenze zu Hamburg. Er ist eingefasst von Wald, dahinter befinden sich Wohngebiete. Ein paar Baumschulen sind hier ansässig, das Hotel Krupunder an der Straße nach Eidelstedt, an einem Feld in der Nähe baute der Circus Europa auf. Während wir vorhatten, wie die Prinzessin und der Prinz auf der Erbse auf unserer nun bescheidenen Habe zu schlafen, befand sich nur wenige Hundert Meter Luftlinie entfernt die sogenannte Hamburger Wohnmeile, wo zwei Dutzend Geschäfte alle Produkte zwischen Kübelpflanzen und Kronleuchter anbieten.

Laut einer Sage hat der See seinen Namen von einem bösartigen Wirt. Dessen Lokal lag direkt am Ufer, doch die Einnahmen waren ihm nicht genug. In seiner Gier brachte er den einen oder anderen Übernachtungsgast um, schnappte sich dessen Habe und schmiss die Leiche in den See. Dabei soll er immer »Kupp rünner!« gerufen haben. Irgendwann erwischte man den Wirt und hängte ihn auf dem örtlichen Galgenhügel. Unklar bleibt, wer denn nachts seinen häufigen Ruf mitbekommen hat, aber daraus soll schließlich über die Jahre der Name Krupunder geworden sein. Um 1924 wandelte sich der See mit seiner morbiden Geschichte zu einer öffentlichen Badeanstalt. Die alten Kassenhäuschen stehen noch am Eingang. Auch das ist allerdings vorbei, und heute ist der See Naturschutzgebiet, Baden verboten.

Wir parkten den Wagen in einer Sackgasse in der Nähe, stiegen aus und begutachteten das Gelände, wollten uns einen Überblick verschaffen. Jogger liefen um das Wasserauge, Hunde wurden Gassi geführt. Es gab zahlreiche Bänke, auf denen man sich niederlassen konnte. Der See war schön anzuschauen. Jede Bank war besetzt. Überall saßen Teenager und knutschten mit fest geschlossenen Augen.

»Tja«, sagte ich.

»Tja«, antwortete Patrizia ebenso eloquent. »Nicht so ideal, oder?«

»Mir egal.«

»Aber wie soll ich denn hier tagsüber pinkeln?«

»Du bist doch sowieso im Büro.«

Ein paar Schritte weiter, etwas ab vom Weg, der den See umrundete, befand sich ein Grillplatz. Laut Aushang wurde er für Jugendliche geschaffen. Der Sinn stand uns aber nach etwas zu essen, also holten wir Utensilien aus dem Auto, sprich Gaskocher und die gesamte Küche in ihren zwei Bananenkisten. Nicht wirklich praktisch, dazu mussten wir feststellen, dass wir immer noch zu viel Zeug hatten.

Wir kochten Reis. Ich habe keine Ahnung mehr, warum. Ich glaube, es war Patrizias fixe Idee, die Vorräte aufzubrauchen, die wir noch aus der Wohnungsküche mitgenommen hatten. Aber ja, eigentlich auch völlig in Ordnung.

Natürlich kam just dann eine Gruppe Jugendlicher an. Nicht zum Grillen, sondern zum Kiffen. Sie stellten sich neben ein paar Bäume, zündeten einen Joint an und schauten immer wieder zu uns rüber, bis ich schließlich eine leichte Aggression in mir aufsteigen fühlte.

»Alles klar bei euch?«, rief ich ihnen zu, während ich in meinem Teller herumstocherte.

»Schon. Was gibt's denn?«

Damit hatten sie mich entwaffnet. Es gab Reis mit Rosinen, verdammt noch mal! Das war unser Abendessen. Ich kam mir unglaublich blöd vor. Ich hatte eine schöne Wohnung hier in dieser Stadt aufgegeben, lebte jetzt mit meiner Freundin im Auto, und wir aßen Reis mit Rosinen. Ich legte meine Gabel zur Seite. Ich hatte genug für heute. Der Topf war noch halb voll.

***

»Guten Morgen«, flüsterte meine Freundin, da war der Boden noch feucht, und der See lag starr wie blaues Glas in seinem Becken. Hamburg hatten wir hinter uns gelassen und waren inzwischen in Mecklenburg-Vorpommern. Nach dem Chaos und der Enge der Großstadt nun eine wilde und weite Landschaft.

Nachts waren wir kurz aufgewacht durch Geräusche im Schilf. Ein Blick in den Sternenhimmel, dann weitergeschlafen in unserem Auto, in dem man sich durch die Rundumverglasung wie in einer Raumkapsel fühlte.

Nun sprangen wir in den See, kochten Kaffee, wieder in den See, Spiegeleier zum Frühstück. Beobachteten Haubentaucher und Seeschlangen. Nach einem weiteren Sprung ins Wasser mussten Patrizia und der Kameramann wieder zur Recherche, und sie rümpfte bereits die Nase.

Ich widmete mich einem praktischen und durch und durch deutschen Thema: dem Einwohnermeldeamt. Ein paar Meter weiter spielten ein paar Jungs enthusiastisch fluchend Fußball.

»Moin«, sagte ich vergnügt, denn es gibt keinen besseren Moment, beim Amt anzurufen, als wenn man am See sitzt und die Beamtin eben nicht. »Ich habe da mal eine Frage in Sachen Meldegesetz, da ich ja im Auto lebe.«

»Aha.«

»Ich ficke deine Ehre.«

»WIE BITTE?«

»Ich lebe im Auto, sagte ich.«

»Das ist doch kein Grund, mich zu beschimpfen!«

»Ach das, das sind nur ein paar pubertierende Assis hier.«

Zurück zu meiner Frage. Die Beamtin überlegte einen Moment, dann sagte sie trocken:

»Ich empfehle Ihnen, sich an eine Obdachlosenstelle zu wenden.«

Ich weiß nicht mehr genau, was ich mir vorgestellt hatte, aber sicherlich nicht das. Der Moment der Verblüffung ging vorüber, und ich beschloss, ihr die Lage etwas genauer zu erklären. Dass wir nicht auf Sozialleistungen aus waren, sondern vorhatten, unterwegs zu arbeiten, in Deutschland und so weiter. Schließlich sagte sie, ich hätte zwei Optionen: entweder »ohne festen Wohnsitz« im Ausweis eintragen lassen oder mich an einer anderen Adresse melden. Ersteres hörte sich verlockend an, aber Letzteres war wesentlich einfacher. Keiner von uns beiden hatte Lust, noch mal aufs Amt zu latschen.

Die Post ging also per Nachsendeauftrag an die Eltern. Über die Zeit wurde es immer weniger. Keine Ankündigungen über Mieterhöhungen mehr, keine Betriebskostenabrechnungen. Die Krankenversicherungen behielten wir. Zahlten auch weiterhin Steuern – falls das Finanzamt hier mitliest –, allerdings mussten wir nun wesentlich weniger Geld ranschaffen, da unsere Kosten insgesamt gesunken waren.

Ich blies eine Isomatte auf, rückte sie ans Auto und nutzte den Reifen als Rückenstütze. Eigentlich konnte ich es gar nicht leiden, auf dem Boden zu hocken, aber die Stellung war überraschend bequem. Es mussten trotzdem bald ein paar Campingstühle her.

Ich machte mich an die Arbeit. Ein paar Kurzgeschichten wollten redigiert, eine Lesung vorbereitet, die Reportage für den *Playboy* geschrieben werden.

Schon mal versucht, jemandem beizubringen, dass man am See arbeitet? Immer die gleiche Reaktion: »Ja, genau, wie soll man bei so viel Ablenkung ›arbeiten‹?«

Für mich verhielt sich die Sache genau andersrum. Während ich in der Stadtwohnung immer unruhig gewesen war, bis zum frühen Nachmittag nicht in die Gänge gekommen war und ständig geschaut hatte, ob es was Neues im Kühlschrank gab, fand ich die Ablenkungen, die die Natur bietet, sehr anregend: Zitronenfalter, die balzend durch die Luft tanzten; der durchs Schilf raschelnde Wind; die quakenden Frösche; die zielstrebig durch die Gegend fliegenden Hornissen.

Und ich mittendrin.

Wenn die Sinne dermaßen befriedigt sind, wird Zeit elastisch, und der Tag hat plötzlich 36 Stunden. Mittag war noch nicht mal durch, da hatte ich mein tägliches Pensum erledigt, sprang in den See, machte mir etwas zu essen, las hundert Seiten in Victor Hugos *Die Elenden* und suchte dann im Netz nach Gleichgesinnten. Denn die Welle aus den USA schwappte schon längst an unsere Ufer, und so wurde ich unter dem Hashtag Vanlife auch in Deutschland schnell fündig. Ich nahm Kontakt mit ein paar Leuten auf. Wie verhält sich die Situation in unserer Heimat? Gibt es hier auch Leute, die tatsächlich im Auto leben und arbeiten, oder hat es eher Reise- beziehungsweise Lifestyle-Charakter?

***

Wir nutzten die Zeit am See, um uns noch weiter zu reduzieren. Wir waren immer noch nicht fertig damit. Erst unterwegs merkt man genau, was zu viel ist, was zu wenig. Was man zu Beginn als essenziell erachtet, entpuppt sich oft als überflüssig.

Wir fingen mit der Küche an, die beherbergte immer noch zu viele Utensilien: zu viele Messer, Teller, Tassen, Töpfe.

Dann nahm ich mir mein »Büro« vor. Das war ein kleiner, dreistöckiger Turm mit Schubladen, vollgepackt mit Visitenkarten, Rechnungen, Manuskriptanfängen. Das Büro musste immer auf den Vordersitz geräumt werden, bevor wir uns hinten schlafen legen konnten. Das war am Anfang okay gewesen, aber jetzt ging es ernsthaft daran, das Auto wohnlich, bequem, gemütlich zu machen. Ich sortierte, übertrug Notizen in den Rechner, fasste zusammen.

Zwischen all dem fand ich einen Brief für Patrizia. »Erinnerst du dich«, sagte ich zu ihr, »den habe ich dir geschrieben, als ich in die USA gefahren bin, für den Fall, dass ich unter einen Güterzug gerate. Alle Passwörter, alle Kontozugänge und so weiter.«

»Musste ich zum Glück nie anschauen.«

»Wir sollten das trotzdem mal regeln.«

»Ja, müssen wir irgendwann.«

Wir waren gut beschäftigt mit unserem Krimskrams. Ich frage mich, wie das für die anderen Besucher am See ausgesehen haben muss.

»Jetzt sind wir mit dem Auto unterwegs«, monierte Patrizia, »und misten immer noch aus.«

»Tja, so ist das, wenn man mit einem Messie unterwegs ist.«

Eine Woche blieben wir am See. Das Wasser Dusche und Spielwiese zugleich. Die Stadt und ihr Beton eine ferne Erinnerung. Wir mussten keinen Gedanken daran verschwenden, morgen oder übermorgen wieder nach Hause zu fahren, zu sagen, schön war's, um dann weiter in der Mühle zu strampeln. War das das Leben, das wir wollten? Unser Alltag war zu einem Abenteuer geworden, und es liegt in der Natur des

Abenteuers, dass man einen Schritt nach dem anderen macht. Man weilt im Moment. Was einen auch daran hindert, sich hektisch wie ein Eichhörnchen Gedanken über den nahenden Winter zu machen.

»Wir verwildern«, sagte Patrizia, während sie aus dem Wasser stieg, »und das finde ich großartig. Das ist das Leben, oder?«

Sie trocknete sich mit einem Handtuch ab, schaute mich an.

Ich stimmte ihr zu.

Kasachstan

EINMAL ZUM MARS UND ZURÜCK

Als ich das Foto sehe, weiß ich sofort: Da will ich hin. In die Mangistau-Region Kasachstans, die westlichste und am dünnsten besiedelte Gegend des Landes, am Kaspischen Meer. Oder genauer gesagt ins Ustjurt-Naturreservat irgendwo zwischen Meer, usbekischer und turkmenischer Grenze.

Von Bernadette Olderdissen

Liebe auf den ersten Blick gibt es nicht, habe ich immer geglaubt. Und dann passiert es doch, sogar ganz schlimm – es ist ein Foto, in das ich mich verliebe. Von einer Landschaft aus Kalk und in den Himmel stechenden Felsen, wie Kathedralenspitzen. Bis dahin habe ich sie hauptsächlich in den Wüsten oder Bergen der Welt gefunden, diese Sehnsuchtsorte der Weite und Leere, Orte, an denen die Natur das Sagen hat und Menschen seltene, nur mal kurz geduldete Gäste sind. Bei Liebe auf den ersten Blick ist die größte Gefahr, dass sie einseitig ist – beim Wunsch, in eine der entlegensten Regionen der Welt zu reisen, dass das Bankkonto oder die verfügbare Zeit oder beide nicht mitspielen. Aber wofür ist das Klischee von Willen und Wegen gut, wenn nicht für Situationen wie diese?

Wäre ich eine geübte Geländewagen-Abenteurerin, würde ich auf eigene Faust in die Wildnis aufbrechen, aber ich weiß oft nicht einmal, wie man die Motorhaube eines Autos aufmacht, geschweige denn, was sich genau darunter befindet, oder wie man ein Rad wechselt, und Kartenlesen fällt mir schon in Großstädten schwer. Die wenigen auffindbaren, geführten Jeeptouren von 1400 Euro aufwärts sprechen der Magersucht meines Kontos hohn, ich bin nahe daran, mich mit einem anderen Ziel zufriedenzugeben. Da landet die Antwort des letzten privaten Guides, den ich angeschrieben habe, in meinem Postfach – Sergey, 44 Jahre. Er habe zu meinem Wunschtermin bereits ein paar Reisende zusammen, könne gerne nachfragen, ob ich mitfahren dürfe – ganz nach dem Prinzip je mehr, desto günstiger.

Wenige Monate später, eines frischen Septembermorgens, stehe ich in der Hauptstadt Mangistaus, Aktau, und brenne vor Neugier, was für Menschen sich in diese entlegene, in der touristisch so ausgelutschten Welt noch wahre Wildnis verirrt haben: Maggie und Axel aus Düsseldorf, fast 70 und 78, die schon fast die ganze Welt gesehen haben, zusammen mit ihrem russischen Guide Boris sowie drei Russinnen: Oma Valentina, 76, Tochter Viktoria, 55, und Enkelin Viktoria, 32.

Ich sitze mit den drei Frauen und Fahrer Georgi im Wagen und übe meine paar Brocken Russisch, über die Valentina vor Freude jauchzt. Es ist Viktorias 55. Geburtstag, und die drei Frauen unternehmen deswegen die besondere Reise zusammen. »Meine Mutter hat früher in Aktau gelebt und ich bis zu meinem fünften Lebensjahr auch«, erzählt Viktoria. Ihr Geburtstag sei ein toller Anlass, um in diesen Teil der Welt zurückzukehren und Veronika zu zeigen, wo ihre Mutter und Großmutter geboren sind. Valentina plaudert begeistert auf dem Vordersitz, zwischen den Beinen ein großer Korb. Die verständlichste Sprache, die wir teilen, ist das Leuchten in unseren Augen und die Vorfreude, die gerade noch so zwischen Katastrophenpackungen Wasser, Kisten voller Gemüse, Eierkartons und Gepäck passt. Etwa 300 Kilometer sind es von Aktau bis zum Ustjurt-Naturreservat, das seit 1984 unter Schutz steht und über 2200 Quadratkilometer groß ist.

Raus aus der Zivilisation

Straßenschilder entlang des Highways hinter Aktau, der aussieht wie gestern fertiggestellt, verkünden, wie tief unterm Meeresspiegel er genau liegt – teils über 200 Meter. Noch stehen wir auf der Warteliste für die unberührte Natur auf den Fotos, die mich herführten, noch beutet der Mensch die Natur aus, hat Hunderte von schaukelnden Kränen über die Felder links und rechts der Straße verteilt, die Öl aus dem Boden pumpen. Ein letztes Mal gibt es Mittagessen von der Plastikspeisekarte, ein letztes Mal schlüpfen wir in eine Kabine, hinter der ein braun-gelb gemustertes Plumpsklo einen Preis für Kasachstans stinkendstes WC verdient. Dann, endlich, ist es so weit: Das Permit fürs Naturreservat, das Sergey und Georgi irgendwo hinter einer Brücke abholen, entlässt uns aus der menschgemachten Welt. Bald läuft die Asphaltstraße bei Kamelen aus, die uns anschauen, als würde soeben ein Raumschiff durch ihr Wohnzimmer fegen. Die Ölfelder werden von den Tuyau-Dünen verdrängt, wie eine Mini-Sahara, doch die sandige Wüstenwelt ist klein, das Ustjurt-Naturreservat verbirgt ganz andere Trümpfe hinter der Steppe.

In einer Welt, wo die Natur regiert, in der die Straßen nicht autoreifengerecht glatt, sondern spitzsteinig, löchrig und unvorhersehbar sind, kann natürlich vieles schiefgehen. Wir haben ihn fast erreicht, den perfekten Sonnenuntergangsspot, da platzt Sergey ein Reifen am Anhänger. Die Männer schrauben und werkeln, entschuldigen sich, als das Ersatzrad auch noch eine Ei-Form hat und gerichtet werden muss, aber niemand zeigt Eile oder Ärger. Für solchen Unsinn ist an einem Ort, wo sich hinter der Steppe mit ihrem durstigen Boden und windresistenten Gestrüpp gebissartige weiße Berge vom Horizont absetzen, einfach kein Sauerstoff. Wir stehen und starren. Schauen der Sonne zu, die sich zum Weggehen schön macht. Die Brise streichelt Haare und Gesichter glatt, und in der Ferne kündigt sich der 165 Meter hohe Berg Bokty an, der sogar auf dem Tausendtengeschein abgedruckt ist. Er sieht aus wie eine Praline, an deren feiner Spitze aus Milchschokolade schon eine Katze geschleckt hat, während der helle Boden und die rot- und rosafarbenen Himbeerschichten in der Mitte aber noch intakt sind. Die Berge rund um Bokty sind genauso farbenfroh gestreift, obwohl sie auf keinen Geldschein durften. »Eine Touristin hat mich mal gefragt, wie diese Berge heißen«, erzählt Sergey später. »Ehrlich gesagt habe ich keine Ahnung und glaube, sie haben keinen Namen. Aber ich habe sie mir angeschaut und gesagt: ›Das sind die Tiramisu-Berge!‹ Seitdem nennen sie alle so.« Die Frau habe sich aber noch nicht zufriedengegeben und auch den Ursprung des roten Farbtons wissen wollen. »Und ich habe ihr gesagt, das wäre Erdbeersirup, um Erdbeer-Tiramisu zu bekommen.«

Die Sonne hat Feierabend, und wir schlagen unser erstes Zeltlager in den Tiramisu-Bergen auf. Der Boden darunter ist weich wie die Rennbahn eines Stadions, er schluckt gierig jeden Zelthering. Würde mir jemand sagen, der Stein mit den Farben von Mascarpone und

Kakao schmecke süß, würde ich glatt ein Stück davon kosten. Sobald die Zelte stehen und die Suppe brodelt, sitzen wir alle am langen Klapptisch. Ruhe, nur die Löffel klackern im Teller. Die Eindrücke des Tages zeichnen uns ein Dauerlächeln auf die Lippen. Valentina betrachtet die Silhouette der Berge, die mit ihren sanften Rundungen jedem *Playboy*-Modell Konkurrenz machen könnten. Mit erhobenen Händen zitiert sie den russischen Dichter und Liedermacher Wladimir Wyssozki: »Nur Berge, auf denen niemand gewesen ist, können besser sein als Berge.«

Die Milchstraße schiebt sich über unser anerkennendes Schweigen, und Sergey nickt. »Ich habe zwei Leidenschaften – die Steppe und Toyota.« Früher habe er als DJ gearbeitet, sei nun aber seit sechs Jahren Tourguide und glücklich: »Ich überrasche gerne andere Menschen und mich selbst. Ich studiere die Menschen, weil sie alle ein anderes Leben und einen anderen sozialen Status haben, aber hier auf der Tour sind sie zusammen und werden unter den Sternen Freunde.«

Naturkapriolen

Dort, wo wir die Zivilisation hinter uns lassen, durchreißen wir sämtliche Sicherheitsnetze und öffnen uns wieder für die Wildnis, aus der wir vor langer Zeit gekommen sind und in der wir das Überleben vor lauter Bequemlichkeitstraining verlernt haben. In den abgelegensten Winkeln Mangistaus werden wir zum Teil der Natur, ob wir wollen oder nicht. Und dass meine Verliebtheit in diese Welt erst dann zu echter Liebe werden kann, wenn die Weite mal nicht in Sonnenschein badet oder der Wind nur leicht meine Lippen küsst, soll ich allzu bald lernen.

Am Morgen ist Ustjurt noch in postkartengerechter Ordnung. Ich wache früh in meinem gemütlichen Zelt auf und klettere einen der Tiramisu-Hügel hoch, um ihn zu erwischen – diesen einen wertvollen

Augenblick, wenn die Sonne über den Rand der Welt lugt und die Berge rund ums Lager ohne Eile von oben bis unten in kräftigen Farbtönen ausmalt. Ich stehe bewegungslos auf einem butterweichen Felsen und fühle mich wie vor einer riesigen Kinoleinwand, auf der der neue Renner des Jahrtausends läuft. Hier oben, allein in der Weite Mangistaus, hat das Glück eine rotbraungoldene Farbe, schmeckt nach Morgensonne auf den Lippen und klingt nach fernem Vogelzwitschern und Fliegen. Als ich mich endlich rühre, federt der Boden mit jedem Schritt. Wie bei meiner Reise in die Sahara einige Monate zuvor verlieren meine Füße die Bremsen, möchten weiterlaufen, auf diesen Horizont zu, der keine Grenzen setzt. Mein Schatten rennt mal voraus, mal hinterher, als wäre er eine Seele, die vor Freude hüpft oder noch etwas verweilen möchte. Hätten mich die anderen nicht zum Frühstück gerufen, liefe ich noch heute Richtung Nichts.

Auf Rührei und Brot folgt eine Erkundungstour zu Fuß. »Stellt euch vor, vor etwa 250 Millionen Jahren war hier das Tethysmeer«, erzählt Sergey. Wie bestellt liegt gleich hinter einem Stein ein Haifischzahn. Wir suchen den Boden nach weiteren Fossilien ab – sie sind fast genauso häufig wie die buckeligen schwarzen Käfer, die sich schon am frühen Morgen riesig über meine Morgentoilette gefreut und mir das Gefühl gegeben haben, dass ich ihnen mit meiner Anwesenheit in dieser menschenfreien Zone etwas Gutes tue. Dann führt der Weg mit russischen, englischen und baltischen Beats, die uns ebenso in Schwung bringen wie die ständigen Löcher und Gefälle der Straße, weiter durch die Wüste aus hellem Stein und Formationen, die so außerirdisch wirken wie die Gebäude von Kasachstans Hauptstadt Nursultan. Die Steppe flimmert in der Mittagssonne, geht in der Ferne über in ein anderes Land, Turkmenistan, was die fröhlich umherhüpfenden Gazellen und anderen Vierbeiner keinen Deut interessiert, für uns Zweibeiner aber »Grenze« und »unpassierbar« bedeutet.

Jedes Mal, wenn Sergey nur noch mithilfe von Militärkarten navigiert, wir der Illusion des Nichts erliegen und sie uns in den Schlaf wiegt, rüttelt uns etwas Unerwartetes wieder wach: Diesmal ist es ein eingetrockneter Salzsee, aus dem gebräunte Berge staksen und sich bis zur Karynzharyk-Depression ziehen. Niemand würde in dem rissigen Grund und in der steinigen Weite auch nur die kleinste Wasserquelle vermuten, doch wieder belehrt uns die Natur eines Besseren. Wir machen Halt an einer Oase, in der das Wasser aus dem Boden sprudelt, und stürzen uns begeistert unter den kleinen Wasserfall, um den Staub der Steppe fürs Erste abzuwaschen.

Wieder sucht Sergey den romantischsten Campingspot aus, doch die Wildnis ist dagegen – Minuten später reißt ein Sturm die Heringe aus dem Boden, verwandelt die Zelte in Drachen, und die Temperatur sackt um mindestens fünfzehn Grad ab. Kochen ist unmöglich, wer Platz findet, kuschelt sich in einem Wagen zusammen. Als Mägen knurren, ergreift Oma Valentina die Initiative: Erstmals öffnet sie den mysteriösen Korb zwischen ihren Beinen und holt in Alufolie verpackten Käse, Wurst und Cracker daraus hervor. Und Teebeutel, nur beim heißen Wasser muss sie passen. Während vor den Fenstern die wenigen noch stehenden Zelte schlottern, beschlagen die Scheiben des Autos vom Gelächter, das keine Vokabeln und Grammatik braucht. »Russen sind immer auf alles vorbereitet, auch auf eine plötzliche Hungersnot«, erklärt Viktoria den verblüfften Deutschen, die wir nicht einmal einen Apfel oder Schokoriegel im Rucksack haben.

Ein paar Zelte werden schließlich im Schutz der Wagen und mit sämtlichen Heringen für uns Frauen aufgebaut, die Männer schlafen in den Autos. Bis Sergey um zwei Uhr nachts Alarm schlägt: Blitze durchzucken den Nachthimmel, ein Unwetter rollt heran, und bei Regen säßen die Geländewagen in der Ebene fest. Näher kommender Donner schlägt den Takt, zu dem wir die Zelte, Schlafsäcke und alles, was der Zivilisation gehört, zusammenraffen und in die Wagen packen, bevor wir uns selbst klopfenden Herzens ins warme Innere flüchten. Die Autos röcheln und schunkeln den steilen Hügel hoch, vorangepeitscht vom Regen, bis uns Sergey und Georgi weiter oben in Sicherheit wähnen. Sergey sieht's entspannt: »Jetzt stellen wir die Zelte wieder auf und schlafen erst mal aus.« Die ganze Nacht hämmert mir der Wind die Zeltwand gegen den Kopf, es braust und donnert, als wollte uns die Natur auch dort wegekeln, doch irgendwann lässt sie Gnade walten, und ich schlafe vor Erschöpfung ein.

Vom Grand Canyon zum Mars

Am späten Morgen ist die Welt wieder guter Laune. Auch die letzten Wolken geben auf, und vor uns erheben sich die Berge von Karynzharyk wie aus einer weißen Watteschicht. Dann geht es wieder hinaus in die Steppe mit ihrem flachen Gestrüpp, an dem der Wind zerrt. Das Mittagessen findet im Nichts statt. Sergey öffnet die Hintertür seines Toyota, klappt ein Holztischchen aus und öffnet ein paar Dosen Fisch, dazu gibt es Tomaten, Gurken und Brot und als Dessert Wassermelone, die wir dem letzten Straßenverkäufer in der Welt der Menschen vor ein paar Tagen abgekauft haben. Wo wir am Ende des Tages landen, bleibt immer eine Überraschung: Diesen Abend ist es eine verkleinerte Version des Grand Canyon, die Kogusem-Schlucht, der die Sonne noch warme Rot- und Brauntöne entlockt. An einer möglichst windgeschützten Stelle werden die Zelte wieder ausgepackt, und die Männer sammeln Holz fürs Lagerfeuer, über dem eine Stunde später riesige Koteletts brutzeln. Auch zwei Flaschen Wodka müssen zur Feier des Abends dran glauben, denn wie sonst könnten wir die Strapazen des Vorabends wettmachen? Wir sammeln uns auf den Campinghockern ums Feuer. Die Blicke schnellen von der Glut zur Milchstraße, während sich der Rauch in Klamotten und Haare frisst, den Schweiß des Tages abdeckt und uns immer mehr zum Teil der Wildnis macht.

Am Morgen streicht die Sonne gemächlich über die Schlucht und malt sie an wie ein Künstler, der sich in der Farbgebung übt. Wir wachsen zunehmend zu einer kleinen Familie zusammen. Viktoria ist die

Küchenchefin, Sergey kommt morgens nicht so recht aus dem Quark, ist dann aber fürs Rührei und alles andere mit Ei zuständig, und Axel stolziert mit zwei Wanderstöcken zum großen Toilettengang, während Maggie alles ablichtet, was ihr vor eine der fünf Linsen kommt – darunter eine äußerst fotografierbereite Echse, die ihren Panzer in der Sonne wärmt. An diesem Tag sind wir besonders kribbelig, denn uns erwartet das absolute Highlight des Ustjurt-Naturreservats: Boszhira. Meine große Liebe. Der Ort, dem zuliebe ich in Mangistau bin. Ob meine Liebe auch von Angesicht zu Angesicht Bestand haben wird?

Auf dem Weg durch die Steppe taucht plötzlich eine winzige Rangerstation auf, vor der ein Kasache in Tarnkleidung döst und ein schwarzer Hund spielt, der uns schwanzwedelnd willkommen heißt. Wir sind neugierig, was der Mann in dieser Einöde zu tun hat. »Mein Kollege und ich fahren abends raus und schauen, dass keiner wildert«, erklärt er. »Es leben an die 400 Mufflons im Park, auch Saiga-Antilopen, Karakale und viele andere Tiere, da können Jäger auf dumme Gedanken kommen.« Sie seien jeweils zehn Tage im Park, dann hätten sie zwanzig Tage frei. Die Männer freuen sich über die raren Besucher, wir dürfen auf ihren rückenunfreundlichen Matratzen im Schlaf- und Wohnzimmer Platz nehmen, bekommen Würstchen und ein Ständchen auf der Gitarre gespielt.

Mit den kasachischen Melodien im Ohr geht es weiter, zeitlos durch die Weite, bis irgendwann ein steiler Hügel erreicht ist und die Motoren oben ausgehen. Boszhira. Nicht mehr als eine Schlucht von siebzehn Kilometern Länge und elf Kilometern Breite. Und doch fühlt es sich an, als wären die Tiramisu-Felsen und aus Salzplateaus staksenden Berge nur Appetithäppchen für die Augen gewesen. Wir stehen auf einem Plateau über den bizarrsten Felsen, die die Natur überhaupt nur aus dem Boden stampfen konnte. Haben uns wohl zu weit an den Rand der Welt herangewagt und sind an einem Ort gelandet, an dem ein Künstler jenseits von Regeln und Lehren seine Gestaltungswut an einer weißen Fläche ausgelassen hat. Hauptfarbe seines Werks ist

Weiß, das je nach Sonnenstand und Wolkenschatten bläulich oder gräulich schimmert. Weiß sind die Schluchten, die Gipfel, die Berge in Form von Jurten, von Schlössern oder Türmen. Weiß sind die beiden etwa 200 Meter hohen Kalksteingipfel, deren Spitzen aussehen wie in Schokoladensoße gedippt. Mein Herz macht vor Begeisterung Purzelbäume, selbst Schmetterlinge scheinen für diese Liebe zu schwächlich. Es wird still in der Gruppe. Wer nicht fotografiert oder filmt, staunt, auf mancher Stirn zeichnet sich die Suche nach passenden Worten ab. Doch Worte wirken an diesem Ort genauso fehl am Platz wie Menschen. »Wir haben in unserem Leben schon fast die ganze Welt gesehen, aber so etwas noch nicht«, sind sich Maggie und Axel einig. Und Sergey, der hat schon die nächste perfekte Campingstelle im Blick, geschützt vorm noch immer wütenden Wind zwischen Kalkkathedralen und Wannabe-Tiramisu-Bergen, denen noch ein paar Zutaten fehlen.

Der Wildnis verfallen

Eigentlich soll ich nach vier Tagen mit Georgi und den Russinnen zurück nach Aktau fahren, doch mein Flieger geht erst drei Tage später, und Maggie und Axel stimmen zu, mich noch ein bisschen mitzunehmen. Ich kann mich nicht trennen, will die Wildnis nicht hinter mir lassen, will nicht eher zurück in die Zivilisation als unbedingt nötig. Wie eine Liebende, die den Gedanken, ihren endlich gefundenen Schatz wieder aus dem Blick zu verlieren, nicht erträgt.

Also bin ich weiter dabei, lerne auch den Tuzbair-Salzsee kennen. Wattenmeerähnlich rekelt sich die Salzebene auf den Horizont zu, der Wagen fliegt über den hellen Boden, und daneben recken sich weiße, zahnförmige Hügel gen Himmel. Das nächste Camp steht auf Salz, und am folgenden Morgen laufen wir bei Sonnenaufgang barfuß über den noch nachtkühlen Boden. Zunächst ist das Salz unter unseren

Füßen kompakt, dann wird es feuchter, wir sinken bis zu den Knöcheln ein wie in matschigen Schnee. So lebensfeindlich der teils schlammige, teils krustige Boden auch wirkt, einige Kilometer weiter erwächst grünes und rostrotes Gestrüpp daraus, und kleine Hufabdrücke zeigen uns, dass wir nicht die einzigen Lebewesen in dieser Abgeschiedenheit sind.

Auf seine Ankündigung, dass wir die nächste Nacht in einem kleinen, familiengeführten Ethnovillage mit Zimmern und Jurten übernachten, erntet Sergey vor allem Grunzen. Zu sehr sind der abendliche Zeltaufbau, das Aufblasen der dünnen Matratzen und der Blick in die Milchstraße, bevor der Zeltreißverschluss zugeht, zur geliebten Routine geworden. Zur neuen Komfortzone. Selbst die Aussicht auf die erste warme Dusche seit fast einer Woche kann uns nicht richtig begeistern – doch als sie auf mich einprasselt, muss ich mir eingestehen, dass sie sich richtig gut anfühlt. Duschen, zu Hause ein schnelles Muss am Morgen oder Abend, ist auf einmal etwas Kostbares, ein Genuss, und Shampoo auf der juckenden Kopfhaut fühlt sich an wie die erste Mahlzeit nach dem Fasten.

Trotzdem überkommt mich Nostalgie, ich will weg von Bauten und Menschen, zurück zu den bizarren Bergen und Hügeln, wo mein Herz ständig vor Dankbarkeit überschwappen will. Sergey scheint es nicht anders zu gehen, und wenig später packt er uns in den Wagen. Zu neuen Beats geht es ins Valley of Castles, eine Bergkette, die eigentlich Airakty-Shomanai heißt.

»1851 war der ukrainische Dichter und Künstler Taras Schewtschenko hier im Exil. Die Berge beeindruckten ihn so sehr, dass er sie malte und den Bildern den Titel ›Valley of Castles‹ gab«, erklärt Sergey. Halbwilde Pferde traben zwischen den Bergen umher, teilen sich die Steppe mit tätowierten Kamelen, eins davon ein Relikt aus der Sowjetzeit mit Hammer und Sichel auf dem Leib. Die Tiere interessieren sich genauso wenig für die märchenschlossgleichen Gipfel der dunklen Berge wie für die seltenen menschlichen Eindringlinge.

Dabei hatten nicht alle Eindringlinge so viel Glück wie wir am nächsten Tag in Torysh, dem sogenannten Valley of Balls, erfahren. Dort liegen überdimensionale Steinbälle in der Steppe herum, als hätten Riesen ein Bällebad eröffnen wollen, aber die passende Kiste dafür noch nicht erstanden. Geologen zufolge sind die Kugeln gigantische Konkretionen aus der Jura- oder frühen Kreidezeit, doch die Legende ist weitaus spannender: »Angeblich gab es eine feindliche Invasion, und die Einheimischen flehten Gott um Hilfe an. Der reagierte und verwandelte die Feinde in Stein«, berichtet Sergey.

Aus Stein bestehen auch die Untergrundmoscheen der Mangistau-Region, darunter Shakpak Ata, wohl aus dem 13. Jahrhundert. Unweit des Kaspischen Meers wurden vier Kammern in die Klippen gehauen, die mit ihren großen Löchern aussehen wie Schweizer Käse. Die Wände des Klosters zieren arabische Inskriptionen sowie Zeichnungen von Pferden und Händen, den gesamten Felsen sprenkeln Beerdigungsnischen, und die Totenstadt gegenüber birgt über 2000 Gräber. Im Inneren der heiligen Stätte bedecken Teppiche die Böden der Nischen, in denen laut Sergey auch Menschen übernachten dürfen. Moscheen wurden in die Felsen geschlagen, weil es im Inneren im Winter warm blieb und im Sommer kühl – ideale Lebensbedingungen für die Einsiedler, die einst dort lebten und sich in Heilkunst geübt haben sollen.

Wenige Kilometer weiter befindet sich die kleine Kenti-Baba-Moschee. Es ist Freitag, und eine Gruppe Männer und Frauen ist zum Beten gekommen – ebenso wie an der für die Einheimischen heiligen Sultan Epe Moschee inmitten der Felslandschaft. Der Sultan war eine bedeutende Persönlichkeit und wird von den Menschen als heiliger Schutzpatron der Seemänner verehrt. Die Männer gehen den Frauen voraus, dann beten sie gemeinsam in der unterirdischen Moschee, die so niedrig ist, dass sie jeden in die Knie zwingt. Am Ende entzündet man vor der Moschee ein Feuer an einer dafür vorgesehenen Stelle, das der Reinigung von allen Sünden dient.

Der schönste Abschluss für meine Reise kommt so überraschend wie der malerischste Campingspot jeden Abend: Eine Familie, die zum Beten zur Sultan Epe Moschee gekommen ist, lädt uns zum Mittagsmahl zu sich nach Hause ein. Eine lange Festtafel wird vorbereitet, darauf Unmengen an Brot, Salaten, Melonen, Trockenfrüchten, Keksen und Süßigkeiten. In der Küche im Gebäude schräg gegenüber muss noch das frisch geschlachtete Schaf für den Hauptgang zerteilt werden, und stolz präsentiert uns der Koch eine Schüssel voller wabbeliger Eingeweide, nach denen sich eine magere Katze das Maul leckt. Bald sitzen wir gemeinsam mit der Familie am Tisch, Brüder und ihre Frauen, die Oma, der Imam – ich verliere den Überblick, wer wer ist, weiß nur, dass es der jüngsten Schwiegertochter zufällt, uns immer wieder Tee nachzuschenken und für Nachschub zu sorgen, sollte etwas ausgehen.

Und auch wenn mir meine Sehnsucht nach der Weite des Ustjurt-Plateaus und dem Milchstraßenhimmel wie ein Kloß im Hals steckt, ist es Dankbarkeit, die überwiegt. Auch noch, als ich statt Sternen die Neonlichter des Flughafens von Aktau sehe, den Staub von Westkasachstan noch immer in jeder Faser meines Gepäcks, tief in den Poren – und im Herzen, wo er noch lange liegen bleiben soll.

Thailand

KEIN PLASTIK FÜR DIE ELEFANTEN

Ich fahre im Bus die Küste entlang; vorbei an hohen Palmen, dichten Mangrovenwäldern und feinen Sandstränden. Ich sehe Bananen-, Avocado- und Mangobäume. Hinter üppiger Tropenvegetation liegen geduckte Häuser und kleine Shops. Das Meer glitzert in der Abendsonne. Ein Déjà-vu: vertraut, bekannt, geliebt. Ich bin wieder in Thailand.

Von Karin Lochner

Vor 28 Jahren war ich schon mal hier, mit meinem damals sechsjährigen Sohn Gideon, um dem Winter in unserer Heimat zu entfliehen; diesmal werde ich Yoga- und Gymnastikkurse geben. Ich bin früher angereist, um die besten Orte für die Ausflüge mit meinen Kursteilnehmerinnen zu finden. Hier, kurz vor der Ortschaft Ao Nang, gibt es Naturschutzgebiete und Nationalparks. Dort möchte ich hin, außerdem interessiere ich mich für Elefanten. Alles möglichst abseits des Touristentrubels. Gar nicht so leicht. Denn die Provinz Krabi ist mittlerweile eine der meistbesuchten Regionen Thailands.

Vor knapp drei Jahrzehnten war das ganz anders. Wir wohnten in einer einfachen Pfahlhütte am Strand. Auf der Veranda schaukelte eine Hängematte, die groß genug war, um sich zu zweit hineinzulegen. Strom gab es keinen. Zum Duschen übergossen wir uns mit aufgefangenem Regenwasser, das wir mit halbierten Kokosnüssen aus einer Tonne schöpften. Müllabfuhr – Fehlanzeige. Abfall war organisch: Wir kauften uns an kleinen Kiosken Mahlzeiten in Bananenblättern als Einweggeschirr und warfen sie nach Gebrauch hinter die Hütte auf den Komposthaufen, wie die anderen Einheimischen auch. Auf Küchenabfälle stürzten sich die allgegenwärtigen Hunde und Hühner.

Die Strände Thailands haben heute ein Müllproblem: überall Tüten, Flaschen, Dosen.

Wind und Wellen haben traurige Spuren am Strand hinterlassen: Leere Flaschen, Benzinkanister, ja sogar Schuhe kleben an den Klippen wie hässliche Pocken. In den Ortschaften sind die Abflussrinnen mit Müll übersät. Ich sehe kaum Abfalltonnen, dafür gibt es fast überall WLAN. Mein Sohn Gideon, der mittlerweile 34 Jahre alt ist und mich auch diesmal begleitet, recherchiert auf seinem Handy. Und liest vor: Tausende Tonnen Plastik, die von den Malediven, aus Malaysia oder Indonesien stammen, landen hier. Abfall aus dem gesamten Indischen Ozean. Das Meer und der idyllische Strand, an dem wir vor 28 Jahren unsere Tage verbrachten, sind voll von Plastiktüten, Plastikflaschen, Plastikbechern, Plastikdosen. Der Müll im Wasser gehört für die Badenden einfach dazu. Ich verliere die Lust, schwimmen zu gehen, und hebe Weggeworfenes freudlos auf, um es in unserer Unterkunft im Hinterland von Ao Nang zu entsorgen. Eine sinnlose Sisyphosarbeit. Geschätzt treiben mittlerweile etwa 140 Millionen Tonnen Plastikmüll in den Ozeanen. Jedes Jahr kommen bis zu zwölf Millionen dazu. 79 Prozent davon landen in den Weltmeeren und der Landschaft. Zwölf Prozent werden verbrannt und nur läppische neun Prozent recycelt. Die Prognose für 2050: Wenn wir nicht gegensteuern, werden wir zwölf Milliarden Tonnen Plastikmüll zusammengebracht haben.

Der Emerald Pool ist smaragdfarben, wunderschön – und meistens überlaufen.

Weg vom Meer ins Landesinnere. Ausflug zum Emerald Pool, der mitten im Wald eines Nationalparks liegt: Der Süßwassersee ist berühmt. Das Wasser ist weltweit einzigartig. Mineralien lassen den Teich smaragdfarben leuchten, baden ist ausdrücklich erlaubt. Bikini an und los. Allerdings verdrängen mich andere Besucher ständig oder nehmen mir den Platz weg, egal ob an einer Naturrutschbahn oder einfach nur in einer ruhigen Ecke am Rand. Gideon bleibt angesichts der Menschenmassen lieber gleich trocken, ich muss ständig Slalom schwimmen. Oft droht mir ein Selfiestick das Auge auszustechen. Am Ufer des Emerald Pools picknicken Menschen, obwohl Essen in diesem Nationalpark streng verboten ist.

Schnell geht es mit unserer zusammengewürfelten Ausflugsgruppe weiter. Eine halbe Stunde später steigen wir erneut aus unserem Minivan aus: Wir »besichtigen« einen Elefanten bei seiner Disco-Tanzshow, der ansonsten fast immer angekettet ist. Am Schluss bettelt er mit einer Schachtel am Rüssel um Trinkgeld. Ein beklemmendes Gefühl, als sich meine Sitznachbarn lautstark dafür begeistern. Bei der

Fahrt zurück ins Hotel meint Gideon: »So einen Ausflug machst du mit deinen Yoga-Teilnehmerinnen besser nicht.«

Kein Essen ohne Plastik: Fast jede Zutat wird in einer Tüte verpackt.

Das einzig vermeintlich Gute: Thailändisches Essen ist bei solchen gebuchten Ausflügen inbegriffen. Ich bereue trotzdem, mitgegessen zu haben. Nicht, weil es nicht geschmeckt hat, im Gegenteil: Das Essen ist köstlich. Doch der Genuss ist mir verdorben.

Die Köchin wirft routiniert alle Zutaten für Pad Thai, ein Nationalgericht Thailands, aus einzelnen Schüsselchen in ihren Wok. Ich sehe die beleuchtete Speisekarte hinterm Tresen, höre Erdnussöl in der Fritteuse blubbern. Es duftet nach angebratenen Zwiebeln. Mit geschickten Händen drapiert die Köchin eine Styroporschachtel für die Reisnudeln: Zunächst muss ein Plastikblättchen hinein, um das Ankleben am Schaumstoff zu vermeiden. In einen Plastikbeutel kommen die Erdnüsse, in einen anderen die Soße. Beide werden mit Gummiband verschnürt. Ein weiteres Tütchen enthält Koriander, wieder mit Gummiband verschlossen. Der Deckel der Styroporschale wird mit einem letzten Gummiband gesichert, alles zusammen kommt in eine Plastiktüte, die sie uns stolz überreicht. Vom Mittagessen bleibt ein Berg Tüten, Klarsichtbeutel, Gummibänder, Folie und Styropor übrig.

Ich will nicht bei jedem Essen so viel Müll verursachen. Ich will auch keine Elefantenshows erleben, bei denen sich die Tiere zum Narren machen müssen und – bis auf ihren zehnminütigen Auftritt – angekettet sind.

Per Mail kontaktiere ich Peter Kaudelka, einen Deutschen, der seit sechzehn Jahren in Ao Nang lebt und mit der Einheimischen Nan verheiratet ist. Peter hat seine Frau auf einer Benefizveranstaltung für die Opfer des Tsunami kennengelernt, der Weihnachten 2004 die

Provinz Krabi verwüstete. Gemeinsam gründete das Paar 2005 die Reiseagentur Active Thai Travel. Den Kaudelkas ist der Ausbau nachhaltiger Geschäftsstrukturen wichtig. Nicht der Preis entscheidet über die Zusammenarbeit mit lokalen Unternehmern, sondern deren Sozial- und Umweltstandards. Müllvermeidung steht an oberster Stelle.

Ich will einen plastikfreien Ausflug bei Active Thai Travel buchen. Geht klar, sagt Peter, als wir uns treffen. Gibt es den Emerald Pool auch menschenleer? Logo, ermuntert mich Nan und holt den Ordner mit den Öffnungszeiten: »Du fährst beim nächsten Mal so hin, dass ihr morgens als Erste durch das Tor geht.« Und etwas mit Elefanten, wo es den Tieren gut geht – ist das machbar? Da müssen beide ein wenig recherchieren.

Ich blättere durch ein Fotoalbum und sehe Nan im Schulkindalter an einem menschenleeren Strand sitzen. Die Aufnahme ist hier in Ao Nang gemacht. Die elfjährige Nan lächelt ins ungetrübte Blau des Meeres hinein. »Ich liebe dieses Bild«, schwärmt Peter Kaudelka. Wir sinnieren, dass wir vier, Peter, Nan, Gideon und ich, diesen makellosen Strand damals kannten. Gideon und ich vor 28 Jahren. Nan ihre ganze Kindheit hindurch. Und Peter, der das erste Mal vor drei Jahrzehnten als Backpacker hier war. Nebenbei erfahre ich, dass Nan Präsidentin der thailändischen Trash Heroes ist. Der gemeinnützige Verein, der weltweit aktiv ist, lädt auch in Ao Nang und Umgebung regelmäßig zum »Strand Aufräumen«, den Clean-ups, ein.

> Umweltbewusstsein ist in Thailand ein zartes Pflänzchen.

Nach Angaben der Weltbank produziert jeder Einwohner Thailands täglich eineinhalb Kilo Müll, Tendenz steigend. Vierzig Millionen Touristen, die jedes Jahr nach Thailand strömen, tragen ebenso ungebremst zum Müllberg bei. Zwanzig Prozent des Abfalls sind Plastiktüten. Selten ist mir eine Statistik so untertrieben vorgekommen wie diese: kein Einkauf in Thailand ohne die obligatorische Plastiktüte. Dem will das Ehepaar Kaudelka entgegenwirken.

Peter holt aus: Es sei ja nicht so, dass es in Thailand kein Umweltbewusstsein gäbe. Aber es ist noch ein zartes Pflänzchen. Immerhin: »Mehr als hundert Freiwillige waren beim letzten Strandsäubern dabei. Hotels und Nationalparkverwaltung unterstützen uns. Wir halten sogar Vorträge in Schulen.« Aufklärung sei ein großes Problem, sagt Nan. Kaum jemandem sei bewusst, welchen Schaden die Plastikflut verursacht. Viele Menschen hier hätten andere Sorgen als den Umweltschutz. Auf Plastiktüten verzichten - warum?

Mittlerweile ist meine Yogagruppe in unserer Unterkunft angekommen. Die Teilnehmerinnen freuen sich auf Erholung, tägliche Yogastunden und Ausflüge. Ich gestehe, dass sonntags der Unterricht ausfallen wird. Ich will, nein, ich muss dabei sein, wenn die Trash Heroes die Strände aufräumen. Und siehe da: Meine Teilnehmerinnen wollen auch mitkommen, gerne sogar.

Beim Müllsammeln finden wir Sonnencremeflaschen. Aus aller Herren Länder.

An diesem Sonntag sammeln wir zwei Stunden lang säckeweise Abfall ein, darunter etliche leere Sonnencremeflaschen aus aller Herren Länder. Das Müllproblem ist damit nicht gelöst, natürlich. Aber es macht Freude, wenigstes ein kleines Stückchen Strand gemeinsam zu säubern. Passanten fragen, ob wir Strafarbeit erledigen oder dafür bezahlt werden. Erfahren sie, dass wir freiwillig Müll sammeln, gesellen sie sich manchmal dazu und machen mit.

Am Schluss sortieren wir alles, was wir gesammelt haben, und geben dann die Handschuhe und Greifer zurück. Häufigster Müll sind Plastikflaschen und Aludosen. Als wir mit dem Sortieren fertig sind, springe ich in die Wellen, wasche mir Schweiß und Schmutz vom Leib.

Selten habe ich ein Bad als so erfrischend erlebt. Das Meer kommt mir sauber vor, obwohl das vermutlich nicht stimmt. Zumindest der Strand, an dem ich an Land gehe, ist blütenrein. Zum Abschluss erhalten alle erstmaligen Helfer ein gelbes Trash-Hero-T-Shirt, und wir stellen uns stolz zum Gruppenfoto auf. Siebzig Leute sind darauf zu sehen. Wer will, greift jetzt beim mitgebrachten Fingerfood zu. So klingen die Clean-ups üblicherweise aus: gemeinsam eine Kleinigkeit essen und dabei diskutieren, was jeder Einzelne gegen die Müllflut unternehmen kann.

Die Trash-Hero-Idee hatte sich viral verbreitet. 2013 brachen auf der thailändischen Insel Koh Lipe siebzehn Freiwillige zum ersten Strandaufräumen auf, mittlerweile gibt es dreißig Ableger von Trash Hero, nicht nur in Thailand. Auch in Myanmar, Malaysia, Indonesien, den Philippinen, den Vereinigten Staaten, der Schweiz, England und Deutschland. 100 000 Menschen haben seit Gründung an Aufräumaktionen teilgenommen. Sogar in der Nachrichtensendung *Tagesthemen* wurde darüber berichtet. Peter nickt, ja, auch in Thailand waren die Trash Heroes schon im Fernsehen. Neulich brachte der Staatssender einen Bericht – über eine Million Zuschauer verfolgten ihn.

Plastiktütenverbot in Bangladesch und Bhutan – Thailand hinkt hinterher.

Bevor sich Peter Kaudelka in Ao Nang niederließ, hatte er in über achtzig Ländern gearbeitet und 300 Reisen als Guide begleitet. Mittlerweile bildet er Reiseleiter in ganz Asien aus. Deshalb weiß er: In anderen Ländern ist man schon weiter. Bangladesch und Bhutan beweisen, dass das gern vorgeschobene Argument, man sei ein Schwellen- oder Entwicklungsland, nicht als Rechtfertigung für die ungehemmte, gedankenlose Plastikflut taugt. Seit einigen Jahren gibt es in beiden Ländern ein Plastiktütenverbot. »Das können wir uns abschauen!«, findet er.

Seine Frau Nan ist empört darüber, welche Behauptungen kursieren, um sich vor der Lösung des Problems zu drücken: »In tausend Jahren wird die Plastikdeponie zu einem wertvollen Ölreservoir«, fabulierte man in der thailändischen Tageszeitung *The Nation*. So redet manch ein Politiker. Im selben Blatt stehe auch, dass für Trump der Klimawandel nicht existiert, wirft ein amerikanischer Expat namens Edward ein, der seit zwei Jahren als Ingenieur in der Provinzhauptstadt Krabi arbeitet – und regelmäßig sonntags mit seinen Kindern beim Müllsammeln mitmacht. Zum Abschied verabreden sich viele der Trash Heroes. Um auch die Woche drauf Müll zu sammeln – an einem anderen Strand.

Unsere wieder auffüllbaren Wasserflaschen haben wir von nun an immer dabei. Ob in der Yogastunde oder beim Ausflug. Es gibt genug Stellen, an denen wir Trinkwasser zapfen können. Wie in unserer Unterkunft. Auch dafür sorgen die Trash Heroes. Wenn uns die allgegenwärtigen »Single Use«-Plastikflaschen angeboten werden, lehnen wir ab, auch beim zweiten Ausflug zum Emerald Pool. Nach einer sehr frühen Yogastunde machen wir uns auf den Weg und schreiten pünktlich um acht Uhr als Erste durch den Eingang, wie es uns Nan Kaudelka geraten hat. Eine Viertelstunde später planschen wir im leuchtenden Wasser und wähnen uns fast allein im Paradies. Nur drei andere Frühaufsteher sind auch schon da. Immer wieder schlittern wir auf der lehmigen Naturrutschbahn wie ausgelassene Teenager, lassen uns die Schultern von einem Mini-Wasserfall massieren und umrunden bizarr geformte Wurzeln, die aus dem Pool herausragen. Erst nach einer Stunde steigen wir mit eingeschrumpelten Fingerkuppen aus dem Wasser – als mehr und mehr Besucher kommen.

Über 3000 Elefanten leben in Thailand in Gefangenschaft. Einige davon aber auch auf »Gnadenhöfen«.

Unser nächster Ausflug führt uns zu den Elefanten eines Sanctuarys, einer Art Gut, auf dem sie ihr Gnadenbrot bekommen. Denn alle sieben Elefantendamen haben früher auf Plantagen gearbeitet. Hier hingegen haben sie richtig viel Freizeit und tragen keine Fußketten. Pa, ein zierlicher Elefantentrainer um die fünfzig, ist der Chef des Sanctuarys. Er trägt braune Gummistiefel, ein weites Hemd, und sein tiefschwarzes Haar steht wild vom Kopf.

Bis vor einigen Jahrzehnten lebten noch etwa 1,2 Millionen Elefanten auf der Erde. Heute sind es weniger als 500 000 Afrikanische und nur noch rund 45 000 Elefanten im asiatischen Raum. Weltweit sterben jährlich bis zu 33 000 Elefanten wegen ihrer Stoßzähne. Sie werden aber nicht nur wegen des Elfenbeins getötet. Viele sterben auch, weil ihre Lebensräume durch die Abholzung der Regenwälder für neue Siedlungen und die Landwirtschaft verschwinden.

Dass die Tiere zudem als Touristenattraktion missbraucht werden, hatte ich ja selbst schon gesehen. Von den Qualen, die Elefanten, auf denen geritten wird, erleiden müssen, wissen die meisten Urlauber nichts. Schläge und Stiche sind an der Tagesordnung. Knapp 7000 Elefanten gibt es heute in Thailand. So zumindest die Schätzung von Tierschützern. Die heute noch existierende Population wilder Elefanten in Thailand lebt menschenscheu und breit verstreut in vielen Nationalparks und Schutzgebieten des Landes. Weitere 3500 leben bei Menschen in Gefangenschaft – Spitzenwert in Asien. Leider auch: In drei Viertel der Elefantencamps sind die Zustände verheerend. Aber auch Elefanten auszuwildern ist alles andere als einfach. »Viele von ihnen haben einen psychischen Schaden und würden ins nächste Dorf laufen, um sich Futter zu holen«, erklärt Pa. Er erzählt uns, wie viel Kraft die Dickhäuter haben: Ihre drei bis fünf Tonnen Gewicht können sie auf fast fünfzig Stundenkilometer beschleunigen. Diese Tiere sind sehr eigen, Individualisten in Herden. Wenn sie wütend sind, stehen ihre Ohren ab und ihr Schwanz hoch. Dann ist Vorsicht geboten!

Unsere Damen aber sind heute sehr sanftmütig. Zur Begrüßung wedeln sie mit ihren großen Ohren. Laut Pa ein Zeichen von Neugier. Niemand kann sich dem Dschungelbuchgefühl entziehen: Selbst mein technikaffiner Sohn ist beeindruckt von den gutmütigen Riesen. Die Tiere arbeiten zwei Stunden am Tag. Ihr einziger Job: Touristen an sich heranlassen. Pro Elefant gibt es einen Mahout, also einen Trainer, denn die Tiere lassen sich nur von Menschen leiten, die sie gut kennen. Die Helfer sind barfuß oder in Flipflops. Sie geben den Elefanten Zuckerrohrstangen, die diese laut knackend fressen, ebenso riesige Astbündel mit vielen Blättern, die raschelnd im Schlund verschwinden. Noch dazu zeigen sie uns, wie wir sie füttern können. Gemeinsam verdrücken die sieben Elefantendamen schon mal eine halbe Tonne Bananen am Tag. Die Elefanten greifen mit ihren Rüsseln nach unseren Bananen und schieben sich die Leckereien mampfend ins Maul. Alle Zweibeiner strahlen vor Freude und wollen gar nicht wieder aufhören.

Jeder Elefant frisst außerdem etwa 300 bis 350 Kilo Grünfutter täglich. Pa ermahnt uns, genau darauf zu achten, keinen Plastikmüll auf dem Gut liegen zu lassen. Denn die Elefanten stopfen alles ahnungslos in sich hinein. Sie sind weit über zwölf Stunden am Tag mit Fressen beschäftigt, weil sie als Vegetarier ihren Energiebedarf anders nicht decken können. Sie greifen sich mit dem Rüssel, was ihnen fressbar erscheint. Besonders erpicht sind sie auf ihre Verdauungsmedizin: tennisballballgroße Knödel, die aus gemörserten Blättern, Salz, Körnern und Kokusnussmelasse bestehen. Weil die Tiere nicht mehr in ihrem natürlichen Habitat leben und ihnen ihre ursprüngliche ballaststoffreiche Nahrung fehlt, bereiten ihnen die Mahouts täglich Dutzende dieser Knödel zu. Die Elefanten bekommen sie tagsüber als Belohnung und abends als Betthupferl.

> Jeder Elefant hat seinen eigenen Charakter: verspielt, verfressen, vergnügt.

»Die kleine mit den gefransten Ohren ist Mickey«, erklärt Pa. Auch was das Temperament betrifft, gibt es gewaltige Unterschiede: Ded zum Beispiel, mit 54 Jahren die Älteste in der Gruppe, ist eine fröhliche und gutmütige Zeitgenossin. Erkennbar an weißen Flecken am Rüssel. Ihr Name bedeutet »Sonnenschein«. Farong – zu Deutsch »Donner« – ist mit 33 Jahren die Jüngste und spielt gerne lautstark die Chefin. Pahia wiederum, vierzig Jahre alt, wurde nach einem regionalen Urwaldgewächs benannt. »Nimmersatt wäre allerdings treffender«, sagt Pa und lacht. »Für Futter tut sie alles.«

Dann wird uns Jack Sparrow vorgestellt, ein Auge wirkt wach, das andere ist eingesunken: Die Arme ist auf dem linken Auge blind. Daher nur von rechts an sie herantreten! Noch trauriger ist das Schicksal von Ma: Sie sieht gar nichts mehr. Leider kaufen nämlich Touristen aus Asien, besonders Chinesen, gern geflochtene Talismane aus Elefantenhaaren. Diese wachsen aber, anders als bei Menschenhaaren, nicht mehr nach. Viele Elefanten in Gefangenschaft leiden, weil ihnen die Brauen oder Wimpern abgeschnitten wurden. Sie quälen sich erst mit Augenentzündungen und erblinden schließlich.

Mas blinde, wimpernlose Augen sind mittlerweile verheilt. Wie die meisten blinden Lebewesen riecht sie hervorragend und nutzt das schamlos aus. Wir müssen aufpassen, dass sie uns nicht die Bananen aus den Händen stibitzt, die sie mit dem Rüssel erschnüffelt. »Elefantenkinder fallen manchmal noch über ihren Rüssel«, amüsiert sich Pa. Aber nach nur sechs Monaten benutzen sie das Organ mit seinen unzähligen Muskeln schon sehr geschickt. Ma ist der lebende Beweis.

Die nächste Elefantendame heißt Nudnik, ist die größte und mit drei Tonnen Gewicht die schwerste. Sie tritt tänzelnd auf der Stelle, verwegen und unternehmungslustig. Und trotz des Gewichts sehen ihre Bewegungen leicht und elegant aus. Ich verliebe mich auf den ersten Blick in die graue Schönheit und streichle sie. Ihre Haut ist gleichzeitig weich und rau, am Bauch sehr faltig. Die Elefanten, die hier leben, haben jahrelange Qualen durchlitten. Sie wurden als Babys von ihren Müttern getrennt, in engen Käfigen gehalten und mit spitzen Stangen gefügig gemacht – für die Arbeit auf den Plantagen. Hier können die Tiere machen, wonach ihnen der Sinn steht: Futter suchen, Bäume entwurzeln, planschen, schwimmen, mit dem Rüssel Wasser durch die Gegend spritzen – was Elefanten eben so machen, wenn sie nicht Baumstämme transportieren müssen oder einer Touristengruppe ein Disco-Tänzchen präsentieren.

Besonders Wasser zieht sie magisch an. In freier Wildbahn suhlen sie sich in Wasserlöchern, die nach der Regenzeit entstehen, am liebsten vermischt mit Schlamm. Gemeinsam wandern die Elefanten, die Mahouts, ihr Chef Pa, mein Sohn Gideon, meine Yoga-Kursteilnehmerinnen und ich nun zu solchen Schlammlöchern. Ich darf mit Nudnik und ihrem Guide als Erste den Waldweg entlang lostrotten.

Ehrfürchtig schaue ich zu ihr auf. Ab und zu schnappt sie sich im Vorbeigehen mit dem Rüssel einen Ast mit grünen Blättern. Als sie einmal anhält, um im Zeitlupentempo einen Zweig zu fressen, will der Mahout sie weiterlenken. Nudnik ignoriert ihn, frisst seelenruhig auf, blockiert den Weg für die Nachfolgenden und geht erst dann aufrechten Hauptes weiter, als sie fertig gekaut hat. Ihren Rüssel schlenkert sie dabei elegant und forsch nach vorn, als würde sie den Marsch aller Elefanten hinter ihr dirigieren. Was für eine Diva!

> Elefanten sind soziale Tiere,
> immer auf das Gemeinwohl bedacht.

Jedes Wasserloch bedeutet Rast, Innehalten und Beobachten, was die anderen machen. Die Rüssel aller sieben Elefantendamen schlenkern im Wasser und verursachen Trompeten- und Sauggeräusche wie in einem Tarzanfilm. Eine Rüsselfüllung beträgt fünfzehn Liter, sagt Nudniks Mahout. Er raunt ihr ein paar Zauberworte zu – und prompt beschleunigt sie ihr Tempo Richtung Fluss. Er zupft ihre Segelohren, als sie ihren großen Kopf dreht, ich darf sie auch berühren. Die Haut fühlt sich zart an. Pa erklärt: »Ein Elefant spürt es sogar, wenn sich eine Fliege auf ihn setzt.« Durch sanftes Ziehen an den Ohren lässt Pa Nudnik anhalten: offizielle Trinkpause für alle.

Dann dürfen wir die Elefanten mit Schlamm eincremen. Das hilft der empfindlichen Elefantenhaut gegen Sonneneinstrahlung und Insekten. In freier Wildbahn verpassen sie sich ihre Schlammkur gegenseitig mit dem Rüssel. Das beschränkt sich nicht auf Artgenossen. Nudnik scheint großes Vergnügen zu empfinden, auch mich von oben bis unten mit Schlamm zu bespritzen. Ein gutes Zeichen: »Sie mag dich«, erklärt Pa.

Dann geht es mit den Tieren in einen träge fließenden bräunlichen Fluss, in den ich sonst keine Zehe stecken würde. Die Mahouts, die Elefanten und wir stürzen ungebremst hinein, Nudnik voran. Die Elefanten spritzen herum und spielen. Bald wird es ruhiger, und wir Zweibeiner reiben das Schlammpeeling von der Elefantenhaut mit dem Flusswasser wieder ab.

Als wir aus dem Wasser steigen, versucht Nudnik, einen der Verdauungsknödel von einer vorbereiteten Pyramide zu stehlen. Ihr Mahout ertappt sie dabei und verbietet es ihr: Brav trottet sie davon. Ich schleiche um den Stapel, stibitze einen Knödel und gebe ihn ihr heimlich.

Beim Abschied schauen Nudnik und ich uns lang in die Augen. Okay, ich bilde mir das vermutlich nur ein. Aber plötzlich hebt sie den Rüssel, stupst mich an und sieht dabei richtig verschwörerisch aus. Unser Geheimnis mit dem gestohlenen Verdauungsknödel behalten wir für uns.

An diesem Tag sind wir den Elefanten in unseren Gedanken noch lange nahe und lassen die abendliche Yogastunde ausfallen; gehen stattdessen spontan auf den Markt in Krabi. Dort entdecken wir eine Verkäuferin, die Pad Thai anbietet – im stabil gefalteten Bananenblatt.

Wir essen direkt am Stand und sind begeistert: kein Fitzelchen Plastik. Gideon macht Fotos und mailt unsere Entdeckung an Nan und Peter Kaudelka, die antworten: »Ja! Es tut sich was.« Die Marktfrauen besinnen sich immer mehr zurück auf alte Traditionen: Noch vor wenigen Jahrzehnten sind sie auch ohne Plastik bestens ausgekommen. Und so werden sie zu Wegweisern in die Zukunft.

Beirut

LET LEBANON LIVE, BEFORE I DIE!

Lange haben wir überlegt, ob wir in den Libanon reisen sollen.
Das Auswärtige Amt hat eine Teilreisewarnung erlassen.
In den Nachrichten verfolgen wir wochenlang die Proteste,
die in Beirut am Jahresende 2019 immer noch stattfinden.
Jetzt sind wir hier.

Von Jennifer McCann

Before I die, I want Lebanon to ...

steht in weißer Schrift auf einer schwarzen Säule, die die Fouad Chehab Brücke trägt. Darunter, in bunter Schrift, die Satzenden:

... be a nation; stop labeling people; be my happy place; have learnt from the past; be safe; be a sustainable, developed country; stand for itself; be green; be a country we are proud of; stop corruption!

Hier, im Herzen Beiruts, in Sichtweite der Mohammed-al-Amin-Moschee und des Märtyrerplatzes mit seinen von Kriegsspuren gezeichneten, durchlöcherten Statuen libanesischer Patrioten, stehen die Stimmen der Stadt an dieser Wand geschrieben. Sie verblassen in der Ferne, als das Sammeltaxi, in dem ich sitze, weiterfährt.

Der Taxifahrer pustet den Rauch seiner Zigarette durch das geöffnete Fenster, orientalische Musik erfüllt den fahrenden Raum, der arabische Winter weht kalte Luft herein. Wir fahren unbemerkt aus Beirut heraus, überqueren eine unsichtbare Grenze, eine Straße, die ein christliches von einem muslimischen Viertel trennt. Verschanzte Polizeistützpunkte, kalte Betonbauten, vereinzelt zerschossene Häuser, die zwischen modernen Wohnhäusern, glitzernden Boutiquen und Fast-Food-Restaurants stehen, ziehen an mir vorbei. Es geht hinein in den südlichen Vorort Haret Hreik, der Hochburg der Hisbollah um Beirut ist und damals einer der Orte war, der im Libanonkrieg 2006 von den Israelis per Luftangriff schwer bombardiert wurde. Denn die Israelis hofften darauf, möglichst viele Menschen, die der Hisbollah angehörten, mit den Bomben zu töten.

Das Taxi hält, wir steigen aus und warten vor einem Restaurant.

Obwohl explizit vor dem Viertel Haret Hreik gewarnt wird, jegliche südliche Vororte Beiruts gemieden werden sollen, grüßen uns entgegenkommende Menschen jetzt freundlich. Als Mensch aus dem Abendland fühle ich mich zunächst unbehaglich, wenn ich lese, dass die Hisbollah während des Bürgerkrieges in den 1980er-Jahren das Ziel hatte, die christliche Bevölkerung auszulöschen. Später distanzierte sich die Partei jedoch davon. Manche Länder wie beispielsweise Kanada, die Vereinigten Staaten oder das Vereinigte Königreich haben die gesamte Hisbollah, den militärischen und den politischen Arm, als Terrororganisation eingestuft. Erst im Dezember 2019 hat der Deutsche Bundestag neu diskutiert und die Hisbollah ebenfalls grundsätzlich zur Terrororganisation erklärt. Daher also die Teilreisewarnung?

Sie bleibt in meinem Kopf. So viele Symbole, Geschichten, scheinbare Fakten, viel zu viel ungesichertes Wissen beschweren meine Gedanken. Sie geben mir ein dumpfes Gefühl, wollen meine Handlungsfähigkeit beeinträchtigen.

Wahrscheinlich ist die Gefahr, vor der gewarnt wird, real. Ich kann sie nur nicht spüren.

Himmel und Gebäude sind grau und hoch, frisch pfeift der Wind durch die Häuserschluchten, bunte Fahnen sind über einer Seitenstraße gespannt. Ich bin hier, im Libanon, in Beirut, in Haret Hreik, und heute ist ein besonderer Tag. Es ist der 31.12.2019, Silvester, der letzte Tag eines alten Jahrzehnts in einer überholten Welt, die durch die libanesische Revolution gestürzt werden soll. Libanon soll endlich leben!

Und vor allem ist es Yaras 26. Geburtstag. Sie sprüht vor Energie, Tatendrang, Neugierde. Wir haben sie erst vor drei Tagen kennengelernt, als wir dem strömenden Regen entflohen, der auf die Straßen des Viertels Hamra niederprasselte, und in den Starbucks stolperten, in dem sie arbeitet. Sie will uns ihr Land, ihre Kultur zeigen und ermöglicht uns den großen Sprung vom Starbucks im Zentrum, einem der Symbole für westlichen Konsum schlechthin, ins Wohnzimmer einer libanesischen, muslimischen Familie im südlichen Vorort Beiruts. Erst später begreife ich, dass diese Welten eng miteinander verflochten sind, der scheinbare Kontrast gar nicht so groß ist.

Da sitzen wir also, etwas angespannt, am frühen Nachmittag im zweiten Stock eines Mehretagenhauses auf dem Wohnzimmersofa von Yaras Familie. Die Tür geht auf, eine rundliche, kleine Frau mit strengem Kopftuch und liebem Blick stürzt lachend auf mich zu und nimmt mich in ihre warmen Arme. Es ist Yaras Mutter. »Sie liebt Gäste«, sagt uns Yara, als wir nachfragen, ob es in Ordnung sei, dass sie einfach Fremde zu ihrem familiären Geburtstagsessen einlade. Yaras Mutter hat drei Mädchen auf die Welt gebracht, ist von ihrem Mann wegen einer Jüngeren verlassen worden, lebt seit Jahrzehnten in dieser Wohnung. »Meine Mutter hat alles miterlebt«, sagt Yara nachdenklich. »Mein Vater auch, er ist ein ernster Mann, einst ein Soldat! Wundert euch nicht, wenn er etwas unfreundlich wirkt, er meint es nicht so.« Amüsiert fügt Yara hinzu: »Derzeit liegen sie im Streit miteinander, das kann Tage dauern! Dann sitzen sie schweigend in der Wohnung, selbst wenn keines von uns Kindern da ist. Papa kommt trotzdem jeden Tag vorbei, um nach dem Rechten zu sehen.« Sie tippt sich gegen die Stirn und verdreht die Augen, so als wolle sie sagen: Eltern eben, verrückt, aber das kennt man ja.

Yaras Mutter nickt Timon höflich zu, in ihrer Kultur dürfen Frauen fremde Männer nicht berühren. Dann erscheinen Yaras ältere Schwestern, Sarah und Zama, und Zamas Verlobter Bihal. Keine der Schwestern trägt ein Kopftuch.

Dass Timon bei der Begrüßung von Yara umarmt wurde, ist kein Problem. Es bedeutet nicht, dass Yara die Kultur ihrer Mutter missachtet, sondern dass sie sich in ihrem Leben frei entfalten, eigene Entscheidungen treffen darf. In dieser Familie dürfen die Mitglieder Individuen sein, hier wird eine moderne, neue Generation erzogen, die für die Rechte der Menschen auf die Straßen geht.

Der Esstisch wird gedeckt, alles wuselt um uns herum. Wir müssen sitzen, dürfen nicht helfen, weil wir Gäste sind. Ein Dienstmädchen bringt uns Wasser und Kaffee. Das Geld, das sie in Yaras Wohnung verdient, schickt sie nach Äthiopien zu ihrer Familie und ihrem Mann, den sie kürzlich mit 21 Jahren geheiratet hat. Noch ist Ayana hier, schläft und dient in dieser Wohnung, hat nicht wie viele ihrer Landsleute bereits den Libanon verlassen. Denn es gibt keine Dollar mehr, das Geld ist in diesem Land verschwunden, ein Staatsbankrott unausweichlich, viele der Geldautomaten sind nur noch Maschinen ohne Funktion. Wieder einmal fällt mir auf, dass Prioritäten in einer mir fremden Kultur ganz anders gesetzt werden, als es mir natürlich erscheint.

Yara und ihre Schwestern, ihre Mutter und Ayana teilen sich zwei Schlafräume, Privatsphäre ist hier unmöglich. Und doch scheint es der Familie trotz des Platzmangels wichtig zu sein, eine Hausangestellte zu haben, die bei ihr lebt. Nicht wenige der Menschen, die als *bint,* als Haushaltshilfe, Dienstmädchen, Kindermädchen, in den Libanon reisen, werden misshandelt. Das Kafala-System ist ein modernes Sklavensystem, die Arbeitgeber werden als Sponsoren bezeichnet, sie bürgen für die Migranten, dürfen ihnen Reisepässe abnehmen, ihnen verweigern, das Land zu verlassen oder den Job zu wechseln. Jegliche Arbeitsrechte werden den *bints* abgesprochen, wenn sie weglaufen, sich auflehnen, einen Ausweg aus ihrer Situation suchen, werden sie inhaftiert. Wir reden über den Film *Capernaum* der libanesischen Regisseurin Nadine Labaki, der unter anderem in erschreckender Weise die Schicksale der *bints* in Beirut darstellt. Wir erfahren, dass die Familie den Film für eine realistische Darstellung hält, die Wirklichkeit teilweise vielleicht sogar noch schlimmer ist. Ayana hat Glück, Yara bezeichnet sie als Schwester, sie darf mit ihrem Mann in Äthiopien telefonieren, wird als Mitglied der Familie aufgenommen, sie hört ein liebevolles Dankeschön, wenn sie die Familie bewirtet. Vielleicht sind die Wertschätzung und ihr Platz in der Familie ein Grund, weshalb sie noch hier ist.

Die Lampe über dem Tisch brennt hell. Vor dem Balkon, der an das Wohnzimmer anschließt, hängt von der Decke bis zum Boden eine Abdeckung. Sie raubt das Tageslicht, doch schützt vor Kälte und Nässe. Viele Häuser, die hier stehen, sind derartig verkleidet.

Das Festessen beginnt. Auf dem reich gedeckten Tisch stehen unzählige Schälchen mit Hummus, Aioli und Petersiliendips, Brote, Fladen, Hähnchenschenkel, gewürzter Reis, eingelegtes Gemüse, Blätterteigröllchen mit Fleisch und Käsefüllungen. Wir probieren, naschen an dieser Kultur, füllen unsere Mägen mit fremden Geschmäckern und stellen endlich Fragen an die Menschen, bald schon Freunde, die uns zeigen, wie es im Innern ihrer Wohnung, im Innern ihres Landes und Herzens aussieht.

An diesem Tisch umgeben uns Menschen,
die echte Antworten haben, die betroffen sind,
weil sie hier leben. Sie haben eine Vision,
sie wollen ihr Land formen, sie sind Revolutionäre.

Sie sind die Menschen, die auf dem Märtyrerplatz friedlich gegen die politische Elite und das korrupte Ämtervergabesystem protestiert haben und einen radikalen Austausch der Politiker verlangen. Die aus dem Bürgerkrieg abgeleitete Konkordanzdemokratie, eine einst kluge Idee, nach der möglichst viele Bevölkerungsgruppen am politischen Leben teilhaben und nach der Entscheidungen auf Basis eines Konsens getroffen werden sollen, bringt keine Stabilität in das Land. Sie wollen die Trennung von Staat und Religion! Korruption und Missbrauch lassen unfähige Menschen regieren. Also fordern die Protestanten, dass endlich Politiker eingesetzt werden sollen, die sowohl gerechte, faire Entscheidungen treffen als auch Experten auf ihrem Gebiet sind.

»Das Erste, das ihr über die Libanesen wissen müsst«, sagt Bihal belustigt und hebt den Finger, »wir streiten und kämpfen IMMER!« Der erste Satz einer ausgiebigen, humorvollen Diskussion über Land, Leute, Politik ist gesagt. Der Dampf des Essens sammelt sich über dem Tisch, mein Teller wird immer voller anstatt leerer. Selten habe ich bei diesen ernsten Themen so viel gelacht, selten hatte ich das

Gefühl, schwierige Fragen stellen zu dürfen, so vertraut und liebevoll für einen Nachmittag in eine Familie aufgenommen zu werden wie in dieser.

Zama fährt fort: »Das stimmt! Wenn beim Fußball zum Beispiel die libanesischen Lieblingsmannschaften Brasilien und Deutschland gegeneinander spielen, dann kämpfen wir.« Sarah: »Oder wenn wir Parkplätze suchen, dann schlagen wir uns die Köpfe ein.« Yara: »Oder wenn Ausländer gegeneinander Krieg führen, dann kämpfen wir auch, obwohl wir nichts damit zu tun haben!«

Vielleicht ist es schwer, das Kämpfen abzustellen, wenn der Krieg durch die Generationen wütet. Yara war zwölf Jahre alt, als die Bomben auf ihren Stadtteil fielen. Während ich mich mit zwölf an einen Urlaub in Dänemark erinnere, erinnert sie sich an Bombenalarm, an den Luftbeschuss, das Dröhnen, Krachen, Zerbersten, wenn Häuser getroffen wurden. Die Familie floh aus Haret Hreik und bezog 2006 für dreißig Tage ein Appartement in Hamra. Dann war der Himmel wieder leise. In ihrer Schule fehlten ein paar Kinder, sie lagen unter zertrümmerten Häusern.

Auch ihre Eltern haben einen Großteil ihres Erwachsenenlebens im libanesischen Bürgerkrieg, der von 1975 bis 1990 andauerte, verbracht. Vielleicht erklärt dieser Umstand, dass ihr Vater jeden Tag vorbeikommt, um nachzusehen, ob es der Familie gut geht. Er hat zu oft erlebt, dass sich die Ordnung der Welt dramatisch verändern kann. Die in meiner Lebenswelt abstrakte Angst vor dem Krieg ist hier eine reale, schlafraubende, in die Gedanken der Menschen kriechende Angst, die sich in Beirut auch in Form vieler zerschossener Gebäuderuinen spiegelt.

Einige der Kriegsspuren sind jetzt künstlerisch verziert, in die Stadt integriert und damit ewige Denkmäler aus den verschiedenen Kriegen. Andere Ruinen hingegen wurden ihrem Schicksal überlassen, verfallen zwischen den Häusern, die sie umgeben. So auch die Ruine des Holiday Inn. Sie steht dunkel, nackt und mahnend wie ein Fremdkörper zwischen den futuristischen Hochhäusern der Beiruter Skyline am Hafen. Hier fand in den 1970er-Jahren die sogenannte Hotelschlacht statt, Fronten prallten aufeinander, das Holiday Inn war damals als höchstes Hotel stark umkämpft, da es als Stützpunkt für Scharfschützen galt. Als es im Dezember 1975 zum fünften Mal in Brand geschossen wurde und die Bilder der schwarz aufsteigenden Rauchsäulen die Welt umrundeten, wurde das Gebäude zum Symbol des Bürgerkriegs.

Zum Nachtisch stellt Bihal eine große Schachtel mit traditionellen arabischen Süßigkeiten auf den Tisch: Kleine, aus Fadenteig geformte Nester ummanteln honigüberzogene Pistazien und Erdnüsse. Derweil wird der samtige Rauch mehrerer Shishas in die Luft geblasen, die mit Wasserdampf getränkte Luft flackert im Licht, sie schmeckt nach Melone und Zimt. Yaras Mutter hustet und zieht genüsslich an ihrer Pfeife, bevor sie erneut husten und kichern muss. »Die habe ich aus Syrien mitgebracht«, sagt Bihal und fordert uns auf, von der Süßigkeit zu probieren. »Ich bin erst vor wenigen Tagen zurückgekommen, in Damaskus habe ich meine Augen operieren lassen, ist viel günstiger dort als hier.«

»Syrien?«, frage ich leicht irritiert. »Ein wunderschönes Land«, meint Bihal, »da müsst ihr unbedingt hin!« Er denkt kurz über seine Worte nach und ergänzt: »Aber wartet noch zwei Jahre, dann ist es dort sicherer.« Ein Leben im Ausnahmezustand ist in diesem Land alltäglich. Der fragile Frieden Libanons wird nun vom Krieg im Nachbarland beeinträchtigt. Es gibt keinen anderen Staat, der so viele Flüchtlinge gemessen an seiner Einwohnerzahl aufgenommen hat wie das kleine Land am Mittelmeer. Fast jeder Dritte im Libanon ist aus seiner Heimat geflohen, viele der Flüchtlinge leben in riesigen Lagern außerhalb von Beirut, in denen Perspektivlosigkeit herrscht, das Überleben ein Kampf ist.

Die Offenheit dieser Familie Fremden gegenüber in einem Hisbollah-Vorort zeigt, dass es in der neuen Generation nicht mehr um

Christen oder Muslime, um die Durchsetzung des Glaubens oder Lebensstile geht. Immer wieder betonen Yara, Zama, Sarah und Bihal, dass jeder Mensch nach seinen eigenen Vorstellungen leben solle, solange man sich an Grundgesetze und Menschlichkeit hält. Sie verurteilen die Hisbollah für die gewaltsame Zerschlagung der Proteste auf dem Märtyrerplatz vor einigen Tagen und sind gleichzeitig gegen die Entwaffnung der Hisbollah-Miliz, die besonders im südlichen Libanon aktiv ist und ihnen ein Gefühl der Sicherheit gegenüber israelischen Angriffen vermittelt. Sie wollen von uns wissen, warum Deutschland immer auf der Seite Israels steht, und ich erkläre diese Loyalität mit der großen Schuld, mit der wir leben. Unsere Haltung, Deutschlands Haltung, ist historisch begründet.

Ihre Welt ist kompliziert, ich versuche sie zu verstehen, aus ihren Augen ihr Land zu begreifen, und erkenne schnell, dass es noch so viele Lücken in meinem Wissen gibt, die mir eine Meinungsbildung eigentlich untersagen sollten, nach der ich instinktiv strebe.

> Ich will urteilen, die Welt in Gut und Böse einteilen, auch wenn das niemals der Wirklichkeit entspricht.

Also muss ich mich immer wieder dazu ermahnen, so lange wertfrei zu bleiben, bis ich alle Fakten erfasst habe, sofern das überhaupt möglich ist.

Die Stunden vergehen, es ist bereits Abend. Noch einmal nehme ich Yaras Mutter in den Arm, noch einmal schmecke ich die wasserdampfdurchtränkte Luft, noch einmal bedanke ich mich für all die Freundlichkeit, bevor uns Yara auf regennassen Straßen wieder hinein nach Beirut, hinein ins Szeneviertel Mar Mikhael fährt, in dem die Nächte bunt leuchten, aus dekadenten Great-Gatsby-Cocktailpartys, Künstler- und Politikergerede bestehen, in dem sich Frauen mit Frauen und Männer mit Männern in Hipster-Bars küssen dürfen, ohne dafür bestraft zu werden. Mir wird plötzlich bewusst, dass die Toleranz, die hier auf den schmalen Straßen des Künstlerviertels herrscht, wahrscheinlich auch in den vielen Wohnzimmern der Libanesen, ja, an Orten zu finden ist, von denen ich es nicht für möglich hielt. Die Autotür fällt ins Schloss, Yara fährt nach Haret Hreik zurück, die letzten Stunden des Jahrzehnts brechen an.

Etwas später nähern wir uns vorsichtig dem abgeriegelten Märtyrerplatz. Eine kleine Öffnung lässt die Menschenmassen auf die große Fläche, auf der zuvor die Proteste stattgefunden haben. Die Menge drängt sich vor einer professionellen Bühne mit DJ, Lichtshow und gewaltigen Lautsprechern zusammen. Im Hintergrund beleuchten rote und gelbe Strahler die riesige Mohammed-al-Amin-Moschee, ihre Minarette ragen in den Nachthimmel empor, das Azurblau der Kuppel funkelt ins Dunkel der Silvesternacht. Eine kleine, mit politischer Straßenkunst bemalte Mauer umgibt den riesigen Platz. Darauf stehen Soldaten, unter ihren Füßen prangen die Worte *hope* und *freedom*.

Die Stimmung ist aufgeladen, feierwütig, friedlich. Trotzdem stellen wir uns neben die Uniformierten ins Abseits und blicken auf die Menschen hinunter, die im Geschehen sind.

»Protest oder Party?«, frage ich den Soldaten, der neben mir steht, und zeige auf das Gedränge. Ich hoffe, von ihm eine Einschätzung der aktuellen Lage zu bekommen. Ich möchte wissen, ob die Hisbollah vielleicht erneut die Versammlung zerschlagen wird oder wie ich meine gespaltenen Gefühle interpretieren soll. Eigentlich will ich nicht zu den Menschen gehören, die nur zuschauen, anstatt zu leben, zu feiern, zu tanzen und zu umarmen.

Der Soldat sieht mich träge an, zuckt mit den Schultern und sagt: »Na ja, das ist die Revolution, also von allem ein bisschen.« Mir gefällt seine Antwort, seine Abgeklärtheit, seine Das-passt-schon-alles-Langeweile. Trotzdem bleiben wir neben ihm stehen, sind unbeteiligt, begnügen uns mit einem Randplatz.

10!

Ein durchdringender Technobeat dröhnt über den Platz. Hände erheben sich zum Bass aus der Masse. Ich erinnere mich an die Party vor zwei Nächten: Wir lernten beim Feiern ein paar Libanesen kennen und schlossen uns ihnen an. Mit einem rostigen Toyota fuhren wir durch Beiruts Nacht, noch war sie dunkel, dann ging die zweite Sonne endlich auf. Der Veranstalter 2nd Sun brachte das DJ-Duo Tale of Us vom Berliner Berghain ins Beiruter Warehouse. Die Luft pulsierte, Hände durchschnitten sie, Laserstrahlen statt Sonnenstrahlen, so auch jetzt.

9!

Ein Mann klettert mehrere Meter hoch auf das Gerüst der Bühne, hält sich mit einer Hand fest und schwingt eine gewaltige libanesische Zedernflagge über den Köpfen der Menschen. Im Hintergrund die Moschee, unter ihm jubelnde Männer und Frauen, darüber die Freiheit, der Glaube an eine bessere Welt.

8!

Ein Vater hebt seine kleine Tochter auf seine Schultern, sie lächelt und streckt mit ihrem zarten Händchen eine der Pappfäuste, die den Umsturz des politischen Systems verkörpern, hoch in die Luft. Hinter ihr steht die Faust als riesige Standfigur mitten auf dem Märtyrerplatz.

7!

Ich trete einen Schritt näher an die feiernde Silvestermenge heran, sie fasziniert mich, zieht mich in ihren Bann, ich lächle. Stell dich nicht so an, sage ich mir, sei ein Teil von ihr! Meine Hand liegt auf einem kalten Metallzaun, der auf der Mauer steht und mich von der Menge trennt.

6!

Ein brennendes Fass glüht in der Ferne, färbt die kalte Luft orange. Die Gesichter der umstehenden Menschen werden vom Feuer sanft angestrahlt, in Wärme gehüllt.

5!

Vor der riesigen Faust zünden Menschen Himmelslaternen an. Ein Mann hebt eine der Laternen in die Luft, hält sie mit beiden Händen fest und schließt die Augen.

4!

Dann lässt er sie los, vorsichtig steigt sie himmelwärts, ich kann sehen, dass seine Wünsche, Sehnsüchte, seine Hoffnungen in ihr stecken. Die Feuerpunkte wehen langsam dem Meer entgegen.

3!

Junge Erwachsene stehen im Kreis, sie klatschen, lachen, tanzen mit allem, was sie haben.

2!

Hände suchen sich,
Blicke wandern,
Arme werden um Schultern gelegt und
Gläser erhoben.

1!

Pause.

Noch einmal zurückbesinnen.

Danach nur noch nach vorne, nach vorne, nach vorne schauen!

0!

Ein Glitzerregen strömt auf die Köpfe der Menschen herab, die sich Liebe, Segen, Frieden wünschen: Happy New Year, Lebanon!

Feuerwerkskörper zeichnen funkelnde Blumen an den Himmel, hüllen die Minarette mit ihrer Farbenpracht für eine kurze Dauer in blaues, rotes, knisterndes Licht ein. Es ist ein Augenblick des Lachens, der Freude, der Stärke. Er gibt Kraft und Ausdauer für einen Kampf, der noch nicht abgeschlossen ist. Auch im Jahr 2020 wird niemand die Worte *Fuck the system* oder *Eat the rich* von der zerfressenen Häuserwand in der Beiruter Innenstadt streichen. Es kommt sogar noch schlimmer: Weitere Restaurants werden pleitegehen, Firmen insolvent werden, Menschen in Zeltstädten hungern und frieren, im Meer ertrinken, weil sie Frieden und Freiheit suchen. Ein Virus wird die Welt befallen, eine unvorstellbare Explosion große Teile der Stadt zerstören. Und dann, irgendwann, wird es wieder besser werden. Es muss besser werden, daran glaube ich fest, denn in einer anderen Welt möchte ich nicht leben.

»Before I die, I want the world to raise above hate«, schreibe ich gedanklich an die Wand unter der Brücke.

Noch immer schlägt der Beat, der Herzschlag der Stadt der Hoffnung, einer Stadt ohne Gott über dem Märtyrerplatz. Ich will den Beat spüren, nicht nur hören, ich will in einer Welt ohne Zäune, ohne Grenzen leben, also nehme ich die Hand vom kalten Metall. Wir wollen hinein in die Menge, Teil von ihr sein, nicht länger nur beobachten, sondern mitgestalten. Wir zwängen uns durch die bewachte Öffnung auf den Platz, tauchen ab in diesen Kosmos, der nur kurz die Sorgen vergisst, wenn der Beat, der Bass außerhalb des eigenen Körpers pocht und alle Menschen in einem gemeinsamen Puls vereint. Techno kann Poesie sein.

Mein Blick schweift durch die Menge, ein künstlerisch gestalteter Metallphönix steht neben der Faust im Zentrum des Platzes und steigt aus der Asche empor. Unter seinen Schwingen breitet Yara ihre Arme aus, als sie mich sieht. Schöner kann das neue Jahr nicht starten, denke ich, jetzt mit Glitzer im Haar und Pappfaust in der Hand.

»Yara, wie würdest du den Satz beenden: *Before I die, I want Lebanon to …*«, schreie ich ihr tanzend entgegen, weil ich mich plötzlich daran erinnere, dass ich am Nachmittag vergessen habe, diese Frage zu stellen. Sie zückt ihr Handy und zeigt mir ein Foto von der Wall of Revolution, einer Mauer, die in der Innenstadt und damit nicht weit von unserem Standort entfernt ist. Auf ihr und vielen anderen Häuserwänden ist eine besondere politische Kunst abgebildet, die im Rahmen der Proteste als Art of Thawra (Kunst der Revolution) im Oktober

2019 entstand. »Ein guter Freund von mir ist einer der Künstler, die hier sprayen. Ich habe ihn gefragt, ob er für mich etwas an die Revolutionsmauer schreiben kann«, sagt sie lachend und schmeißt ihre Arme wieder in die Luft, bevor sie sich zwinkernd auf die Brust tippt und stolz verkündet: »Das war meine Idee, das ist mein Satz!« Ich schaue begeistert auf das Bild. Hoch über karikaturistischen Politikerköpfen steht in Großbuchstaben und mit roter Farbe eine Ansage an die Politik, an die Welt, an alle, alle, alle, die die Macht missbrauchen:

LET LEBANON LIVE

BEFORE I DIE

Danke, Yara, dass du mich so offen in dein Leben gelassen, dass du mir deine Welt, dein Beirut gezeigt hast.

Melilla

AM ENDE VON AFRIKA

Das spanische Melilla markiert das Ende von Afrika. Die Grenze ist ein acht Meter hoher Zaun, an dem Wunschbilder kollidieren. Was ist ein Zuhause? Hier begriff ich, warum nur durchlässige Grenzen lässige Grenzen sind.

Von Markus Steiner

Ich beschloss, zu Fuß nach Marokko zu gehen. Auf der vormittäglichen Avenida de Europa verschwand ich aus der Stadt, bis ich an die Grenzpassage kam, der, verheißungsvoll, fremdes Afrika folgen sollte. Oder erst einmal Orient. Auf alle Fälle: Gesichter, Gesten, Gerüche, Geräusche – oder ein mir unbekanntes Gefühl. Wo die spanische Hafenstraße endete, begann die marokkanische Avenue Hassan II. Ich sah mich um. Schon von der spanischen Seite aus die marrakeschroten, fensterlosen Häuser und eine Moschee, die ins Blau ragte. Weiter auf die Grenze zu ging ich, vorbei am Duft von Brot und Oliven, von Kaffee und gebratenen Fleischspießen, an den Geldwechslern und Straßenhändlern, an den Läden der Araber, in denen man mit Dirham zahlte. Dann wurde der Menschenstrom dichter. Und ich sah die gebeugten und kriechenden marokkanischen Frauen.

Mein Trip begann am Ende von Afrika. Ich war mit der Fähre, die man von Granada aus nehmen konnte, nach Melilla gekommen. In die ehemalige Berberstadt am Mittelmeer, die das Ende des Weges markierte für die Handelskarawanen, die mit Gold, Elfenbein und Sklaven aus der Sahara herzogen. Melilla, das auf der Halbinsel Cabo de Tres Forcas, am Fuße des Monte Gurugú, liegt, wurde seit seiner Besetzung durch Spanien 1497 nicht an die Marokkaner zurückgegeben und ist eine autonome spanische Stadt auf dem afrikanischen Kontinent.

Die Stadt sagte mir wenig. Schabloniertes Leben. Ich wollte weiter. Ein farbloser Flecken Küste, der Hafen, ein Fort auf dem Felsen, die paar alten, hübschen spanischen Häuschen, Jogger am Strand. Und: ein Käfig. Ein acht Meter hoher Zaun, der Melilla vollständig einschließt. Der ein Stück Europa aus Afrika herausschneidet. Gleich bei der Ankunft in Melilla ging es mir wie José Saramago auf einer seiner Reisen: der Motor schon in Marokko, der Tank noch in Spanien.

Melilla hat zwei Gesichter: die eine Hälfte Guardia Civil, die andere rauchende Muslime. Die Spanier saßen in Straßencafés, tranken ihren

Café con leche, aßen Tapas und trugen Levi's Chinos. Polizisten, die an der Grenze Dienst schoben. Die bewachten, was man sich rechtswidrig angeeignet hatte.

Nebenan die Marokkaner, in ihren Dschellabas mit Tee und Zigaretten saßen die würfelspielenden Männer wie Vorboten der Wüste da: gehüllt in ein Ockergelb, ein Safranrot, ein Mokkabraun. Hier saßen sie, hier würden die Männer weiter sitzen, nach Sonnenuntergang, noch nach den Spaniern. Beim Spiel im Café fühlten sie sich beheimatet, in ihrem Zuhause.

Die Frauen drängten auf das Tor zu, ein Menschenstrom, Hunderte, die sich vorwärtsschoben. Hagere Gestalten oder rundliche Alte. Unter langen Mänteln und Kopftüchern, in Gummistiefeln oder Filzschuhen. Riesige, quadratische Bündel buckelten sie auf ihren Rücken. Das Vorrücken der weißen Bündel erinnerte von fern an eine Prozession. Von nah sah ich, wie einige Frauen rannten, tief gebeugt, andere, auf Knien kriechend, schoben ihre Fracht auf Skateboards, um sie später dann auf den Rücken zu schnallen. Die Verzweiflung schien nicht wegen des unmöglichen Gewichts der Güter aus ihren Gesichtern hervorzubrechen, sondern vom Leben herzurühren.

Was sie tragen konnten, schmuggelten diese Marokkanerinnen für arabische Händler über die Grenze. Denn was sie im spanischen Marokko im Überfluss hatten, begehrten die Menschen im Rest von Afrika. Die spanischen Waren schlugen die Händler später auf dem gesamten Kontinent los.

Chahida rannte. Den ganzen Tag. Zwischen Melilla und Marokko. Fünfzig Kilo stemmte ihr schmaler Rücken. Klamotten, Handys, Alkohol. Ihre Würde hatte sie dafür ablösen müssen. Sie kam aus einer Berberfamilie. Nun lief sie zweimal in der Woche in die alte Berberstadt hinein, um ein paar Euro in ihr Haus zu bringen. Dort warteten die Kinder. Für jedes Bündel, das sie über die Grenze schaffte, zahlten die Händler. Was Chahida auf dem Rücken trug, galt als sogenanntes

»Handgepäck«. Es musste nicht verzollt werden. Sie rannte für den Profit der Händler. Und das Gefühl einer Existenz. Täglich die Überwindung einer Grenze. Unter dem Gewicht zermahlener Menschlichkeit rannte sie. Für einen Ort in der Welt. Ein Zuhause.

Ich erreichte die andere Seite der Grenze mit dem Schwarm weißer Bündel. Weiter betrachtete ich den Zaun, von der marokkanischen Seite aus nun, wie dort oben in acht Meter Höhe Reste von Plastik, Jeanshosen und sonstige Fetzen Stoff im Wind wehten. Erst dachte ich, es sei der Wind, der vom Hafen hochkam, er habe diese Flicken den Hügel hinaufgeweht, bis sie sich im Stacheldraht verfangen hatten. Oder waren es die Schmuggler, die Waren über diesen Weg nach Afrika schafften?

Tatsächlich waren es Überbleibsel von Flucht und Transit: die Spuren der Qual, einen goldenen Käfig zu erreichen.

Tausende warteten. In den Wäldern des Monte Gurugú. Menschen mit Herkunft, ohne ein Zuhause. Sie kamen aus dem Sudan, dem Kongo, aus Mali oder der Zentralafrikanischen Republik. Terror treibt sie, Scham, Erniedrigung, das Klima und Ängste. Rastlose, Verzweifelte, Ängstliche. Bekämpft von Europa und der marokkanischen Regierung, die gemeinsame Sache machen. Die Marokkaner lassen die Flüchtlinge bis zum Zaun gewähren, versuchen so, noch mehr Geld von der EU zu erpressen. Mehr Flüchtlinge, mehr Gewalt – mehr Geld. Ein gutes Geschäft.

Auf der afrikanischen Seite ist die Grenze getränkt in Träume und Sehnsüchte nach einem besseren Leben, einer friedlichen Existenz, nach einem Zuhause. Auf der spanischen Seite tropft die Gier.

Mit den Resten der Kleidung, die sie am Leib trugen, versuchten diese jungen Männer, den messerscharfen Zaun zu stürmen, sich vor Wunden zu schützen. War das möglich? Drei Jungs aus dem Tschad, die es schafften, »Survivor« nannten sie sich, hatten in Melilla plötzlich vor mir gestanden. Einer, den rechten Arm in Gips, ein zweiter, einen Rosenkranz in der Hand und einen weißen Teddy. Und Timothy, mit dem bereichernden Wunsch im Herzen, den Louvre sehen zu wollen. Was antwortet man so jemandem?

An Grenzen kollidieren die Wunschbilder eines besseren Lebens. Grenzen bedeuten Überwindung. Der individuelle Aufbruch führt zu einer Gleichzeitigkeit, einem flüchtigen Zusammentreffen, das Knotenpunkt wird. Die Route zu einem Ort, an dem es sich leben lässt – so atmet die Hoffnung. Wo liegen solche Orte? Was ist ein Zuhause?

Noch vor 10 000 Jahren lebten Menschen in zahllosen unabhängigen, isolierten Stämmen auf der Erde. Zivilisationen verändern sich, sie bewegen sich aufeinander zu, bis sie sich verbinden. Die Fulbe sind mit fünfzig Millionen Menschen einer der größten Stämme der Sahel. Fünfzehn Millionen Fulbe leben heute noch als Nomaden. Von Westafrika, von der Sahara aus bewegen sie sich zunehmend nach Süden. Der Klimawandel zwingt die Fulbe, über Grenzen zu ziehen, neues Land zu finden oder sesshaft zu werden.

Praktisch wird es schon bald nur noch eine globale Zivilisation geben. Menschen können ohne Nationalstaat und Religion existieren – eine Lebensform über Millionen Jahre hinweg. Aber wir brauchen einen Ort der Intimität, an dem es Verbindungen gibt. Mit uns selbst, mit der Natur, mit anderen.

Für mich war ein solcher Ort die Reise mit – welch privilegiertes Glück – Reisepass im Rucksack, 173 Länder ohne Visum. Weil ich in eine bestimmte Nation hineingeboren wurde. Ein früher Zufall, den man mir mit dem Leben überstreifte. Dennoch, begriff ich, gab es eine Verbindung mit den Menschen, denen ich unterwegs begegnete: Mit einem Aufbruch stellen wir die eigene Zivilisation infrage. Sie imponierten mir, weil sie versuchten, was Charles Bukowski vorschlug: »Always fighting/with all your heart and soul/as not to fail at living.«

Die Suche nach einem Zuhause ist die Suche nach Leben. Ja, Grenzen sind notwendig, sind von existenzieller Bedeutung. Weil sich sonst alles ständig bewegt wie die Wände eines Hauses. Sie stillen Sehnsucht, die nach Verbundenheit. In diesem Sinne können Grenzen Freiheit sein. Was gegen Grenzen spricht? Richtig, Freiheit.

Ich bin ein Pendel. Und meine Pole sind Heimweh und Wanderlust. Als ich die Grenze sah, war es wie immer, wenn die Reise endlich begann, machte das Reisen Laune. Das Ende von Afrika war ein Aufbruch und Anfang. Wieder losziehen, die Straße runter. Es ging mir um das Ende der quälenden Wiederholung. Darum, die Freuden der Bequemlichkeit abzuschütteln. Um die zupackende Neugier. Fremder zu sein. Grenzen zu überschreiten, weil das reine Existieren nicht genügte. Irgendwann würde doch wieder dieser verdammte alte Alleinsein-Blues hochkriechen, wie bei jedem, der ständig unterwegs ist. Wenn die Sehnsucht einen befällt, nach Geborgenheit, Wärme, Nähe. Der Schmerz der Fremde ist da, um unsere Seele auszudehnen.

Ich saß in einem der marokkanischen Cafés und schrieb, während die Männer rauchten und Karten spielten. Beim Reisen und beim Schreiben kann ich sein. Wenn ich schreibe, ist das Glück. Ich poche auf mein Recht auf »ich«. Weil ich die Freiheit habe, mich einem einzelnen Wort hinzugeben. Das eine Wort. Das packt, was ist.

Als Nomade auf der Schreibmaschine kann ich zwischen den Welten sein, über Grenzen reisen, eine Distanz herstellen und doch Verbindung.

Bis man nichts mehr weiß von Tag oder Ort, wohin es geht oder warum – unbedeutend. So kann ich verschwinden und in der Welt sein. Dann habe ich ein Ankommen im Nichtankommen erreicht, ein Zuhause.

Von dem, was mal war, bleibt nur eine Kruste. Ich blicke kaum noch auf eine Herkunft. Nein, ein Zuhause hat für mich nichts mit Herkunft, mit einer geografischen Zugehörigkeit zu tun. Mit Dschellaba oder Jeans. Herkunft ist nur Kostümierung. Darum dürfen Grenzen nicht aussperren. Vom Leben. Darum sind durchlässige Grenzen lässige Grenzen.

»I never thought about love when I thought about home«, singen The National.

Vielleicht sollten wir nicht an einen Ort, vielleicht sollten wir an die Liebe denken, wenn wir an ein Zuhause denken.

Die Autor:innen

OLEANDER AUFFARTH trieben sein Wunsch, andere Kulturen kennenzulernen, und die Sehnsucht nach Erfahrung, Freiheit und Selbstbestimmung immer wieder nach Asien, zuletzt auch zu den Berbern nach Marokko. Im Grenzbereich zwischen Journalismus und Literatur berichtet er von seiner existenziellen Suche und seinen Grenzüberschreitungen zwischen dunklen Tälern und Höhenflügen. Er ist Autor von *111 Gründe, Indien zu lieben*. www.auf-schmalem-grat.de

FRANZISKA CONSOLATI (geb. **BÄR**) will eintauchen in völlig fremde Welten und dabei möglichst viel über andere Kulturen, das Leben und sich selbst erfahren, wenn sie mit ihrem Rucksack in die Ferne zieht. Über ihr bisher größtes Abenteuer – eine Wanderung durch den Westen der Mongolei – erzählt sie in ihrem Buch *Ins Nirgendwo, bitte!*. Und sie bloggt – weil die Welt viel zu schön ist, um all die Geschichten für sich zu behalten. www.ins-nirgendwo-bitte.de

DAVID FRANZ verbrachte nach einem Informatikstudium 2009 die meiste Lebenszeit am Computer. Doch seit dem frühen Tod seines Vaters hat sich das geändert. Niedergeschmettert vom Schicksalsschlag suchte er auf einer dreimonatigen Solowanderung quer durch Island die Antwort auf seine Trauer. Dabei öffnete er sein Herz und entdeckte seine Leidenschaft für Abenteuer und Wildnis. Der PC dient nun lediglich dem Bearbeiten seiner Landschaftsbilder von den entlegensten Winkeln dieser Erde. www.david-franz.de

FREDY GAREIS wurde 1975 in Kasachstan geboren und wuchs in der Opelstadt Rüsselsheim auf. Um seine Reisen zu finanzieren, verdingte er sich nach dem Abitur als Taxifahrer, Putzkraft und Medikamententester. Danach war er als Journalist unter anderem für *Die Zeit*, *Tagesspiegel* und *Deutschlandradio* tätig. Seit 2013 ist er freier Autor. Derzeit lebt er in Griechenland und Deutschland. Bei Malik erschienen von ihm *Tel Aviv – Berlin* sowie *100 Gramm Wodka* und *König der Hobos*. Er wurde mehrfach mit dem ITB BuchAward ausgezeichnet. www.fredygareis.com

JULIA und **LISA HERMES** sind im Juli 2017 auf eine Reise ohne Flugzeug um die Welt aufgebrochen. Angetrieben sind sie von der Suche nach gelebten Utopien und dem Zauber des Unbekannten. In Kontakt mit der Natur, Menschen und Kulturen reisen sie mit Segelbooten, zu Fuß, mit Fahrrad, dem Kanu oder per Anhalter und lassen sich täglich neu von den Überraschungen des Lebens inspirieren. Bis sie wieder zurück in Deutschland sind, werden wohl noch einige Jahre vergehen, denn sie müssen zunächst noch Alaska, die Beringsee und die Steppen Asiens durch- und überqueren. Bevor ihr Buch in ein paar Jahren erscheint, kann man die beiden auch jetzt schon auf ihrer Reise begleiten: www.outthere.eu

STEVEN HILLE liebt die Natur, verrückte Ideen, Brandenburg und den Fahrtwind auf seinem Rennrad. Und er liebt es, immer wieder seine Grenzen auszutesten. Dafür läuft er zum Beispiel den einen oder anderen Marathon und besteigt den Mount Fuji. Irgendwann dachte er sich, dass er nur noch Projekte realisieren sollte, die einen guten Nutzen haben. Daher gründete er seinen Blog *Funkloch* über nachhaltiges Reisen, unterstützte ein nationales Bienenprojekt, baute einen Brunnen in Uganda und gründete die NGO WeWater. www.funkloch.me

REBECCA HIMMERICH entdeckte in Indien ihre Faszination für bunte Kulturen und ihre Leidenschaft, darüber zu schreiben. Seither vermeidet sie es, Räucherstäbchen anzuzünden oder an Ingwer zu riechen, da sie sonst augenblicklich von Flashbacks heimgesucht wird und ihr Fernweh sie zum Implodieren bringt. Manchmal findet sie es aber auch ganz schön, zu Hause zu bleiben: Dort ist sie Bassistin in verschiedenen Bands, interviewt Künstler:innen für ihren Podcast *Heterotopia* und ist stolze Hüterin einiger Topfpflanzen, die sich schamlos weitervermehren. www.rebeccahimmerich.de

MORTEN HÜBBE ist ein Inselkind aus Überzeugung. Aufgewachsen auf Rügen zwischen Bodden und Ostsee reist er seit 2011 von einem Weltmeer zum nächsten. Fasziniert von Weite und Wellen trampt er über endlose Straßen in Südamerika. Doch dann führt sein Weg nach Asien. Per Anhalter von Hamburg nach Singapur, über Schnellstraßen und Schotterpisten, immer weiter durch Zeit und Raum. Sympathisch hanseatisch, fahrlässig unerschrocken – Morten ist ein Menschenfreund und ein Fan von stillen Momenten und schnurrenden Katzen. Zusammen mit Rochssare Neromand-Soma schreibt er Bücher über das Reisen und bloggt auf www.mortenundrochssare.de.

PHILIPP LAAGE lebt als Journalist und Autor in Berlin. Sein Buch *Vom Glück zu reisen* ist 2019 im Reisedepeschen Verlag erschienen. Die letzten weißen Flecken der Erde reizen ihn besonders, am wohlsten fühlt er sich in den Bergen. Der Pik Lenin in Kirgisistan war sein bisher höchster Gipfel. Die meiste Zeit war ihm kalt, doch am Ende war er trotzdem oder gerade deswegen überaus beglückt. www.philipplaage.de

KARIN LOCHNER, geboren 1964 in Oberbayern, bastelte sich mit dreizehn Jahren ein Faschingskostüm als Rasende Reporterin. Fünf Jahre später veröffentlichte sie ihren ersten Artikel im *Münchner Merkur*. Seither schreibt sie über Reisen, Essen und Brauchtum. Für ihre Reportagen und Porträts wurde sie mehrfach preisgekrönt, u. a. mit dem Walliser Medienpreis (1. Platz), der Silbermedaille der Gastronomischen Gesellschaft Deutschlands und der Auszeichnung »München dankt«. Wenn sie nicht unterwegs ist, unterrichtet sie Yoga und Gymnastik. Zuletzt war sie Autorin der Bildbände *Heimat Ruhrgebiet, Sehnsucht Alm, Das Sacher Kochbuch* und *Zu Gast in Bayern*. www.karinlochner.de

LOTTA LUBKOLL, geboren 1993 in Coburg, ist ausgebildete Schauspielerin. Außerdem arbeitet sie in einem Waldkindergarten, leitet als Erlebnispädagogin Ferienfreizeiten, unternimmt Wald-, Natur- und Abenteuertage mit Kindern, produziert pädagogische Videoclips und macht eine Ausbildung zur Wildnis- und Survivaltrainerin. Sie lebt mit ihrem Esel Jonny zusammen auf einem Aussiedlerhof am Starnberger See. www.eseljonny.de

JENNIFER MCCANN, geboren 1987, lebt und arbeitet in ihrer Heimatstadt Hannover als Lehrerin und Autorin. Zuletzt erschien ihr Buch *Reisedepeschen aus Bolivien und Peru* im Reisedepeschen Verlag. Vor ihrem Studium war sie ein Jahr lang in der Entwicklungszusammenarbeit in Tansania tätig. Sie findet, dass Fremde Freunde sind, die man nur noch nicht kennt.

CAROLIN MECUS reist für ihr Leben gern durch die ganze Welt. Mit dabei ist stets ihre Kamera. Dabei zieht es die beiden häufig in unbekannte und touristisch unerschlossene Gebiete. Wenn Carolin nicht unterwegs ist, unterrichtet sie – am liebsten Geografie – an einer Realschule in Freiburg i. Br. Sei es im Klassenzimmer, im afrikanischen Busch oder auf einem Segelschiff im Südpolarmeer: Hauptsache, der Tag startet mit einem guten Kaffee, dann kann sie nichts erschüttern. Mehr lesen über Carolins Abenteuer kann man auf ihrem Blog www.weitwaerts.com.

ROCHSSARE NEROMAND-SOMA zog es nach dem Literaturstudium hinaus in die Welt. Seit 2011 erkundet die gebürtige Hamburgerin mit iranischen Wurzeln die Ferne; am liebsten per Anhalter und Couchsurfing – und mit einer Menge Zeit im Gepäck. Immer Ausschau haltend nach den kleinen Details oder dem großen Abenteuer und stets bereit, das eigene Weltbild komplett auf den Kopf zu stellen. Ihr Herz hat sie an Südamerika und Indien verloren, doch dem Geschmack des Nahen Ostens erliegt sie immer wieder mit Freuden. Von Rochssare und Morten Hübbe erschienen bei Malik National Geographic *Per Anhalter durch Südamerika* und *Per Anhalter nach Indien*. www.mortenundrochssare.de

BERNADETTE OLDERDISSEN ist eine Geschichtensammlerin und -schreiberin. Schon in jungen Jahren verstand sie, dass ganz so viel Fantasie zum Schreiben gar nicht nötig war, denn die besten Geschichten schenkte ihr das Leben umsonst. Bald trieb es sie immer weiter durch die Welt, mit ungesättigter Neugier und in der Gewissheit, dass sich die Menschen zwar überall auf der Welt verdammt ähnlich sind, jedoch keine zwei Geschichten identisch. Viele dieser Geschichten schreibt sie auf, in Form von Reiseberichten, aber auch Krimis. www.bernadette-olderdissen.org

NADINE PUNGS studierte Geschichte und Literaturwissenschaft. Davor, währenddessen und danach tingelte sie jahrelang als Kleinkünstlerin durch die Dörfer und spielte am Theater. Auf der Suche nach Intensität und Schönheit zieht es sie immer wieder in die Welt. Im Malik Verlag erschienen *Das verlorene Kopftuch. Wie der Iran mein Herz berührte* und zuletzt *Meine Reise ins Übermorgenland. Allein unterwegs von Jordanien bis Oman*. www.nadinepungs.de

CINDY RUCH ist Reisejournalistin, Fotografin und Übersetzerin. Sie erzählt Geschichten von Reisen, Orten und Büchern. Erst kürzlich erschien ihr *Spielplatzguide Berlin* im Reisedepeschen Verlag. Sie studierte Internationale Literaturen in Tübingen, verbrachte zweieinhalb Jahre in Australien und ist seit 2015 in Berlin zu Hause, von wo sie regelmäßig zu neuen Zielen aufbricht. Immer dabei: länderpassende Literatur, ein Tagebuch und ihre Canon A-1. www.cindyruch.de

LEONORE SIBETH ist Diplom-Pädagogin und interkulturelle Trainerin. 2017 bricht sie zu einer großen Reise auf: Ein Jahr lang will sie mit ihrem Partner Sebastian Ohlert ohne Flugzeug nach Osten reisen. Knapp drei Jahre später kommen sie aus dem Westen wieder zurück nach Deutschland und haben in 34 Monaten einmal die

Erde umrundet, ohne dabei den Fuß in ein einziges Flugzeug zu setzen. Über das Reisen ohne Flugzeug und herzliche Begegnungen unterwegs bloggt sie auf www.eins2frei.com.

MARKUS STEINER beschloss 2011, seiner brennenden Reiselust nachzugeben, und kündigte Job und Wohnung. Seitdem ist er als Reporter und Autor in der ganzen Welt unterwegs, schreibt Reportagen u. a. für *Spiegel Online, National Geographic, GEO* und die dpa. Im Malik Verlag erschien sein Buch *Weltherz. Von einem, der auszog, die Freiheit zu suchen.* Markus lebt, wenn er nicht auf Reisen ist, in Lissabon. www.markussteiner.com

CORINA TOMASCHETT wurde in den Schweizer Alpen geboren. Ihre Mutter brachte ihr schon früh bei, wie wichtig es sei, auf Menschen zu zugehen. Hieraus entwickelte sich eine Neugierde für Kulturen, die sich von der eigenen unterscheiden. Seit 2013 reist sie regelmäßig für mehrere Monate pro Jahr. Ihre letzte Reise führte sie mit öffentlichen Verkehrsmitteln von Zürich nach Sarhad, Wakhan Corridor, Afghanistan. Sie lebt und arbeitet aktuell in Zürich.

GWENDOLIN WEISSER wurde 1992 als viertes von fünf Kindern im Schwarzwald bei Freiburg geboren. Schon in ihrer Kindheit verbrachte sie die meiste Zeit draußen im Wald und reiste später in ihren Ferien kreuz und quer durch Europa. Ab 2012 umrundete sie zusammen mit ihrem Freund Patrick über Land den Globus, dreieinhalb Jahre waren die beiden unterwegs. Danach befasste sich Gwen überwiegend mit ihrem Buch *WEIT. Ein Reisemagazin* sowie mit der Dokumentation *Weit.,* die zu einem Überraschungserfolg in den Kinos wurde. Seit 2019 engagiert sie sich für das feministische Projekt »Vulvaversity«, für den Verein »terran e. V.« sowie die Entstehung eines Wohn- und Kulturprojekts. Gwen ist Mutter von drei Kindern und lebt zusammen mit Patrick in einer WG in Freiburg. www.weitumdiewelt.de

ANA ZIRNER, Jahrgang 1983, ist freiberufliche Autorin und Bergwanderführerin, die insbesondere durch ihre langen Solotouren in den Bergen und zuletzt auf dem Colorado River von sich reden machte. Aufgewachsen im Voralpenland, zog es sie auch während ihrer langjährigen Tätigkeit als Regisseurin und Kulturmanagerin immer wieder in die Berge. Ana Zirner hält Vorträge zu ihren Reisen und dem nachhaltigen Leben unterwegs und engagiert sich für Klimaschutz. Im Malik Verlag erschienen die Bücher *Alpensolo* und *Rivertime.* Derzeit lebt sie in Oberaudorf. www.anasways.com

Bildnachweis

FOTOS IM TEXT

S. 10/11: Johannes Klaus; S. 12: Patrick Allgaier; S. 16: Johannes Klaus; S. 19: Lisa und Julia Hermes ; S. 32: Stephan Wyssbrod; S. 43: Philipp Laage; S. 71: Leonore Sibeth und Sebastian Ohlert/eins2frei ; S. 83: Morten Hübbe; S. 96: David Franz; S. 106: Rebecca Himmerich; S. 114: Ana Zirner; S. 133: Steven Hille; S. 148: Carolin Mecus; S. 163: Travelettes of Bangladesh; S. 172: Oleander Auffarth; S. 197: Cindy Ruch; S. 210: Rochssare Neromand-Soma; S. 221: Nadine Pungs; S. 228: Stefan Horber; S. 242: Fredy Gareis und Patrizia Schlosser; S. 264: Bernadette Olderdissen; S. 277: Karin Lochner; S. 291: Jennifer McCann; S. 305: Markus Steiner

FOTOS IM BILDTEIL

S. 1: Lisa und Julia Hermes; S. 2: Felix Consolati; S. 3 oben: Leonore Sibeth und Sebastian Ohlert/eins2frei; S. 3 unten: Philipp Laage; S. 4 oben: Morten Hübbe; S.4 unten: Jochen Dormeier; S. 5 oben: Rebecca Himmerich; S. 5 unten: Ana Zirner; S. 6: Steven Hille; S. 7: Carolin Mecus; S. 8: Oleander Auffarth; S. 9 oben: Marianna Hillmer; S. 9 unten: Dr. Sakia Haque; S. 10: Cindy Ruch; S. 11 oben: Morten Hübbe; S. 11 unten: Nadine Pungs; S 12 oben: Marco W. Solbiati; S. 12 unten: Fredy Gareis und Patrizia Schlosser; S. 13: Bernadette Olderdissen; S. 14 oben: Gideon Lochner; S. 14 unten: Karin Lochner; S. 15: Jennifer McCann; S. 16: Markus Steiner

TEXTABDRUCKE

S. 242 ff.: »Vier Räder, Küche, Bad« ist ein Auszug aus Fredy Gareis' Buch »Vier Räder, Küche, Bad. Von der Freiheit, im Auto zu leben« (erschienen 2020)